One-Dimensional Man
Studies in the Ideology of Advanced Industrial Society
Herbert Marcuse

單向度的人

赫伯特·馬庫色　著
劉繼　譯
萬毓澤　審定

發達工業社會的意識型態研究

目錄

【總序】

「時代感」總序

——李明璁

謝謝你翻開這本書。

身處媒介無所不在的時代，無數資訊飛速穿梭於你我之際，能暫停片刻，閱覽沉思，是何等難得的相遇機緣。

因為感到興趣，想要一窺究竟。面對知識，無論是未知的好奇或已知的重探，都是改變自身或世界的出發原點。

而所有的「出發」，都涵蓋兩個必要動作：先是確認此時此地的所在，然後據此指引前進的方向。

那麼，我們現在身處何處？

在深陷瓶頸的政經困局裡？在頻繁流動的身心狀態中？處於恐慌不安的集體焦慮？抑或感官開放的個人愉悅？有著紛雜混血的世界想像？還是單純素樸的地方情懷？答案不是非此即彼，必然兩者皆有。

你我站立的座標，總是由兩條矛盾的軸線所劃定。

比如，我們看似有了民主，但以代議選舉為核心運作的「民主」卻綁架了民主；看似有了自由，但放任資本集中與壟斷的「自由」卻打折了自由；看似有了平等，但潛移默化的文化偏見和層疊交錯的社會歧視，不斷嘲諷著各種要求平等的法治。我們什麼都擁有，卻也什麼都不足。

這是台灣或華人社會獨有的存在樣態嗎？或許有人會說：此乃肇因於「民族性」；但其實，遠方的國度和歷史也經常可見類似的衝突情境，於是又有人說：這是普同的「人性」使然。然而這些本質化、神秘化的解釋，都難以真確定位問題。

實事求是的脈絡化，就能給出答案。

這便是「出發」的首要準備。也是這個名為「時代感」書系的第一層工作：藉由重新審視各方經典著作所蘊藏的深刻省思、廣博考察、從而明確回答「我輩身處何處」。諸位思想巨人以其溫柔的眼眸，感性同理個體際遇，同時以其犀利筆尖理性剖析集體處境。他們立基於彼時彼地的現實條件，擲地有聲的書寫至今依然反覆迴響，協助著我們突破迷霧，確認自身方位。

據此可以追問：我們如何前進？

新聞輿論每日診斷社會新病徵，乍看似乎提供即時藥方。然而關於「我們未來朝向何處」的媒介話語，卻如棉花糖製造機裡不斷滾出的團絮，黏稠飄浮，佔據空間卻沒有重量。於是表面嘈雜的話題不斷，深入累積的議題有限。大家原地踏步。

這成了一種自我損耗，也因此造就集體的想像力匱乏。無力改變環境的人們，轉而追求各種「幸福」體驗，把感官託付給商品，讓個性服膺於消費。從此人生好自為之，世界如何與我無關；卻不知己身之命運，始終深繫於這死結難解的社會。

「時代感」的第二項任務，就是要正面迎向這些集體的徒勞與自我的錯置。

據此期許，透過經典重譯，我們所做的不僅是語言層次的嚴謹翻譯（包括鉅細靡遺的譯註），更具意義和挑戰的任務，是進行跨時空的、社會層次的轉譯。這勢必是一個高難度的工作，要把過去「在當時、那個社會條件中指向著未來」的傳世作品，連結至「在此刻、這個社會脈絡裡想像著未來」的行動思考。

面朝世界的在地化，就能找出方向。

每一本「時代感」系列的選書，於是都有一篇紮實深刻、篇幅宏大的精彩導讀。每一位導讀者，作為關注台灣與華人社會的知識人，他們的闡釋並非虛掉書袋的學院炫技，而是對著大眾詳實述說：「為什麼此時此地，我們必須重讀這本著作；而我們又可以從中獲得哪些定位自身、朝向未來的重要線索？」

如果你相信手機的滑動不會取代書本的翻閱，你感覺臉書的按讚無法滿足生命的想望，或許這一趟緩慢的時代感閱讀，像是冷靜的思辨溝通，也像是熱情的行動提案。它帶領我們，超越這個資訊賞味期限轉瞬即過的空虛時代，從消逝的昨日聯結新生的明天，從書頁的一隅航向世界的無垠。

歡迎你，我們一起出發。

李明璁

【導讀】

跑啊，「單面人」！

——李明璁

「假如有一間鐵屋子，是絕無窗戶而萬難破毀的，裡面有許多熟睡的人們，不久都要悶死了，然而是從昏睡入死滅，並不感到就死的悲哀。現在你大嚷起來，驚起了較為清醒的幾個人，使這不幸的少數者來受無可挽救的臨終的苦楚，你倒以為對得起他們麼？」

「然而幾個人既然起來，你不能說絕沒有毀壞這鐵屋的希望。」

——魯迅《吶喊》自序，一九二二年。

確切時間不詳，只記得大約介於蔣經國過世和天安門屠殺那年的某日。我還在念中學，未成年，常翹課往公館跑。模仿台大生窩在MTV看艱澀難懂的藝術電影，或去唱片行翻找不曾聽過的音樂卡帶。那時沒有所謂文青或憤青的標籤，對於青春正盛、賀爾蒙過剩的我來說，比起關注街頭抗議或攝取藝文養分，交個女朋友才是更迫切的願望。那個傍晚，我終於約到了她，在新生南路巷裡的茶館。我提早到了些，就在騎樓邊的流動書攤東翻西看。

新生南路旁的書攤專門販賣禁書，是出了名的反骨。在書攤角落，我偶然瞥見一本綠皮怪書，封面印著大大的數字「1」、作者是沒聽過的赫伯特．馬爾庫塞，書名既滑稽又詭異——《單面人》（好奇怪的標題？）。和攤檯上那些醒目地「張牙舞爪」的書籍，比如簡體馬恩選集、本土黨外雜誌、全套的李敖和魯迅等，形成了令人好奇的陌生對比。於是，我將它從書堆中撈起，拿在手上仔細翻著（嗯，「發達工業社會意識型態研究」，書的副標如是說……）。

突然間一陣騷亂，「警察來了！快走！」，老闆將檯面的書大布一包，拔腿就跑。我還來不及把手上這本還給他！老闆邊跑邊回頭叫喊：「同學你也快離開啊，錢改天再給！」我頭腦一陣混亂，把書夾進制服外套，就這樣，跑啊！《單面人》和我一起，必須跑啊！被警察攔檢就麻煩大了，畢竟我只是個中二生啊。

跑啊快跑，躲過了警察、錯過了戀情；跑啊再跑，通過了學運洗禮、經過了政黨輪替，跑啊人生，從台灣跑去地球另端又回到原地。如今二十六年過去，同一排騎樓書香日漸稀薄，只剩麥當勞炸薯條的油膩氣味。而這本《單面人》還在我的書櫃上，和另一個中譯本[1]、以及美版原文書挨在一塊。我還沒付給老闆錢。

上了大學才知道，自己當時真是有眼不識泰山，原來在一九八〇年代末至九〇年代初這段期間，Herbert Marcuse[2]這位「新左派導師」的著作及其詮釋評述，已被大量引介至解嚴後的台灣社會。馬庫色最早「登台」的繁中譯本應該是《美學的面向》（由陳昭瑛親譯並寫了精彩導論），在一九八七年九月初版後，隔月便再版了。這本書連同《當代社會的攻擊性》、以及隔年隨即發行的《愛欲與文明》、《反革命與反叛》，讓馬庫色成為『南方叢書』此一標榜「本土左翼進步性」出版社的重要台柱，而他的思想，也因此在台灣知識界與社運圈迅速流傳開來。

另一個出版社『結構群』，也接著在一九八九年，引進湖南人民出版社所發行的譯本《馬庫色》。這是哲學家麥金太爾（Alasdair MacIntyre）早在一九七〇年對馬庫色進行的一個「批判性回顧評述」[3]。有趣的是，中譯本另下了一個原書沒有的副標：「青年造反哲學的創始人」，似乎希望藉此聯結台灣方興未艾的青年造反運動。但頗為諷刺，這本小書對馬庫色顯然是批判大於肯定，這對本地讀者來說，似乎有點「廣告不實」：原本希望能藉此入門「運用」馬庫色、學習如何造反，讀後，卻發現出版社給了一個失落的空局[4]。

如今作為一個文化社會學者，對我來說更具指標意義的「導論馬庫色」著作，或許是凱納（Douglas Kellner）的《馬庫色與馬克思主義的危機》[5]，只可惜至今尚無中譯。相對於麥金太爾的評論式風格（儘管許多犀利論點頗有洞見），凱納則採取一種更具同理心與脈絡感的歷史生成取向（historical-genetic approach），以此深描馬庫色各階段思想如何醞釀又怎麼回應不同的社會現實處境。因為基本立場和理解方法的差異，於麥金太爾來說是馬庫色自我矛盾的缺陷，對凱納而言，卻是馬庫色與時並進的辯證[6]。

辯證式思考（dialectical thinking），是馬庫色承襲自黑格爾哲學和馬克思主義、試圖在《單向度的人》書中展示並鼓吹的一種批判思維能力，或者也可以說是一個革命實踐的前提。它鍛鍊人們將自身經驗更加地抽象化，從單純具體的「我感覺」進一步構思自我決定的多重可能性（the possibilities of self-determination），藉此讓既定的思考與行為模式鬆綁或顛覆，形成某種與既存世界斷裂甚至超越的可能。其實早在一九三〇年代所發表的多篇論文[7]、乃至一九四一年出版的《理性和革命》[8]，馬庫色即已多次指出：從現存生活世界感知長出的單向度思維和行動，只會否定人類追求真正自由解放的理性潛能；相反的，抽象批判性的辯證思考才有著誘發社會變革的想像，去實現未曾出現（而非框架給定）的美好生活。

馬庫色基於上述理由，偏好抽象化地論「人」（Man），而不是具體生活中的人群（Men），麥金太爾卻認為這使得他和自己的馬克思主義信念產生矛盾。因為馬克思自己無論在《共產黨宣言》或《德意志意識型態》中，都曾明確反對一種「對人的一般化、抽象化或本質化的概論式哲學觀點」。馬克思藉此宣稱與自己早年醉心的黑格爾（甚至是唯物論哲學家的費爾巴哈）徹底斷裂。

換句話說，馬庫色雖然在時間系譜上毫無疑問是個「後（或新）馬克思主義者」，但弔詭的是，在思想光譜上，他卻似乎是一個比較親近「青年馬克思主義」（亦即後來被馬克思自己揚棄的）、有著濃厚黑格爾辯證精神的理論家[9]。

《單向度的人》於是（帶著挑釁意味地）注定要在馬克思主義的既有道路上，進行一場「界線上的奔跑」：前一刻左腳還踩在界內，但後一刻右腳又隨即踏出界外[10]！

就此來看，《單向度的人》確實帶著某種奇妙的內在張力，這並不只是因為馬庫色召回了黑格爾的辯證理性，還包括他與胡塞爾、海德格等哲學家的親近淵源[11]，乃至於他對佛洛依德的積極闡連（articulation）[12]。尤其是後者的大膽嘗試，讓馬庫色在落入「復刻版的青年馬克思主義」或「左翼版的黑格爾主義」這尷尬兩難間，找到了他自己的第三條路：佛洛依德學說。只不過，這一路跑得雖勇卻險；畢竟，多數馬克思主義者仍對心理分析抱持敵視態度。

馬庫色於是必須說服馬克思主義者：為什麼需要挪用佛洛依德？如此闡連能否解答老左派的新難題：工人階級為何無法有效動員？或者更精確地說：為什麼團結行動並不指向革命，而只是體制內的「改革」？

簡言之，革命得基於兩大條件：一是資本主義在市場經濟過度擴張與惡性競爭中自身必經的崩解，二是無產階級在被剝削關係中的集體覺醒並形成團結行動。馬克思在世時，對前者的分析解說顯然比後者多很多。後者（作為一個比較微觀的社會心理性條件）之相對空白，總是被前者（作為一種鉅觀的結構性條件）所「自動填補」。亦即，工人的意識行動被視為對市場體制日趨緊張的自發回應。然而在實際歷史發展中並非如此——受壓迫階級似乎更常服膺於社會安全體制的收編。

馬庫色認為，發達工業社會裡的革命之所以沒有發生，與其說是政治經濟面的結構問題，不如說更是社會心理層次的問題：現代文明中的社會關係已經跨越階級地被徹底閉鎖和監控了。佛洛依德所分析之情慾壓抑，和馬克思所關注的勞動異化，兩者已巧妙串聯成牢不可破的支配型態。當社會控制鉅細靡遺不斷擴張，卻包裹以五光十色的娛樂糖衣，以及形式民主的選舉制度，身處其中的人們便會忘卻真正想望的自由、以及深層渴求的愛欲。最後連反抗控制的力量，都將一併被包裹納入已預先存在的控制體系。

由此，步伐又擺回了左派的界內，呼應著霍克海默與阿多諾在《文化工業作為群眾欺騙的啟蒙》（*Culture Industry: Enlightenment as Mass Deception*）這篇經典論文的猛烈炮火。馬庫色雖嘗試要在法蘭克福學派發展社會批判理論的趨向中，同步發展一個社會變遷理論（the theory of social change），但現實世界裡，以技術官僚與消費社會雙軌推進的「資本主義升級版」，迫使他必須花更多力氣說清楚：這個世界如何的絕望（但它卻每天在告訴我們如何「希望」）？

先進工業社會的各種物質和管理「技術」，無論在量或質上的發展都突飛猛進，讓昔日在社會秩序整合過程中可能產生的各種不滿，進入了一個新的整合體系：此即所謂的「一體化」，最終就是要消弭衝突。技術之所以擁有強大的支配力量，因為它很大程度地滿足了人們的「需要」（物質性與心理性雙重的）；或者更精確地說，技術透過創造「虛假的需要」來包覆、取代甚至重新定義了「真實的需要」。

比方說，人們想要能讓自己快速移動的交通工具，但這個需要卻並未導向一種對公共運輸的政策要求，反而在汽車製造商的大量行銷廣告中成為「必須購車的理由」（甚至配合了貸款預付制度而迫使購車者成為消費、欠債與工作的三合一奴隸）。而在這個不斷輪迴的「需要—滿足」過程中，人們或多或少都會覺得自己進行了一次次「自由且具有個性的選擇」，但是卻沒多想這可能只是一幕幕的幻象追逐。

於是在以技術為名的一切社會發展和規劃之中，昔日知識運作的核心：重視抽象思維和想像的形而上體系就被廢棄了，個體也無法再倚賴這個體系進行自由的主體性之建構；相反的，人們只能在「其實沒有選擇」的「假性多元選擇」中按照前述邏輯，整編自己的生活與認同。簡言之，單向度的技術社會，生產出單向度的人，但很諷刺的似乎鮮少人發現這個事實，彷彿比過去要認知到自己的剩餘價值被剝削更不易發現。如果馬克思在十九世紀中所描繪的悲慘世界是一個勞動異化、身心備受壓迫的狀態，那麼二十世紀中馬庫色所述說的科技世界，則透過馴服的自我異化，讓身心忘卻壓迫。因為「愉悅」的此時此刻，所以不再需要逾越的他方想像。

此外，代議民主體制也是馬庫色反省最深刻的主題之一。他毫不留情地批判「收留」了他免於受納粹迫害的美國，竟也逐漸走向某種與納粹大同小異的極權主義。美國式民主標榜的「包容」，在他看來何嘗不是一種偽善的謊言。所謂的「尊重少數」，其實只是建立在這個少數不曾被真正接納的現實前提；而「服從多數」則相對成為民粹動員的神話。結果，人們彼此繳械，無法自我賦權或發出自己的聲音，只有等待選舉時的例行動員才能透過菁英召喚所謂「人民的聲音」。換句話說，單向度社會中的民主選舉，就是支配框架中換湯不換藥的無謂（無味）選擇。

《單向度的人》於一九六四年在美國初版發行後，不僅讓右派保守主義者氣急敗壞，視之為顛覆社會團結的毒蛇猛獸；竟也同時激怒在左派陣營中自居正統的學者，只因書中經常溢散出「不純」的黑格爾、佛洛依德和海德格思想。此外，還有許多評論者把馬庫色的觀點定位為一種整體化（totalizing）理論，並另創新詞：「單向度性」（one-dimensionality），來統括他所謂「單向度的」（one-dimensional）社會、思想或人，據此認為馬庫色所描繪的就是一個完全消除異議、也沒有顛覆可能性的絕對同質社會。

這其實是個過度簡化的誤讀。馬庫色本人之所以採用形容詞的「one-dimensional」、而非使用定錨般的名詞「one-dimensionality」，就是因為前者所表述是一種有對照的傾向或改變中的狀態，而非如後者強調的已是一種難以逆轉或根深蒂固的社會特質（就如同使用「現代的」〔modern〕與「現代性」〔modernity〕有很大差異，不可混用）。更何況，如前文所述，馬庫色是相當強調辯證的（dialectical）。所以揭櫫「單向度的」傾向或狀態，其實也就提示著「雙向度的」或「多向度的」另類想像，有超越此一傾向或狀態的對應可能。

與上述反對者或誤讀者相對的，無論是不滿「守舊派」馬克思主義或亟思超越路線的

「新左派」（New Left），亦或對社會變遷採取基進革命立場的運動組織者，乃至於更廣大的年輕學生社群，都共鳴於這本書的犀利觀點（即便有點悲觀主義），並受到很大的刺激啟發，甚至展開各種結盟抗爭。

馬庫色被視為「青年造反的導師」，當然不是他提供了如何搞革命的實用技述（know-how，他肯定很痛恨這個字吧），而是因為他從多重面向，鞭辟入裡剖析社會日漸「單向度化」的嚴重程度，提示大家不得不對此體系採取革命的know-why：因為「傳統的鬥爭形式已不符合需求……開始拒絕玩（被操縱的）遊戲，這件事實可能意味一個時期終結的開端」。在《單向度的人》結尾裡，他如此說。

無論何時何地展閱《單向度的人》，都彷彿看到一位熱情卻又沮喪的人道主義理論家，雄辯滔滔提醒、逼問著我們：難道你不想要更多元而真實的自由嗎？難道技術官僚所打造的福利國家體制、以及資本市場所支撐的科技消費社會，已經給了各位「相信一切」的所謂的快樂或幸福了嗎？若用此刻台灣流行用語來問：統治集團每天每夜所餵養給你的一點一滴「小確幸」，就足以加總起來瓦解每個人反思詰問的對抗能量，而抵消體制中大不幸的改變可能嗎？[13]

幸而馬庫色終究沒有忘卻：無論是黑格爾或馬克思，他們終極關切的，仍是各種結構限制中，人作為有能動性的主體。發達工業社會固然不斷透過消費鼓吹製造滿足與順服，但它同時也難以迴避地製造出對應的「欲求不滿」。或許多數「單向度的人」，在面對匱乏感時總會要求自己在統治神話的支配邏輯下更加倍工作、盡情消費，但總還是有逸出於這個框架以外的潛在破壞性存在著、傳播著、發酵著。

如同籠裡拼命玩著滾輪遊戲的小白鼠，只要看穿遊戲的本質與虛像，瞭解自己擁有或多或少基進的改變「原力」，或許就有機會跳脫逃跑！儘管馬庫色始終冷靜地說：「這只是一種可能。社會批判理論的概念無法在現在與未來之間架設橋樑；它不做許諾，不指示成功」。

從一九六〇年代延伸至七〇年代，儘管「新左派」的革命號角聲在大環境變遷中日趨和緩，那些獻身於「大拒絕」（Great Refusal）新社運的行動者們：不只是馬庫色書中所指認寄望之「底層的放逐者和局外人，其他種族、膚色的受剝削者和被迫害者，失業者和無法就業者」，也包括成千上萬生活在發達工業城市裡，為挺身支援第三世界偏鄉小農起義或反殖游擊戰鬥，而背叛自身布爾喬亞家庭利益的青年學子們，依舊前仆後繼地加入「讓社會能想像多向度發展的」行動隊伍中。正如同馬庫色在書末援引班雅明於法西斯崛起時所言：

「因為那些不抱希望的人的緣故，希望才賜予了我們。」

在接續《單向度的人》之後，於一九六九和一九七二年所分別出版的《解放論》（*An Essay on Liberation*）及《反革命與反叛》（*Counterrevolution and Revolt*）兩本書中，馬庫色很顯然受到了各種風起雲湧的基進行動與草根組織之鼓舞，而逐漸轉向一種樂觀主義的革命倡議。一九七九年，馬庫色病逝於訪德期間，在雷根與柴契爾新自由主義（也是新帝國主義）即將崛起的前夕。

對馬庫色來說，或許幸運的是他不用再目睹「單向度思維」的重返流行、與「單向度社會」的變本加厲。他可以永遠地活在某個樂觀的歷史轉角——「人類最先進的意識和人類最受剝削的力量再次相遇」之處。但殘念的是，當這世界再次被迫進入單向度的年代，我們卻失去了他持續熱情鏗鏘的吶喊。

「跑啊！單面人！」

我彷彿又聽到也想起了：夾著馬庫色這本書，和書販一起奔逃閃躲警察的那刻——台灣正從舊的極權主義中暫得解放、卻隨即又步入新的「單向度」框限。直到今日，都還難以真正鬆動。

「別停下來，跑啊！」面對自由，我們別無選擇只能向它奔去！

馬庫色葬在故鄉柏林的墓碑，被設計成側邊立面看起來像數字「1」的形狀，以此向《單向度的人》永恆致敬。而石碑上方，爽朗明快地銘刻了一個德文字：「weitermachen!」「繼續前進！」

【注釋】

1 那年我所夾著逃跑的書，就是谷風在一九八八年將湖南人民出版社（左曉斯等譯）的中譯本直接繁體化出版的《單面人》。而不久後桂冠和久大就在一九九〇年發行了上海譯文社（劉繼譯）的版本，並將書名改為《單向度的人》。

2 在華文出版世界中，H. Marcuse的名字並無統一譯法，從「馬爾庫塞」、「馬庫塞」、到「馬庫色」皆有。根據筆者歸納，中國大致沿用「馬爾庫塞」，台灣則在後來逐漸統譯為「馬庫色」。

3 原書為A. MacIntyre (1970) *Marcuse*. New York: Harper Collins；桂冠後來在一九九二年重新譯校出版，並更書名為《馬庫塞》。

4 其實對馬庫色的正面詮釋評述，在九〇年代初期的台灣有不少論著出版。多數是中國或香港學者所寫，比如史文鴻《馬庫色》（一九九一，東大）、劉少杰《馬庫色：批判與重建》（一九九三，唐山）；少數亦有翻譯作品，比如《馬庫色的自由理論》（關向光譯，一九九四，遠流）。相對的，本土學者自著的專書較少也較晚發行，比如劉清虔《否定與合理：馬庫色〈單向度的人〉導讀》（一九九七，台灣書店）。

5 D. Kellner (1984) *Herbert Marcuse and the Crisis of Marxism*. London: MacMillan.

6 不久前才來台客座講學的凱納教授，在六〇年代就讀哥倫比亞大學期間便積極參與學運，隨後又赴德留學，與法蘭克福學派淵源甚深，甚至被視為「批判理論的第三代傳人」。他一直是馬庫色思想的重要詮釋者（也可說是捍衛者），包括擔任《單向度的人》再版之導讀、主編馬庫色論文集、甚至還在《單向度的人》發行五十週年（二〇一四）時，籌辦了『多面向的馬庫色（The Many Dimensions of Herbert Marcuse）』研討會。

7 可參見一九六八年所出版的論文選集*Negations: Essays in Critical Theory* (London: Penguin)。或可直接至非營利的MayFlyBooks免費線上閱讀（http://mayflybooks.org/）。

8 H. Marcuse (1941) *Reason and Revolution: Hegel and the Rise of Social Theory*. Oxford: Oxford University Press

9 麥金太爾因此在其書中酸了馬庫色一句：「他用黑格爾、馬克思及其他哲學家的隻字片語構成了一個新的雜拌兒，並稱呼它是『馬克思主義』。」麥金太爾批評「馬庫色版的馬克思主義」歪曲了真正馬克思的思想。

10 我所使用「在界線上奔跑」的譬喻，其實在馬庫色一九五八年所著之《蘇聯馬克思主義》（*Soviet Marxism*, New York: Columbia University Press）中，已可略見端倪。他對馬克思主義從古典信念轉化落置於史達林體制的反思，經常帶著某種徘徊或迂迴感。這麼說並非意指他在迴避，只是複雜而反覆的思慮琢磨，猶如跑在界線上的進進出出。

11 比如他在本書中強烈質疑技術理性（technological rationality）殖民了我們每日生活，進而奪走個體性自由等說法，都和這兩位曾與之共事、亦師亦友的哲學家主張相近。

12 馬庫色對佛洛依德的闡連工程主要出現在一九五五年所著之《愛欲與文明》（*Eros and Civilization*, Boston: Beacon）。至於在《單向度的人》書中雖無直接引述，但佛洛依德的影響已然鑲嵌於內。

13 值得注意的是，在《單向度的人》書中，相對於《愛欲與文明》對禁慾主義的批判，馬庫色後來顯然更關注消費社會中「縱容」的負面影響。畢竟就他的理論而言，越是縱情消費，越是「感覺自由」，最後也因此越受體系控制。

謝詞：

我的妻子對這本書中的觀點有一定的貢獻。我對她抱有無限的感激。

我的朋友巴林頓・摩爾（Barrington Moore）的批判性建言讓我獲益良多；在過去幾年的討論中，他總敦促著我釐清思緒。

柯漢（Robert S. Cohen）、梅耶（Arno J. Mayer）、梅耶霍夫（Hans Meyerhoff）與歐伯（David Ober）在看過我的初稿之後，都給了我相當寶貴的意見。

美國學術聯合會（American Council of Learned Societies）、拉賓諾維茲基金會（Louis M. Rabinowitz Foundation）、洛克菲勒基金會（The Rockefeller Foundation）、社會科學研究委員會（Social Science Research Council）延長了對我的贊助。這對本書的完成功不可沒。

導言

批判的停頓：沒有反對力量的社會

能夠毀滅人類的核災難的威脅，難道不也在保護著使核災難的危險永恆化的那些力量？人們努力防止這種災難，卻忽略了探究它在當代工業社會中的各種潛在原因。公眾始終沒有認識、揭露、抨擊這些原因，因為公眾在來自外部的的極其明顯的威脅——也就是東方對西方的威脅、西方對東方的威脅——面前退卻了。同樣明顯的是，人們必須準備好以生活在戰爭邊緣，準備好面對挑戰。我們甘於以和平的方式生產毀滅的工具，甘於極度浪費，也甘於接受防衛訓練，但這種防衛卻扭曲了防衛者和他們防衛的東西。

如果我們試圖把這種危險的原因和社會的組織方式、社會組織其成員的方式聯繫起來，我們就會立即面臨這樣的事實，即發達工業社會（advanced industrial society）在使這種危險永恆化的同時，變得更富裕、更龐大、更美好。社會的防衛結構使越來越多人的生活更加舒適，並擴大了人對自然的控制。在這些情況下，我們的大眾傳播工具可以輕易地把特殊利益當成所有正常人的利益來兜售。社會的政治需求變成了個人的需求和願望，對這些需求及願望的滿足則促進了商業和公益，而這一切似乎恰恰是理性（Reason）的體現。

然而，這個社會整體而言卻是非理性的。它的生產力對於人的需求和才能的自由發展是具有破壞性的，它的和平要由經常的戰爭威脅來維持，它要發展，就必須壓抑使（個人的、國家的、國際間的）生存競爭緩和下來的實際可能性。這種壓抑不同於在我們社會之前的較不發達階段的壓抑；它今天不是由於自然的和技術的不成熟狀況而起作用，而是依靠自己的強大力量起作用。當代社會的（智力的和物質的）能力比以往大得無可估量——這意味著社會對個人統治的範圍也比以往大得無可估量。我們社會的突出之處是，在壓倒一切的效率和日益提高的生活水準這雙重的基礎上，利用**技術**（Technology）而不是**恐怖**（Terror）去征服那些離心的社會力量。

研究這些發展的根源，考察其各種歷史替代性選擇，是當代社會的批判理論的一部分目標。批判理論根據社會已利用的、尚未利用的或被濫用的改善人類境況的能力來分析社會。但是，這種批判的標準是什麼呢？

價值判斷肯定起著作用。人們在衡量既有的組織社會的方式時，會同時考慮其他可能的方式，也就是說，會考慮那些一般認為比較有可能緩解人的生存競爭的方式；人們在衡量某種特定的歷史實踐時，會考慮各種歷史替代性選擇。因此，從一開始，任何社會批判理論都會遇到歷史客觀性的問題；這個問題產生於下述兩點，在這兩點上，任何分析都隱含了價值判斷。

1.人類生活是值得過的，或者可以是和應當是值得過的。這種判斷是一切知識工作的基礎；它是社會理論的前提，否定它（這是完全合乎邏輯的）就是否定理論本身；

2.在一個既定的社會中，存在著各種改善人類生活的特定可能性，以及實現這些可能性的特定方式和手段。批判性的分析必須證明這些判斷的客觀有效性，而這種證明又必須在經驗基礎上進行。既有的社會有一定數量和品質的知識資源和物力資源可利用。這些資源怎樣才能用來最理想地發展和滿足個人的需求和才能，並把辛勞和痛苦降低到最小的程度？社會理論是歷史的理論；而歷史是必然王國中的偶然王國。因此，在組織和利用既有資源的各種可能方式和實際方式之中，哪些為最佳發展提供了最大的機會？

要回答這些問題，必須進行一系列的初步抽象（initial abstraction）。為了找出和確定最佳發展的各種可能性，批判理論必須把社會資源的實際組織和利用方式抽象掉，並且把這種組織和利用方式的結果也抽象掉。這種抽象拒絕把既有的事實領域當成確證（validation）的最後依據，而且這種對事實的「超越」性（transcending）的分析，會參照那些受到阻礙、被否定的可能性。這種抽象和分析是社會理論結構本身的一部分。由於超越（transcendence）具有嚴格的歷史性，因此這種抽象和分析與所有的形上學對立。[1] 上述的「可能性」必須在社會所能及的範圍之內，必須是可以確定的實踐目標。同理，在把既有的制度抽象掉時，必須表達出某種實際的趨勢——也就是說，制度的改造必須是民眾的實際需求。社會理論所關注的歷史替代性選擇，往往是在既有的社會中出沒的顛覆性趨勢和力量。當這些替代選擇由於歷史實踐而變成現實的時候，它們的價值就變成了事實。原有的理論概念則隨著社會變化而告終。

但是，在這裡，發達工業社會卻使批判面臨了一種其基礎被剝奪的狀況。技術的進步擴展到整個支配和協調的體制，創造出各種生活（和權力）形式，這些形式似乎調和了反對該體制的各種勢力，並擊敗或拒斥一切以掙脫勞役和支配的名義而提出的抗議。當代社會似乎有能力遏制社會變遷——也就是建立根本不同的制度、新的生產發展方向和新的生存方式的質變。這種遏制社會變遷的能力或許是發達工業社會最突出的成就；在強大的國家內，大多數人都接受國家目標（National Purpose）、兩黨制之下的政策、多元主義的衰落、勞資共謀，這都顯示了**對立面的一體化**（integration of opposites），這種一體化既是發達工業社會取得成就的結果，又是其取得成就的前提。

把工業社會理論的形成階段和它目前的情況做一個簡要的比較，也許有助於表明批判的基礎（the basis of the critique）是如何被改變的。十九世紀上半葉，在剛開始出現並發展出一些歷史替代性選擇的最初概念時，對工業社會的批判在理論與實踐、價值與事實、需求與目的的歷史中介（historical mediation）中得到了具體的表現。這種歷史中介出現在社會上相互對立的兩大階級——無產階級和資產階級——的意識和政治行動中。在資本主義世界，這兩大階級仍是基本的階級。然而，資本主義的發展已經改變了這兩大階級的結構和功能，使它們不再是歷史變革的行動者（agent）。維持和改善制度的現狀，這個凌駕一切之上的利益，在當代社會最發達的地區，把先前的敵手聯合起來了。技術的進步在多大程度上保證共產主義社會的發展和團結，「質變」這個概念就以多大的程度在非爆炸性演變（non-explosive evolution）的現實主義觀念面前退卻。由於缺乏明顯的社會變革行動者和動因，批判又回到了高度抽象的水平。這裡沒有理論與實踐、思想與行動相統一的基礎。即使是對歷史替代性選擇的最具經驗性的分析，看起來也是不切實際的思辨，而是否投入這些替代選擇，則成了一種個人（或團體）偏好的問題。

那麼，這種缺乏是否駁倒了批判理論？面對明顯矛盾的事實，批判的分析仍然堅持認為對質變的需求和以前一樣迫切。誰需要質變呢？回答還是一樣：整個社會，因為社會的每一個成員都需要。持續成長的生產力和持續成長的破壞性的結合；導致毀滅的冒險政策；人的思想、希望與恐懼都屈服於當權者所做的決定，在前所未有的富裕中，卻保留了不幸。這一切都構成了最為公正的控訴——即使它們不是這種社會的存在理由（*raison d'être*），而只是其副產品：這種社會那大大促進效率和增長的理性，本身就是不合理的。

就算多數人接受和被迫接受這個社會，也無法減少這個社會的不（合）理性，或使它少受指責。真實意識與虛假意識、真實利益與眼前利益的區別仍然是有意義的。當然，這種區別本身必須是有效的。人們必須看到這種區別，並找到從虛假意識到真實意識、從眼前利益到真實利益的道路。若要做到這一點，人們就必須生活在這樣的需求中：改變自己生活方式的需求、否定肯定的東西（the positive）並拒絕之的需求。而既存社會設法壓抑的正是這種需求，而社會能夠在多大程度上以更大的規模「不負所望」（deliver the goods），並把征服自然的科學方法用來征服人，它就能在多大程度上壓抑這種需求。

在發達工業社會成就的總體性的衝擊下，批判理論失去了超越這個社會的理論基礎。這個空白使理論結構本身也變得空虛了，因為批判社會理論的各個範疇（category）是在這樣的時期得到發展的，在這個時期，人們對拒絕和顛覆的需求體現在有效的社會力量的行動之中。這些範疇本質上是一些否定性的、對抗性的概念，這些概念界定了十九世紀歐洲社會實際的矛盾。「社會」這個範疇本身便曾表現出社會領域和政治領域的尖銳衝突——當時的社會是與國家相對抗的。同樣地，「個人」、「階級」、「私人」、「家庭」曾經是指還沒與已確立的各種條件整合在一起的那些領域和力量，是充滿張力和矛盾的領域。隨著工業社會日益發展的一體化，這些範疇正在喪失批判意涵，而傾向於變成描述性、欺騙性或操作性的術語。

那種要重新取得這些範疇的批判意義，並理解該意義如何被社會現實抹煞的企圖，似乎一開始就是一種倒退，即從結合歷史實踐的理論倒退回抽象思辨，也就是從政治經濟學的批判倒退回哲學。批判的這種意識型態特徵源於下列事實：它的分析，是被迫站在社會中肯定和否定的、建設性和毀滅性的東西「之外」的立場進行的。現代工業社會是這些對立面的普遍同一——有問題的，就是這個整體。同時，理論的立場不可能是純粹思辨的立場。既然理論必須以既有社會的能力為基礎，它必然採取歷史的立場。

這種含糊不清的情況涉及了一種甚至更為根本的含糊性。《單向度的人》將始終在兩種矛盾的假設之間搖擺不定：(1)在可見的未來，發達工業社會將能遏制質變；(2)存在著能夠打破這種遏制並推翻社會的力量和趨勢。我不認為能夠提出明確的答案。兩種趨勢一起存在著，甚至一種趨勢就存在於另一種趨勢中。第一種趨勢占據了支配地位，並且任何可能存在的推翻該趨勢的先決條件，都正被用來阻止這種推翻。或許某個偶然事件可以改變這種情況，但除非人們認識到「正在發生什麼事」和「哪些事正在被阻止發生」，從而扭轉原來的意識和行為，否則即使是一場大動亂，也不會帶來這種變化。

本書分析的焦點是發達工業社會。在發達的工業社會中，生產和分配的技術機構（其中自動化的成分越來越多）在運作時，不是一種脫離其社會效應和政治效應的單純工具的總和，而是一套系統。這個系統不僅先驗地決定了機構的產品，還決定了提供服務和擴大產品的實施過程。在這個社會中，生產機構傾向於變成極權性的，不僅決定了社會所需的職業、技能和態度，還決定了個人的需求和願望。因此，它消除了私人與公眾、個人需求與社會需求的對立。技術成了新的、更有效的、更令人愉快的社會控制和社會團結形式。這些控制的極權主義傾向似乎還在另一種意義上發揮了作用：把自己擴展到世界上較不發達的、甚至前工業化的地區，並造成資本主義與共產主義在發展上的某些相似性。

面對這個社會的極權主義特徵，技術「中立性」（neutrality）的傳統概念再也難以維繫了。技術本身不能獨立於對技術的使用；技術社會是一個政治系統，這個系統已經在技術的概念和建構中起著作用。

一個社會組織其成員生活的方式，涉及了在由物質文化和精神文化的固有水平決定的各種歷史替代性選擇之間進行的一種最初的**選擇**。這種選擇本身是占支配地位的利益相互作用的結果。它**預見**了特定的改造和利用人及自然的方式，並排斥其他的方式。它是一種實現的「擘劃」（project）。[2]但是，一旦這種擘劃在基本制度和基本關係中實現，就傾向於變成排他性的，並決定著整個社會的發展。發達工業社會是一個技術世界，而在這個意義上，它也是一個政治世界，是實現一項特定歷史**擘劃**的最後階段。在這個階段，人把自然當成純粹的支配材料來加以體驗、改造和組織。

隨著擘劃的開展，它形塑了論述和行動、精神文化和物質文化的整個領域。在技術的媒介作用中，文化、政治和經濟都併入了一種無所不在的體制，這個體制吞沒或拒絕了所有歷史替代性選擇。這個體制的生產力和增長潛力穩定了社會，並把技術進步限制在支配的框架內。技術的（合）理性已經變成政治的（合）理性。

在討論發達工業社會這些為人熟知的趨勢時，我很少註明具體的參考文獻。本書的材料是大量社會學和心理學文獻所收集和描述過的。這些文獻討論了技術、社會變遷、科學管理、合作企業、工業勞動的性質和勞動力方面的變化。有許多對事實進行非意識型態分析的作品，諸如伯利（Adolf Berle）和米恩斯（Gardiner Means）的《現代公司和私有財產》（*The Modern Corporation and Private Property*），第七十六屆國會國民經濟臨時委員會關於《經濟力量的集中》（*The Concentration of Economic Power*）的報告；美國勞聯—產聯（AFL-CIO）關於《自動化和主要技術變化》（*Automation and Major Technological Change*）的各種出版物；此外還有在底特律的《新聞和通信》（*News and Letters*）與《通訊》（*Correspondence*）雜誌。我想強調一下米爾斯（C. Wright Mills）著作的根本重要性，並強調一下人們往往因其簡單化、言過其實或新聞式文字而表示不滿的那些文章的根本重要性：帕卡德（Vance Packard）的《隱匿的說服者》（*The Hidden Persuaders*）、《地位追求者》（*The Status Seekers*）、《製造浪費的人》（*The Waste Makers*）；懷特的《組織人》（*The Organization Man*）；庫克（Fred J. Cook）的《戰爭國家》（*The Warfare State*），都屬於這個類型。誠然，這些作品由於缺乏理論分析，而使其描述的狀況的根源被掩蓋和保護起來，不過光是這些作品描述的狀況就足夠說明問題了。如果要取得最有力的證據，或許只要這樣就夠了：幾天內連續收看電視或收聽廣播一小時，不切掉廣告節目，並不時轉換一下頻道。

我的分析集中於當代最發達的那些社會中的趨勢。在這些社會內外還有許多地區並沒有流行（應該說「還」沒有流行）上面所描繪的趨勢。我是在推估這些趨勢並提供一些假設，如此而已。

【注釋】

1 超越（transcend）和超越性（transcendence）這兩個術語在本書裡始終是在經驗的、批判的意義上使用的。它們指的是理論和實踐中這樣的傾向，這些傾向在既定的社會中「超出」（overshoot）了既有的論述和行動範圍，而趨向於它的歷史替代性選擇（現實的可能性）。

2 擘劃（project）一詞強調歷史決定（historical determination）中自由和責任的因素：它把自主性（autonomy）和偶然性（contingency）聯繫起來。沙特（Jean-Paul Sartre）在他的著作中正是在這個意義上使用這個詞。另見本書第八章的進一步討論。

第一章

新的控制形式

在發達工業文明裡，普遍存在一種舒適、順暢、合理且民主的不自由（unfreedom），這是技術進步的象徵。的確，還有什麼比下述情況更理性（rational）呢？在有社會必要但執行起來痛苦的機械化過程中壓抑個體性；將個別企業集中起來，成為更有效、更具生產力的大公司；對設備水準不一的經濟單位間的自由競爭進行調節；限縮阻礙國際資源調配的各種特權與國家主權。這種秩序還涉及了政治和智識的協調（coordination），這可能是令人遺憾但也充滿希望的發展。

曾經在工業社會起源與早期階段發揮關鍵作用的各種權利與自由，如今已屈服於這個社會的更高階段：它們正在失去傳統的理論基礎與內容。思想、言論與信仰的自由——和它們提倡並保護的自由企業一樣——原本本質上是**批判性**的概念，旨在用一個更具生產性、更理性／合理（rational）的物質與智識文化，來取代僵化過時的文化。這些權利與自由一旦制度化，成為社會的組成成分之後，便與社會的命運休戚與共。成就推翻了前提。

一旦免於匱乏（freedom from want），亦即一切自由的具體本質，變成真實的可能性，那些與生產力落後狀態對應的自由，也逐漸失去原有的內容。在一個似乎越來越能透過其組織方式滿足個人需求的社會中，思想獨立、自主以及政治上的反對權利已喪失基本的批判功能。這樣的社會，可以正當地要求人們接受其規則與制度，並且迫使反對力量在現狀**內**進行替代政策的討論和推動。由此面向來看，無論是由威權或非威權的體制來滿足人的需求，似乎都差別不大。在生活水準提高的狀況下，對體制的不服從（non-conformity）似乎對社會無益；如果不服從造成實際的經濟與政治損失，並且對整體的順暢運作產生威脅，就更是如此。的確，至少就生活必需品而言，似乎沒有理由一定要透過個人自由的相互競爭，來進行商品與服務的生產與分配。

企業的自由從一開始就不完全是好事。企業的自由是一種「不工作就挨餓」的自由，為絕大多數的人口帶來勞苦、不安全與恐懼。倘若一個身為經濟主體的人不再被迫在市場上證明自己的價值，這種類型的自由（freedom）的消失，將會是文明的重要成就。機械化與標準化的技術進程，可能釋放個人能量，進入一個未知的、超出生活必需之外的自由領域。人類生存的結構本身將改變，個人會從工作世界強加在他身上的異己的需求（alien needs）和異己的可能性（alien possibilities）中解放出來。個人將能自由揮灑對自己生命的自主權。倘若生產性機構（apparatus）能組織並導向生活基本需求的滿足，對它的控制大可集中化；這樣的控制將不會妨礙個人自主性，反而會使個人自主性成為可能。

這是發達工業文明可能達成的目標，也是技術理性（technological rationality）的「目的／終點」（end）。然而，實際發生的趨勢卻相反：機構將其防禦與擴張的經濟和政治需求，強加在勞動時間與自由時間之上，也強加在物質與智識文化之上。當代工業社會組織其技術基礎的方式，使社會很容易變成極權主義（totalitarian）式的社會。因為「極權主義」

不僅對社會進行恐怖的政治協調，還是一種非恐怖式的經濟—技術協調，也就是由既得利益者來操縱需求。據此，它使人無法有效地對抗整體社會。有助於極權主義的，不只是特定形式的政府或政黨統治，還包括那些可能與政黨、新聞媒體及「抗衡力量」（countervailing power）等的「多元主義」（pluralism）並行不悖的特定生產與分配體系。[1]

如今，政治權力掌控了機械過程以及機構的技術組織，而有效發揮作用。唯有成功地動員、組織、利用工業文明既有的技術、科學與機械生產力，發達與邁向發達工業社會的政府才能維持並確保自身的運作。生產力動員的是整個社會，超越了特定的個人或團體利益。機器的物質力量（難道只有物質嗎？）勝過個人的力量，以及任何由個人組成的特定團體的力量。這個無情的事實使機器在所有以機械過程為基本組織的社會中，變成最有效的政治工具。但是這種政治趨勢有可能翻轉；機器的力量，歸根究柢是人類力量的囤積與投射。我們在多大程度上將工作世界理解為一座機器並據此將其機械化，它就在多大程度上成為人類新自由的**潛在**基礎。

當代工業文明顯示它已達到這樣的階段：經濟自由、政治自由、智識自由這些傳統概念，已無法妥善界定「自由社會」。不是因為這些自由變得微不足道，而是因為變得太重要，以至於無法侷限在傳統形式之中。需要有新的實現模式，來對應新的社會能力。

這類新模式只能從否定的角度來表達，因為新模式等同於對現行模式的否定。因此，經濟自由就是從經濟中解脫——擺脫經濟力量與經濟關係的控制；免於日常的度日求生，從掙錢營生中解脫。政治自由意味著將個人從他們無法有效控制的政治中釋放出來。類似地，智識自由意謂恢復已被大眾傳播與灌輸同化的個人思想，將「輿論」（public opinion）及其製造者一併廢除。這些主張之所以聽起來不切實際，不是因為這些主張具有烏托邦的性質，而是說明了阻止它們實現的力量有多麼強大。對抗解放最有效、持久的戰爭形式，就是向人民灌輸物質與智識需求，使各種陳舊的生存競爭形式得以延續。

人類在生物層次之外的需求，其強度、滿足，甚至是特徵，總是被預先制約。對某事物是做或不做、享受或破壞、擁有或拒絕，其可能性是否成為一種**需求**（need），端看現行的社會制度和利益是否視其為可欲（desirable）和必要（necessary）。在這個意義上，人類需求是歷史性的需求，而且社會在多大程度上要求個人的壓抑性發展，個人的需求本身和追求滿足就會在多大程度上從屬於高於一切的批判標準。

我們或許可以區分真實的需求與虛假的需求。「虛假」的需求是那些透過特定社會利益，強加於個人身上的壓抑：這些需求使勞苦、侵略性、悲慘與不公平得以延續。滿足那些需求，對個人可能是非常慶幸的事，但是倘若這種滿足會阻礙（個人或他人）發展辨認整體病態並掌握疾病治療機會的能力，它就不是必須維繫或保護的。其結果就是在不幸中感到欣慰。現行的多數需求，如放鬆、娛樂、按照廣告行事和消費、愛人所愛、恨人所恨，都屬於虛假需求的範疇。

這類需求具有某種社會性的內容和功能，由個人無法控制的外在力量所決定；這些需求的發展和滿足是他律的（heteronomous）。無論這些需求在多大程度上已變成個人本身的需求，並透過個人的生存狀態而再生產與強化；無論個人如何認同那些需求，並且在需求的滿足中發現自我，這些需求還是和起初一樣，是這種社會的產物：在這個社會中，佔支配地位的利益要求壓抑一切。

壓抑性需求（repressive needs）的普遍性，是一個既成事實，是在無知蒙昧與失敗中被接受的事實，但這是一個必須廢除的事實，不管是為了幸福的個人的利益，還是為了那些以痛苦作為滿足代價的人的利益。只有至關重要的需求，才能夠無限制地要求滿足，比如說在可企及的文化層次上的飲食、衣著和居住。這些需求的滿足是實現**所有**需求的先決條件，無論是高尚或不高尚的需求。

對任何意識或良知而言，對任何拒絕將主流社會利益視為思想與行為最高指導法則的經驗而言，現行的需求和滿足體系是必須加以質疑的事實，要從真和假的角度來質疑。這些角度完全是歷史性的，其客觀性也是歷史性的。在給定的條件下，對需求及其滿足的判斷涉及**優先性**（priority）的標準——這些標準是指最充分地利用人類現有的物質和智識資源，使個人，而且是所有個人，得到最充分的發展。這些資源是可以計算的。需求的「真」

和「假」要從客觀條件來看，如根本需求的普遍滿足，以及勞苦和貧窮的逐步減少，都是普遍有效的判斷標準。然而，作為歷史性的標準，它們不僅因發展的地區和階段而異，而且只能透過與現行標準（或多或少）**相矛盾**的程度來界定。哪個法庭膽敢宣稱擁有決斷的權威呢？

歸根究柢，究竟何謂真與假的需求，這個疑問必須由個人自己來回答，但只有歸根究柢才是如此；也就是說，唯有他們能夠自由提出自己的答案時才是如此。只要個人無法自主，只要被洗腦與操縱（直到成為他們的本能），他們對這個問題的答案就不能視為他們自己的。然而，同樣地，沒有任何法庭能夠正當地自認有權決定哪些需求應該發展和滿足。任何這樣的法庭都應該受到譴責，儘管我們的反感無法消滅這個疑問：如果人們已受到有效又具生產性的支配，該如何創造自由的條件？[2]

壓抑性的社會管理變得越理性、多產、有技巧及全面，受管理的個人打破奴役狀態，獲取個人自由的手段和方法就越難以想像。不可否認，將理性（Reason）強加在整個社會上，是弔詭且有害的想法——但當這個社會嘲諷此想法，卻還把轄下人口變成全面管制對象時，人們還是會質疑該社會的公正性。所有解放皆仰賴奴役意識的覺醒，然而這種意識，總是因為需求和滿足（這些需求和滿足相當程度上已經變成個人自己的事）佔據了支配地位而難以出現。解放的過程總是由一個前提（preconditioning）系統取代另外一個；終極目標是以真的需求取代假的需求，拋棄壓抑性的滿足。

發達工業社會的獨特特徵，是它有效遏制了那些尋求解放的需求——也就是從那些可容忍、有利可圖又舒適的狀態中解放——並且既維繫又寬恕豐裕社會的毀滅力量和壓抑功能。在此，社會的控制強求的是過度生產與消費；對不再真正必要的、使人麻木的工作的需求；對能夠舒緩並延長這種麻木的放鬆模式的需求；維持欺騙性自由的需求，包括如管制價格中的自由競爭、自我審查的自由出版、在各種品牌與小玩意之間的自由選擇。

在壓抑性整體（repressive whole）的統治下，自由（liberty）可以被塑造成有力的支配工具。可供個人選擇的範圍，並不是決定人類自由程度的關鍵因素，最重要的是可以選擇**什麼**，以及個人**選擇**了什麼。自由選擇的標準永遠不可能是絕對的，但也不是全然相對的。自由地選舉出主人，並不會消滅主人或奴隸的存在。對廣大多樣的商品與服務的自由選擇，並不意味著自由，假如這些商品與服務維持了社會控制，將之強加在勞苦與恐懼的生命之上——也就是說，假如他們維持了異化狀態。同時，個人自發地重複被強加的需要，並不能建立自主性；反倒是證明了控制的效力。

我們堅持主張這些控制的深度及其效力，會招來反對意見，反對者說我們過度高估了「媒體」（media）的洗腦力量，並且說人們自己可以感受到並滿足如今強加在他們身上的需求。這種反對意見沒抓到重點。這種預先制約（preconditioning）的狀態，並不是隨著收音機與電視機的大量生產及其控制的集中化開始的。人們進入這個階段時，早就是一個受到預先制約的容器了；關鍵的差異是：既有（given）與可能（possible）的對立（或衝突）、被滿足的需求與不被滿足的需求的對立（或衝突）被消除了。這裡，階級差別的所謂平等化（equalization）顯示出其意識型態的功能。如果工人與他的雇主享受同樣的電視節目，到同一個渡假聖地去玩，如果打字員和他雇主的女兒打扮得一樣花枝招展，如果黑人（Negro）擁有一輛凱迪拉克（Cadillac），如果他們都讀同一份報紙，那麼這種同化顯示的不是階級的消失，而是告訴我們，那些維繫了當權者（Establishment）地位的需求和滿足，如今在多大程度上也由底層人民一起共享。

確實，在當代社會最高度發展的區域，將社會需求移植為個人需求是如此成功，以致兩者似乎只有理論上的差異。一個人是否真能區辨大眾媒體是資訊及娛樂的工具，還是操縱及灌輸的力量？汽車是討厭的，還是方便的？功能性建築是糟糕的，還是舒適的？是為了保衛國家工作，還是為了企業營利工作？提高生育率是為了私人歡愉，還是為了後續的商業及政治效用？

我們再度面臨發達工業文明極為棘手的面向：其非理性（irrationality）所具有的理性特徵。其生產性及效率，其促進並散布舒適的能力，將浪費轉為需要，以及破壞變成建設，這個文明將客觀世界轉換成人類心靈及身體之延伸的程度，使異化這個概念本身可疑了起來。人們在商品中認識自己，在汽車、組合音響、錯層式住宅、廚具中找到自己的靈魂。將個人與他所處社會連結起來的機制已經改變了，而社會控制就是以這個機制生產的新需求為基礎。

在某種新的意義上，現行的社會控制形式是技術性的。當然，在整個現代時期，技術的結構，具有生產性和破壞性的機構（apparatus）所具有的技術結構及效力，一直是讓人口從屬於既定社會分工方式的主要手段。此外，這種整合總是伴隨更顯著的強制形式：生計的喪失，乃至司法、警察、軍隊的管理。現在仍是如此。但是在當代，技術控制看起來就像是理性（Reason）本身的體現，對所有社會團體與利益都有好處——到了所有矛盾都不理性／不合理，一切反抗都不可能的程度。

怪不得，在這種文明最發達的區域，社會控制已經被潛移內化（introjected）到這個程度，就連個人的抵抗也在根本上受到影響。在智識和情感上抵制「隨波逐流」（to go along）會顯得神經質（neurotic）又無能（impotent）。這是當代所獨有的政治事件的社會—心理面向，而這個政治事件就是：在工業社會前一個階段似乎代表了新的生存形式可能性的歷史力量正在消失。

然而，「潛移內化」（introjection）這個詞，描述的或許不再是個人自身再生產與維持社會加諸的外在控制的方式，而是意謂種種相對自發（spontaneous）的過程，透過這個過程，自我（Self; Ego）將「外部」（outer）移置為「內部」（inner）。所以潛移內化意謂存在一種有別於、甚至敵對於外部緊急狀況的內在面向——是一種**有別於**公共輿論及行為的個人意識與個人無意識。[3]此處所談的內在自由（inner freedom）觀念有其現實性（reality）：它劃出人們得以成為「自我」、維持「自我」的私人空間。

如今，這塊私人空間已經遭到技術現實的入侵與壓縮。大量生產與大量分配奪走了**整個**個人，而工業心理學早已不侷限在工廠內部了。在幾乎完全機械化的反應中，各式各樣潛移內化的過程似乎變得僵化。結果不是調整（adjustment）而是**模仿**（mimesis）：個人直接等同於**他的**社會，從而等同於整個社會。

這種直接、自動的等同（可能是原始的結社形式的特徵）在發達工業文明中再次出現；然而其新的「直接性」（immediacy）是複雜的科學管理與組織的產物。在這個過程中，可提供反抗現狀之意念扎根生長的心靈的「內在」面向已被削弱。這個面向原本是否定性思維（negative thinking）——亦即理性的批判力量（critical power of Reason）——之所在，而這個面向的喪失，是發達工業社會壓制、排解反抗力量的物質過程在意識型態上的對應（counterpart）。進步的衝擊使理性（Reason）臣服於生活事實，臣服於生產出更多、更大的相同生活事實的動態能力。系統的效能削弱了個人的認識，使人難以認識到，這個系統所包含的事實，無一不揭示出整體（whole）的壓迫力量。假如個人發現自己身處在形塑他們生活的事物之中，他們也只是接受（而不是創造）事物的法則——不是物理的法則，而是他們社會的法則。

我已經指出，一旦個人將自身等同於被強加在自己之上的存在，並在其中得到自身的發展與滿足，異化的概念就變得可疑了。這種認同不是幻覺，而是現實。然而，現實構成了一個更進步的異化階段：異化變成完全客觀的東西，異化的主體遭到它異化的存在所吞噬。只剩下單一的向度，無所不在且無所不是。進步的成就蔑視意識型態的控訴與辯解；在它們的法庭上，它們的理性所具有的「虛假意識」（false consciousness）變成了真實意識。

無論如何，將意識型態吸收到現實之中，並不意謂「意識型態的終結」。恰恰相反，在特定意義上，發達工業文化比起它的前任文化更具意識型態，因為今天的意識型態就在生產過程本身之中。[4]挑釁地說，這個命題揭露出盛行的技術理性（technological rationality）當中的政治面向。生產機構及其生產的商品及服務「出售」或強加給人們的是整個社會體系。大眾運輸和傳播的工具、食衣住的商品、娛樂與資訊工業勢不可擋的產出，都帶來固定的態度與習慣、特定的智識與情感反應，使消費者或多或少愉悅地與生產者結合在一起，並透過後者與整體結合在一起。產品起了灌輸和操縱的作用；它們推動一種看不出虛假成分的虛假意識。而且隨著越多社會階級裡的越多個人能夠取得這些有益的產品，產品帶來的灌輸就不再是宣傳（publicity），而是成為一種生活方式。這是一種美好的生活方式——比過去美好太多——而且正因為是一種美好的生活方式，才不利於質變（qualitative change）。因此，出現了一種**單向度的思想與行為**模式，在這個模式中，那些在內容上超越了既有的論述與行動世界的理念、渴望與目標，要不是被排斥，要不就是被化約為既有世界中的語彙。這些理念、渴望與目標就是被既有的體系及其在數量上的延伸（quantitative extension）所具有的理性來重新界定的。

這個趨勢可能與科學方法的發展有關：物質科學的操作主義（operationalism），以及社會科學的行為主義（behaviorism）。共通特徵乃是概念處理上的全盤經驗主義（empiricism）；概念的意義侷限於特定操作和行為的表述。布里奇曼（P. W. Bridgman）對長度概念的分析，清楚示範了操作化的觀點：[5]

> 如果我們可以分辨任何物體的長度，我們顯然瞭解長度的意思是什麼，而對物理學家而言，只要這樣就夠了。要找出一個物體的長度，我們必須進行某種物理操作。因此，當測量長度的操作確定下來，長度的概念也就跟著確定了：也就是說，長度的概念意謂一整套確定長度的操作，不多不少。一般說來，我們說的任何概念都不過是一套操作；**概念等同於相對應的整套操作**。

布里奇曼已經看到這個思想模式對於整體社會的廣泛意涵：[6]

採用操作性觀點所涉及的，遠遠不只是限縮了我們所理解的「概念」的意義，而是意謂我們所有思維習慣更深遠的改變，因為我們在思維中，將再也不能使用無法從操作的角度來加以說明的概念工具。

布里奇曼的預言成真了。這個思想的新模式就是今日在哲學、心理學、社會學及其他領域的支配趨勢。許多最棘手的概念正在被「消滅」（eliminated），因為無法從操作或行為的角度賦予適當的說明。據此，基進經驗主義（radical empiricism）的猛攻（在第七、八章，我將接著考察這種經驗主義的主張）便為知識分子對心靈的駁斥，提供了方法論上的辯護——也就是一種實證主義，透過否定理性（Reason）之中的超越性成分，形成了社會所要求的行為在學術上的對應。

在學院建制之外，「我們所有思維習慣的深遠改變」更加嚴重。這樣的變化可將理念和目標與現行體制的要求整合在一起，將它們封閉在體制之中，並排拒那些無法與體制調和的理念和目標。這種單向度現實的統治，並不意謂物質主義得勢，也不意謂精神的、形上學的、波希米亞的職業正在消逝。恰恰相反，有一大票「一起做禮拜」（worship together this week）、「何不信神」（why not try God）、禪、存在主義與頹廢的生活方式等。但是這類抗爭與超越不再與現況對立，不再具有否定性，而是實際上的行為主義的儀式成分，是無害的否定，而且迅速被現況吸收，成了現況的養料。

政治人物及其大眾訊息供應商不斷有系統地推動單向度的思想。他們的論述世界充滿了自我確證的假說（self-validating hypotheses），千篇一律且撲天蓋地地重複，成為催眠的定義或命令。例如，「自由」（free）就是在自由世界的國度中運作（或受到操作）的各種制度；其他超越性的自由模式，要不是被定義為無政府主義、共產主義，就是被定義為宣傳口號。只要不由私人企業本身（或政府契約）來承辦，都是對私人企業的「社會主義式」（socialistic）侵佔，例如普遍全面的健康保險，保護自然免於徹底商業化，或是建立可能會損害私人利益的公共服務亦然。這些既成事實的極權主義（totalitarian）邏輯，在東方有相應的對照。在那兒，自由是共產政權建立的生活方式，至於所有其他超越性的自由模式，要不是資本主義、修正主義（revisionist），就是左翼的宗派主義（leftist sectarianism）。在雙方陣營中，非操作性的概念都是非行為（non-behaviroal）的、顛覆的。思想的運動止於表現為理性（Reason）自身限制的障礙之前。

這種思想的限制當然不足為奇。新興的現代理性主義，以其思辨的、經驗的形式，一方面在科學與哲學方法上展現極端的批判基進主義（critical radicalism），另一方面，在面對既定的、運作中的社會制度時，卻是毫不批判的沉默無為（uncritical quietism），而兩者表現出極大的反差。所以，笛卡兒（René Descartes）的「思考的自我」（*ego cogitans*）完全未觸及「大公共機構」（great public bodies），而霍布斯（Thomas Hobbes）也主張「當下應該總是受到青睞、維持，並獲得最佳的記錄」（the present ought always to be preferred, maintained, and accounted best）。康德（Immanuel Kant）則同意洛克（John Locke）的觀點：**唯有當**革命已經成功組織全體，並且防止顛覆時，革命才是正當的。

然而，「大公共機構」所帶來明顯的不幸與不義，以及針對這些機構有效且或多或少有意識的反叛，總是抵觸上述這類讓人感到親切的理性觀。社會上存在許多情況，會引發並准許人們脫離既有的事態；一個既私人又政治的面向也曾經存在，在其中，人們的脫離可以發展成有效的對抗，測試其強度及其目標的有效性。

隨著社會逐漸封閉這個向度，思想的自我限制便具有了更重大的意義。科學—哲學的過程與社會的過程、理論理性與實踐理性的相互關聯，都是在科學家與哲學家的「背後」表現出來的。社會禁止一切反抗的運作與行為；結果就是，和這些運作與行為有關的概念都變成虛幻的或無意義的。歷史的超越成了形而上學的超越，且不被科學和科學思想所接受。操作化及行為主義的觀點，整體而言被當成「思想習慣」（habit of thought）在實踐，成為既有的論述及行動、需求及渴望的觀點。誠如其常例，「理性的詭計」（cunning of Reason）是為當權者的利益服務的。對操作化與行為主義概念的堅持，使人難以將思想和行為從既有的現實當中解放出來，也難以爭取受到壓制的替代選擇。理論理性與實踐理性、學院行為主義與社會行為主義匯聚在一起：一個使科學進步及技術進步變成支配工具的發達社會。

「進步」（progress）並不是中性的概念；它朝特定的目標前進，而且這些目標是根據改善人類處境的可能性來界定的。發達工業社會正接近這樣的階段：如果要持續進步，就必須徹底顛覆當前流行的進步方向和組織方式。當物質生產（包括必要的服務）自動化到所有基本需求皆能滿足，且必要勞動時間縮短到最少，就達到了這個階段。屆時，技術進步將超越必然性的領域（realm of necessity），而在過去，技術進步在必然性領域是支配及剝削的工具，其理性也因而受到限制；在追求自然和社會和平化的奮鬥過程中，技術將從屬於人類才能的自由發揮。

馬克思已經在「廢除勞動」（abolition of labor）的概念中預見了這個狀態。「生存狀態的和平化」（pacification of existence）一詞，似乎更適合指涉這樣一個在世界大戰邊緣開展的歷史出路：在這樣的世界中，人們透過國際性的衝突，來轉移、中斷既有社會中的矛盾。「生存狀態的和平化」意謂人與人、人與自然的鬥爭的進一步發展，但卻是在這樣的條件下進行的：人們相互競爭的需求、欲望與渴望，不再由支配關係和匱乏狀態中的既得利益來組織，畢竟這種組織方式會使人的破壞性鬥爭形式永無休止地持續下去。

如今，和這個歷史出路的對抗，在下層群眾中有牢固的基礎，在嚴格以既有事實為導向的思想與行為當中，也可以找到其意識型態。科學與技術的成就、生產力的增長都強化了現狀的正當性，因此現狀拒絕任何超越。面對在技術與智識的成就基礎上達成和平化的可能性，成熟工業社會封閉自己，拒絕了這種出路。在理論及實踐上，操作主義變成**遏制**（containment）的理論與實踐。在表面上顯而易見的動態變化之下，社會是一個全然靜態的生命系統：不斷自我推動壓迫性的生產力和有好處的協調狀態。對技術進步的遏制，和已確定方向的技術成長，是同時發展的。儘管有現狀強加的政治束縛，技術越是能夠創造和平化的條件，人類的心靈與身體就越是組織起來對抗這種出路。

工業社會最發達的區域徹底表現出這兩個特徵：使技術理性臻於頂點的趨勢，以及在既有制度中拚命遏制這個趨勢。這就是這個文明的內在矛盾：理性中的不理性成分。這是其成就的象徵。掌握了技術與科學的工業社會，其組織是為了更有效地支配人類與自然，更有效地利用資源。當這些努力的成就開啟了人類實現的新面向時，工業社會就變得不理性了。追求和平的組織，不同於追求戰爭的組織；為生存鬥爭服務的制度，無法為生存的和平化服務。把生活當成目的和把生活當成手段有本質上的差異。

這種嶄新的生存型態，絕不該只視為經濟與政治變遷的副產品，或視為（構成社會必要前提的）新制度或多或少具有自發性的效應。性質上的變化也涉及了社會賴以建立的**技術**基礎的變化——這樣的技術基礎維繫了經濟與政治制度，而透過這些制度，從而使人的「第二自然」（second nature）這個侵略性管理的對象穩定下來。工業化的技術是政治技術；正因如此，它們預先判斷（prejudge）了理性與自由的可能性。

當然，一定是先有勞動，才能減少勞動，先有工業化，才能發展人類的需求與滿足。但是，既然一切自由都有賴於克服異己的必然性（alien necessity），自由的實現便有賴於這種克服的**技術**。最高的勞動生產力可能被用來使勞動永無止境，而最有效率的工業化也可能被用來限制及操縱人的需求。

當這個目標達成，支配——在富裕與自由的偽裝之下——就延伸到私人與公共生活的全部領域，整合了所有真正的對抗力量，吸納了所有其他選擇。技術理性成為了絕佳的支配工具，創造出一個真正的極權世界，使社會與自然、心靈與身體不斷被動員來捍衛這樣的世界，而這時，技術理性的政治性便表露無遺了。

【注釋】

1 見本書第90—91頁。

2 見本書第81—82頁。

3 家庭功能的改變扮演決定性的角色，「社會化」（socializing）功能逐漸被外部團體與媒體取代。見我的《愛欲與文明》（*Eros and Civilization*）（Boston: Beacon Press, 1955），第96頁以下。

4 阿多諾（Theodor W. Adorno），《三稜鏡：文化批判與社會》（*Prismen. Kulturkritik und Gesellschaft*）（Frankfurt: Suhrkamp, 1955），p.24f.

5 布里奇曼（P. W. Bridgman），《現代物理學的邏輯》（*The Logic of Modern Physics*）（New York: Macmillan, 1928），第5頁。操作化的學說從此不斷受到修正，並確立了下來。布里奇曼本人曾將「操作」的概念延伸到包括理論家的「紙與筆」的操作（Philipp J. Frank，《科學理論的確證》〔*The Validation of Scientific Theories*〕〔Boston: Beacon Press, 1954〕，第2章），主要的論點仍舊相同：紙與筆的操作之所以「可欲」，原因是它「最終可以與工具性的操作接觸，儘管可能是間接的接觸」。

6 布里奇曼（P. W. Bridgman），《現代物理學的邏輯》，第31頁。

第二章

政治領域的封閉

總體動員的社會（the society of total mobilization）形成於工業文明最發達的地區，它把福利國家（the welfare state）和戰爭國家（the warfare state）的特徵有效結合在生產聯盟中。與各種先行者相比，它的確是一個「新社會」。在這個社會裡，傳統的問題癥結要不是正被清除，就是正被隔離，引起動亂的因素也得到控制。下面這些主要的趨勢都是人所周知的：國民經濟按照大公司的需要進行集中，而政府則成了一種促進、支持、有時甚至是控制性的力量；這種經濟與世界性的軍事聯盟、貨幣安排、技術援助和發展計畫結合在一起；藍領工人和白領工人、商界與勞方的領導人、不同社會階級的休閒活動及願望都逐漸同化；學術與國家目標之間事先建立的和諧關係（pre-established harmony）得到了促進；輿論的眾口一聲（togetherness）侵入私人事務；私人臥室向大眾傳媒敞開大門。

在政治領域內，這種趨勢透過對立面明顯的統一或趨同而清楚展現出來。在國際共產主義的威脅下，外交政策上的兩黨合作凌駕在競爭性的集團利益之上；兩黨合作也擴展到國內政策方面，各大黨的政綱越來越難以分別，甚至在偽善程度和陳腐氣味方面也是如此。對立面的這種統一，也影響了社會變化的可能性，把體制踩在腳下的那些階層也包括進來（這些階級的存在，曾經體現了對整個體制的反抗）。在美國，人們注意到企業和組織化勞工的共謀和聯盟；在民主制度研究中心（Center for the Study of Democratic Institutions）一九六三年出版的《工人看工人：對話集》（*Labor Looks at Labor: A Conversation*）中，我們了解到：

所發生的事情是，從工會**自身的角度**看，工會都已變得幾乎與公司沒什麼區別。我們看到，今天的工會和公司都參與了**聯合**遊說活動。如果工會和公司都在盡力為更大的導彈合約而四處奔走並試圖把其他國防工業也拉進行列，如果他們共同在國會出現並共同要求應該製造導彈而不是轟炸機，或是應該製造炸彈而不是導彈（這要看工會和公司手中碰巧有什麼合約），工會就不可能說服導彈生產工人，讓他們相信公司是一幫工賊把持的團體。

英國工黨的領袖在增進國家利益方面與保守黨對手競爭，而工黨就連一個溫和的部分國有化的綱領都難以保留。在已取締共產黨的西德，正式放棄了馬克思主義綱領的社會民主黨，正在令人信服地證明自己的聲望。這就是西方主要工業國家的情況。在東方，直接政治控制的逐漸減弱，證明它們更仰賴「技術控制」這種支配工具的效力。至於強大的法國共產黨和義大利共產黨，由於它們堅持最低綱領，把革命奪取政權的目標束之高閣，遵守議會遊戲的各種規則，因而也證明了整體的趨勢。

然而，雖然說法國共產黨和義大利共產黨是「外來的」（在受外來力量支持的意義上）是錯誤的，但這種宣傳無意間卻道出了事情的真相：它們在現存的現實中，是過去（或未來？）歷史的見證，就此而言，它們是外來的。如果它們同意在既有的制度架構內工作，那不僅是因為戰術上的理由和對短期策略的考慮；還是因為資本主義體制的變化削弱了它們的社會基礎，改變了它們的目標（就像蘇聯也已改變了目標，並在政策上承認了這個變化）。這些國家的共產黨扮演的歷史角色，就是那種「不得不」(condemned) 放棄激進路線的合法反對黨。它們證明了資本主義一體化的深度和廣度，證明了在哪些條件下，相互衝突的利益之間質的差異可以表現為既有社會範圍內的量的差異。

若要找出這些變化的原因，似乎沒有深入分析的必要。就西方而言，先前那些社會衝突，在技術進步和國際共產主義的雙重（且相互聯繫的）影響下得到了緩和與解決。階級鬥爭被沖淡，「帝國主義的矛盾」在外來威脅面前也被擱置了。資本主義社會動員起來對付這種外來威脅，使國內顯示出一種先前的工業文明階段前所未聞的聯合和團結。這是在物質基礎上的團結；為了對付敵人而進行的動員，大幅刺激了生產和就業，從而維繫了高水準的生活。

在這些基礎上，出現了一個受到管理的領域（universe of administration），在其中，由於日益增長的生產率和核戰爭威脅的有利影響，蕭條得到控制，衝突也穩定下來。馬克思在資本主義的生產方式中發現了資本主義社會衝突的**根源**，也就是生產資料的私人占有與社會化生產的矛盾，那麼，我們可不可以說，上述衝突穩定下來的狀況只是「一時」的，因為衝突的**根源**完全沒有受到影響？還是說，當代資本主義解決矛盾的方式就是讓矛盾變得尚能忍受（tolerable），而這表示資本主義本身的對抗性結構發生了變化？如果第二種說法是真的，那麼它是如何改變資本主義與社會主義——後者似乎是對前者的歷史否定——的關係的呢？

遏制社會變革

在古典馬克思主義的設想中，從資本主義向社會主義的轉變是一種政治革命：無產階級摧毀資本主義的**政治**機構，但保留其**技術**機構並使其從屬於社會主義。革命中存在連續性：擺脫了不合理的限制和破壞的技術理性，在新社會中不僅維持了下來，更得到了完滿的實現。一位蘇聯馬克思主義者對這種連續性的看法是很有意思的，因為其中表述的觀點，對於「社會主義是資本主義的規定性否定（determinate negation）」這樣的觀念而言有重要意義：[1]

> (1)儘管技術的發展從屬於每個社會形構（social formation）的經濟規則，但它和其他經濟因素一樣，不會隨著該形構各規律的中止而終結。在革命進程中舊的生產關係被破除時，技術仍然會保存下來，並從屬於新經濟形構的經濟規律，從而加速向前發展。

(2)與對抗性社會中經濟基礎的發展相反，技術不是以跳躍性的方式發展，而是隨著舊要素的消失，以新要素逐漸積累的方式來發展。〔(3)與這裡的上下文無關。〕

在發達資本主義社會，技術理性在生產機構中得到了體現（儘管對它的使用是不理性的）。這不僅適用於機械化的工廠、工具和資源開發，也適用於與機械過程的操縱相適應的勞動方式，適用於按「科學管理」（scientific management）方式安排的勞動模式。因此，無論是國有化還是社會化，**本身**都無法改變技術理性的這種物質體現；恰恰相反，**後者**仍然是社會主義一切生產力發展的先決條件。

當然，馬克思認為，「直接生產者」對生產機構的組織和指導，將在技術發展的連續性中造成一種**質變**：也就是說，生產的目的是為了滿足自由發展的個人需求。但是，既有的技術機構在多大程度上將社會各領域的公共生活和私人生活捲入，也就是說，在多大程度上成為吸納勞動階級的政治領域中的控制和團結手段，我們就必須在多大程度上改變**技術結構本身**，才能產生上述的質變。這種變化預設了這樣的**前提**：勞動階級必須離開這個領域，必須意識到自己絕不可能繼續留在這個領域，這樣，對質變的需求才會是生死攸關的問題。因此，否定（negation）是**優先**於這種變化而存在的，而解放的歷史力量在既有社會的**內部**發展起來的觀點，成為了馬克思主義的理論基礎。[2]

這種新的意識，這種「內部空間」，即超越性的歷史實踐的空間，正是被這樣的社會所排斥的：在這個社會中，主體和客體都成了一個以強大生產力為存在理由（*raison d'être*）的整體（whole）的工具。該社會的最高許諾，是為越來越多的人民提供更舒適的生活，而人民，嚴格說來，無法想像一種本質上不同的論述和行動領域，因為既有社會的重要組成部分，恰恰是有能力去遏制、操縱顛覆性的想像力和嘗試。那些生活在豐裕社會地獄般的底層的人，被一種復活了中世紀和近代初期野蠻行徑的手段牢牢壓制住。對另一些社會地位較不低下的人，社會則滿足那些使奴隸狀態變得合宜、甚至不引人注意的需求，來照顧他們對解放的需求，而且社會是在生產過程本身中做到這點的。在這種影響下，在工業文明的發達地區，勞動階級正經歷決定性的轉變，而這已經成為許多社會學研究的主題。我把造成這種轉變的主要因素列舉如下：

(1)機械化不斷減少在勞動中所耗費的體力的數量和強度。這種演變對馬克思主義關於工人（無產階級）的概念有重大的影響。對馬克思來說，無產者主要是把其體力花費和消耗在勞動過程中的體力勞動者，即使他是用機器工作的。在次等人（sub-human）的狀況下，為剩餘價值的私人占有而購買和使用勞動者的體力，產生了種種令人震驚的殘酷剝削；馬克思主義譴責這種為身體帶來痛苦和不幸的勞動。這是奴隸般的雇傭勞動和異化狀態中物質的、有形的成分——是古典資本主義的生理學和生物學向度。

在過去的那些世紀中，異化的重要原因是人把自己的生物個體性交給技術機構：他是工具的載體；不把人這種工具載體組合起來，技術系統便不能建立。這種職業的特徵是具有使人在心理和生理兩方面成為畸形的效果。[3]

在發達資本主義中，雖然越來越完善的機械化勞動維繫著剝削關係，但卻在改變受剝削者的態度和地位。在技術的整體範圍內，自動化和半自動化反應充斥了大部分（如果不是全部）工作時間的機械化勞動，是對生命力的一種長期占有、消耗和麻醉，是一種非人的苦役，甚至是更使人疲憊的苦役，因為機械化加快了勞動速度，控制了機器操作者（而不是產品），並把工人們相互隔離。[4]毫無疑問，這種苦役形式表現了**受抑制的局部**自動化，表現了自動化、半自動化及非自動化部分在同一工廠內的共存，但即使是在這些條件下，「技術也以神經緊張和／或精神辛勞來代替肌肉疲乏」。[5]對於更發達的自動化工廠，體力轉變為技術和思維技巧的特點更加突出：

……是大腦的而不是手的技巧，是邏輯學家的而不是手工匠的技藝；是神經的而不是肌肉的能力：是領導者的而不是體力勞動者的才能；是維修工人的而不是操作者的本領。[6]

這種巧妙的奴役本質上無異於打字員、銀行出納員、繁忙的推銷員和電視播音員所受的奴役。標準化和各種常規使生產性和非生產性的工作漸趨一致。先前的資本主義階段的無產者的確是勞役重擔下的牲畜，生活於骯髒和貧困，只能依靠身體的勞動來獲取生活的必需品和奢侈品。因此，他是對他那個社會的活生生的否定。[7]與此相反，技術社會發達地區的有組織的工人所過的生活，就沒有那麼明顯的否定性；和社會分工中其他人的目標一樣，他正在被整合到由受到管理的人所組成的技術共同體之中。不僅如此，在自動化最為成功的區域，某種技術共同體似乎把工作中的人類原子融合在一起。機器似乎在向操作者灌輸一種令人昏沉的節奏：

> 人們普遍認為，相互依賴的運動是由這樣一群人來實施的，他們遵循一種帶來滿足感的節奏模式——與運動正在完成的東西沒有什麼關係。[8]

一位社會學家兼觀察家相信，這就是某種「普遍趨勢」逐步發展的一項原因，這種趨勢既「有利於生產，又有利於使人得到某些重要的滿足」。他談到「每個工作小組中有一種強有力的團體感（in-group feeling）在不斷成長」，他還引述一位工人的話：「總而言之，我們融入了事物的節奏（in the swing of things）……」。[9]這個說法徹底表達了機械化奴役狀態中發生的變化：事物「演奏」（swing）而不是壓迫，它們「演奏」著人這種工具——不只是他的身體，還包括他的大腦甚至靈魂。沙特（Jean-Paul Sartre）的評論闡明了這個過程的深刻意義：

> 在採用半自動化機器不久，調查發現，女性技術工人在工作時禁不住做起了性方面的白日夢。她們回憶起臥室、床第、黑夜以及一切只與情侶中孤單獨處的那個人有關的東西。但是，夢見親密行為的卻是她手中的機器……[10]

技術世界的機械化進程破壞了自由的最深處的私密性（innermost privacy），並使性和勞動在無意識的、有節奏的自動作用中聯繫起來。這個過程是與工作的同化並行的。

(2)同化的趨勢進而表現在職業的階層分化中。在關鍵的工業機構裡，與「白領」相比，「藍領」的比例正在下降；非生產性工人的數量也增加。[11]這種量變也反映出基本生產資料（means of production）在性質上的變化。[12]在發達的機械化階段，機器，作為技術現實的一部分，不是

> 一個絕對的統一體（*unité absolue*），而是個體化的、但又在兩個方面保持開放性的技術現實，這兩個方面是：與各個構成部分的關係，以及技術整體中眾多個體間的關係。[13]

機器本身在多大程度上變成機械工具、機械關係的系統，因而大大超出個別工作過程，它就在多大程度上透過降低勞動者的「專業自主性」，將勞動者與其他受技術整體所苦、又指導著技術整體的專業結合為一體，而表現出更大的統治權。毫無疑問，勞動者從前具有的「專業」自主權毋寧說是他受到的專業奴役。但這種**特定**的奴役方式，也曾經同時是他特定的、專業的否定力量的來源——他可以透過這個力量，阻止可能消滅他自己（身為一個人的）的工作過程。這種專業自主性曾經體現了對既存社會的拒斥，使勞動者成為階級中的一員並與其他職業團體區別開來，但勞動者現在正在失去這種專業自主性。

技術的變化傾向於使機器不再是**個別**的生產資料，不再是「絕對的統一體」，但這種變化似乎取消了馬克思關於「資本有機構成」的概念，以及剩餘價值創造方面的理論。按照馬克思的觀點，機器不創造剩餘價值，而只是把它自身的價值轉移到產品中，剩餘價值始終是剝削活勞動的結果。機器是人類勞動力的體現，透過它，以往的勞動（死勞動）保存了自身並決定了活勞動。現在，自動化似乎從根本上改變了死勞動和活勞動的關係；它造成了這樣的趨勢：決定生產力的，是「眾多的機器，而不是個別的產出」。[14] 此外，個別產出的計量（measurement）便成為不可能的了：

在最廣泛的意義上，自動化事實上意味著工作計量的**終結**……在自動化的情況下，你無法計量單一個人的產出；你現在只需要估算設備的利用狀況。如果我們將其概括為一種概念……那麼，舉例來說，就不再有理由按件計酬或按時計酬。也就是說，不再有理由堅持薪水和工資的「雙軌計酬制」（dual pay system）。[15]

這份報告的作者貝爾（Daniel Bell）還有進一步的看法，他把技術變化與工業化本身的歷史制度聯繫了起來：

工業化（的意義）不是隨工廠的興起而產生的，而是產生於**對工作的計量**。當工作能計量，當你能把一個人與工作聯繫在一起，當你能約束他，按照一件一件的工作來計算他的產量並按件計酬或按時計酬時，你就達到了現代工業化。[16]

這些技術變化中，關鍵絕不只是計酬制、工人與其他階級的關係，以及勞動組織。關鍵是技術進步如何與工業化賴以發展的那些制度並行不悖。

(3)勞動及生產資料的這些變化改變了勞動者的態度和意識，這在廣受討論的勞動階級與資本主義社會的「社會和文化整合」當中可以看得很清楚。這只是一種意識中的變化嗎？馬克思主義者提出的答案往往是肯定的，但他們的答案似乎異常地前後不一致。如果不假定

「社會存在」發生了相應的變化，可以理解意識中的這種根本變化嗎？就算我們承認意識型態具有高度的獨立性，這種變化與生產過程中的變化的聯繫也與這種解釋方式相衝突。人的需求、渴望、生活標準、閒暇活動和政治當中的同化現象，源於**工廠本身**之中、物質生產過程中的整合。人們是否能夠不帶諷刺意味地使用「自願的整合」（馬利〔Serge Mallet〕語）這種說法，當然是可疑的。在現有情況下，自動化的負面特徵十分顯著：工作步調加速、技術性失業、管理層地位的提高、工人無能為力和聽天由命思想的增長。由於管理層更需要工程師和大學畢業生，晉升的機會逐漸減少。[17]然而，還存在其他一些趨勢。在工作中形成機械共同體的技術組織，同樣也使工人與工廠形成更為緊密的依存關係。[18]人們注意到工人方面「渴望一起解決生產的問題」，「渴望在技術性的、或適合用技術來解決的生產問題上積極發揮自己的才智」。[19]在一些技術最發達的企業中，工人們甚至誇耀他們在企業中得到的既定利益——這是人們經常注意到的「工人參與」資本主義企業的一個結果。以下這段對位於法國昂貝（Ambés）的高度美國化的加德士（Caltex）[20]煉油廠的有爭議的描述，可以幫助我們描繪這個趨勢。該廠的工人們意識到是什麼使他們與企業連結在一起：

> 職業的、社會的及物質的聯繫：他們在廠裡獲得的技術，他們習慣於某些已經確立下來的生產關係：僅僅因為他們屬於這一公司，那些在突然死亡、嚴重疾病、喪失工作

能力、年老體衰的情況下他們可以指望的五花八門的福利，讓他們在喪失生產能力的時期的生活得到保障。因此，生活與加德士石油公司有密不可分的關係的觀念，使他們懷著出人意料的關切和洞察力去思考公司的財務管理。「企業委員會」的各個員工代表，懷著與謹慎的股東同樣的關切心理，來檢查和討論公司的帳目。當出於新投資的需要，工會同意暫緩兑現他們的工資要求時，加德士公司的董事會自然會高興得手舞足蹈。但當委員會代表們認真看待法國分公司偽造的資產負債表，並為這些分公司達成的不利交易感到擔憂，甚至質疑生產價格並提出節約方案的時候，加德士公司的董事會才會表現出「正當」的焦慮。[21]

(4)因此，新的技術工作世界強行削弱了工人階級的否定性位置，工人階級似乎不再與既有的社會相矛盾。這個趨勢同時又在另一方面，即管理和指導方面，為生產技術組織的作用所加強。支配轉化為管理。[22]有資本的老闆和廠主正在喪失他們的負責人身分；他們在一部企業機器中起著官僚的作用。理事會和董事會遠遠超出了個別企業，擴展到科學實驗室和研究院，在它們巨大的統治範圍內，政府和國家目標這樣顯而易見的剝削根源，便消失在客觀理性（objective rationality）的外表後面。仇恨和沮喪失去了特定的目標，技術的面紗掩蓋了不平等和奴役的再生產。[23]以技術的進步為手段，「人從屬於生產機構」這種意義上的不自由（unfreedom），就在各種自由及舒適的形式中得到了鞏固和強化。它的新穎之處在於這種不理性事業中壓倒一切的理性，以及預先處理（pre-conditioning）的深度。這種預先處理形塑了個人的本能驅力（instinctual drives）和願望，模糊了真假意識的區別。因為事實上，不論是利用行政的控制而不利用身體的控制（如飢餓、人身依附、強迫），還是改變繁重工作的特性，或是使不同的職業階層同化，又或是在消費領域中實現平均化，這一切都無補於如下事實：個人完全無法控制與生與死、個人安全和國家安全有關的各種決策。發達工業文明的奴隸是受到抬舉的奴隸，但畢竟還是奴隸，因為決定奴隸制度的

> 既不是服從，也不是工作難度，而是人成為單純的工具、淪為物的狀況。[24]

這就是奴役狀態的純粹形式：身為一種工具、一種物而存在。就算物被賦予生命且能挑選物質食糧和精神食糧，但如果物並未感到自己是身為物而存在，如果只是漂亮、乾淨、活動的物，那麼，這種奴役式的生存方式就還沒有廢除。反過來說，由於物化（reification）有可能憑藉其技術形式而成為極權主義，組織者和管理者本身就越來越依賴他們組織和管理的機器。管理者和被管理者的相互依賴不再是主僕的辯證關係，這種辯證關係在爭取相互承認的鬥爭中已被打破，因此毋寧說它是把主僕包括在內的惡性循環。技術人員具有統治權

嗎？或者說，他們統治的是那些依賴技術人員、把技術人員當成規劃者和執行者的人嗎？

……今天，高技術軍備競賽的壓力，使重要決策的優先權和權力從政府官員手中，轉到了受雇於大工業帝國並對雇主利益負責的技術員、規劃者和科學家手中。他們的職責是設計新的武器系統，並說服軍人相信其軍事前途及國家未來取決於購買他們設計的武器。[25]

就像生產機構為了自我保存和發展而依賴軍隊一樣，軍隊也依賴各大公司，「不僅因為需要購買武器，也因為需要得到有關知識：即需要何種武器、花費多少錢和時間才能得到」。[26]「惡性循環」似乎就是這種社會的形象：這個社會在自己製造（同時遏制）的各種增長著的需求推動下，正在按照自己預定的方向自我擴張和自我延續。

遏制的前景

「不斷提高的生產力」和「壓迫」之間的鎖鍊有可能打破嗎？要回答這個問題，需要假定社會的發展相對正常（即不考慮爆發核戰爭的實際可能性），據此設想當代社會的未來樣貌。根據這個假定，敵人仍將「永久」存在，也就是說，共產主義將繼續與資本主義共存。同時，資本主義將繼續有能力為越來越多的人維持甚至提高生活水準，即使是透過加強毀滅性工具的生產以及對資源和才能的系統性浪費來達到這點。資本主義的這種能力，不惜透過兩次世界大戰以及法西斯政權在物質和精神上造成的無法估計的倒退而表現出來。

這種能力的物質基礎，在下列情況下將繼續存在：

(a)日益提高的勞動生產力（技術進步）；
(b)下層人口出生率的提高；
(c)永久性的國防經濟；
(d)資本主義國家經濟—政治的一體化，並與不發達的地區建立關係。

但是，社會的生產能力和對它的破壞性及壓迫性的使用方式不斷發生衝突，將使國家機構必須將其需求強加給人民，即處理過剩的產能；商品必須出售以賺取利潤，因此要創造出對商品的需求；還有生產和推銷這些商品的熱情。因此，整個體制透過支配國營和私人企業的經營，透過鞏固國營和私營公司的利益及其顧客和雇員的利益之間預先確立的一致，而趨向於全面管理（total administration），並且趨向於對管理的全面依賴。無論是部分國有化，還是勞工進一步參與經營、分享利潤，都無法改變這個支配體制——只要勞工本身仍然是後盾和肯定性的力量。

這裡也存在來自內部和外部的離心趨勢。其中之一是技術進步本身（即**自動化**）所固有的趨勢。我曾經指出，不斷擴大的自動化並不等於機械化在數量上的增長，而是基本生產力的性質發生的變化。[27]達到技術可能性極限的自動化，似乎無法與以對生產過程、人的勞動力的私人剝削為基礎的社會並存。在實現自動化之前將近一個世紀時，馬克思就預見了它的爆炸性前景：

> 但是，隨著大工業的發展，現實財富的創造較少地取決於勞動時間和已耗費的勞動量，較多地取決於在勞動時間內運用的動因（*Agentien*）的力量，而這種動因自身——它們的驚人效率——又和生產它們所花費的直接勞動時間不成比例，相反地卻取決於一般的科學水準和技術進步，或者說取決於科學在生產上的應用……勞動不再表現為像以前那樣被包括在生產過程中，相反地，表現為人以生產過程的監督者和調節者的身分同生產過程本身發生關係……工人不再是生產過程的主要當事者，而是站在生產過程的旁邊。在這個轉變中，表現為生產和財富的宏大基石的，既不是人本身完成的直接勞動，也不是人從事勞動的時間，而是對人本身的一般生產力的占有，是人

對自然界的瞭解和通過人作為社會體的存在來對自然界的統治，總之，是社會性個人（*gesellschaftliches Individuum*）的發展。**現今財富的基礎是盜竊他人的勞動時間**，這同新發展起來的由大工業本身創造的基礎相比，顯得太可憐了。一旦直接形式的勞動不再是財富的巨大源泉，勞動時間就不再是，而且必然不再是財富的尺度，因而交換價值也不再是使用價值的尺度。**群眾的剩餘勞動**不再是發展一般財富的條件，同樣，少數人的非勞動不再是發展人類頭腦的一般能力的條件。於是，以交換價值為基礎的生產便會崩潰……[28]

自動化看起來的確是發達工業社會的巨大催化劑。在質變的物質基礎中，它是一種爆炸性或非爆炸性的催化劑，是從量變轉化為質變的技術工具。因為自動化的社會過程表現了勞動力的轉化，或更確切地說，表現了勞動力的質變（transubstantiation），在這個過程中，勞動力從個人分離出來，成為一個獨立的生產客體，進而成為主體。

自動化一旦成為物質生產的過程**本身**，就會引起整個社會的變革。人類勞動力的物化一旦推向極端，將切斷把個人與機器連結在一起的鎖鍊（也就是使人用自己的勞動奴役自己的機制），從而砸碎這種物化的形式。在必然王國內完全實現自動化，將開啟自由時間的向度，讓人的私人生活**和**社會生活得以成形。這將是邁向一種新文明的歷史性超越。

在發達資本主義的現階段，組織起來的勞工當然要反對無法促進就業的自動化。他們堅持要在物質生產中廣泛利用人的勞動力，並因此反對技術進步。但這樣一來，也反對了對資本更有效的利用；妨礙了勞動生產力的進一步提高。換言之，繼續阻止自動化進程，會削弱資本在國內和國際的競爭地位，引發長時期的蕭條，重新挑起階級利益的衝突。

隨著資本主義與社會主義的對抗從軍事領域轉入社會經濟領域，上述可能性變得更加現實。透過全面管理（total administration）的力量，一旦達到某種技術水平，蘇聯體制下的自動化就能更迅速地發展。對西方世界國際競爭地位的這種威脅，將迫使西方世界加速實現生產過程的合理化。這樣的合理化遭到勞工的頑強抵抗，不過這種抵抗並沒有帶來政治上的激進化。至少在美國，由於集團利益屈從於或隸屬於國家利益，勞工領袖在目標和手段方面都沒有超出國家和集團利益的共同範圍。這些離心的力量在這個範圍內仍然是可以駕馭的。

人的勞動力在生產過程中所占比重的減少，意謂政治反對力量的減弱。由於白領在生產過程中的比重逐漸提高，如果政治上要出現激進化，白領工人就必須培養出某種獨立的政治意識和行動——這是發達工業社會不太可能出現的發展。把產業工會[29]中的白領成員組織起來的趨勢，[30]如果能成功，或許能導致白領工人工會意識的發展，但不太可能導致政治上的激進化。

> 從政治上看，工會中更多白領工人的出現，給了自由主義者和勞工代言人一個機會，能如實地把「勞工利益」與整個共同體的利益等同起來。勞工這個壓力團體的群眾基礎將進一步擴大，而勞工代言人必然會針對全國的政治經濟議題捲入更廣泛的討價還價。[31]

在這些情況下，對各種離心趨勢進行巧妙遏制的前景，首先取決於既得利益集團根據福利國家的需要調整自己及其經濟的能力。大幅增加的政府開支和指導，國家和國際範圍內的計畫，對外援助項目的擴大，全面的社會安全，大規模的公共工程，甚至是部分國有化，都屬於福利國家的需要。[32]我相信，統治集團將逐步地、不情願地接受這些要求，並把鞏固其特權的希望寄託在更有效的力量之上。

現在，我們來討論在另一種工業文明制度——也就是蘇聯——之下遏制社會變化的前景[33]。討論一開始就面臨了雙重的不可比性：(a)從時間順序上看，蘇聯處於工業文明的早期階段，大部分地區仍處於前技術（pre-technological）階段；(b)從結構上看，其經濟和政治制度有著本質的區別（全面國有化和獨裁體制）。

這兩方面的相互聯繫使我們的分析更加困難。歷史造成的落後，不僅使蘇聯的工業化能夠發展，而且還迫使它發展；這個進程沒有計畫性的浪費和廢棄，也沒有謀取私人利潤的勢力強加給生產力的種種限制；它有計畫地滿足尚未滿足的根本需求，同時優先滿足軍事的和政治的需求。

工業化的這種更強大的理性，會不會只是歷史落後狀態的標誌和優勢，一旦達到發達水平便可能消失？另一方面，在與發達資本主義競爭性地共存的前提下，依靠獨裁政權而加強對各種資源的開發和控制的，也是同一種歷史落後狀態嗎？而且，在達到「趕上與超過」的目標後，蘇聯就會放寬極權主義控制，使質變有可能出現嗎？

從歷史落後狀態出發的觀點是這樣的：在尚不成熟的現有物質、精神條件下，只能使用強制力量和行政手段來完成解放。而從歷史落後狀態中尋找論據，不僅是蘇聯馬克思主義的核心，也是從柏拉圖到盧梭的「教育獨裁」理論家們的核心。它容易遭到嘲笑，但卻難以拒絕，因為它的優點是，在沒有多少虛偽的掩飾下，承認那些妨礙了真正的、明智的自我決定的種種（物質的和精神的）條件。

此外，這種論點揭穿了壓迫性的自由意識型態，根據這種意識型態，人的解放能夠在辛勞、貧窮和愚昧的生活中得到進展。的確，在能夠成為一個自由的社會之前，社會必須先為所有成員創造自由的物質前提；在能夠按照自由發展的個人需要來**分配**其財富之前，社會必須先**創造**財富；在奴隸們認識現狀，並知道自己可以如何改變現狀之前，社會必須先使他們能夠學習、觀察和思考。在奴隸已被預先安排好以奴隸身分生存並滿意自己扮演的角色的情況下，他們的解放似乎必定來自外部和上層。必須「強迫」他們「去獲得自由」，「強迫」他們「按照對象的本來面貌、有時按照它們應該表現的面貌去觀察對象」，必須給他們指出他們在尋找的「光明大道」。[34]

這種論點儘管有真實的一面，仍然無法回答一個長期以來懸而未決的問題：該由誰來教育教育者？如何證明教育者擁有「美德」？這個問題不會由於下述說法而失去依據：這個問題同樣適用某些民主的政府形式，在這些民主的政府形式中，關於什麼對國家有益的重大決策，是由經過選舉的議員們——由在有效的、自由接受的信條之下選舉出來的議員們做出的（或更確切地說，是由選舉出來的議員們批准的）。為「教育獨裁」尋找的唯一可能的藉口（夠無力的了！）依然是，它所涉及的可怕風險，可能不會比偉大的自由國家和威權國家現在正在承受的風險更大，代價也不會更高。

然而，辯證邏輯反對上面這種殘酷事實式的、意識型態式的語言。辯證邏輯堅持認為，在奴隸獲得自由之前，他們必須有**爭取解放的自由**；同時，目的必須在達到目的的各種手段中發揮作用。馬克思關於「工人階級的解放必定是工人階級自己的事」的主張，闡明了此種**先決條件**。隨著革命的開始，社會主義必定變成現實，因為它必定已經存在於進行革命的人的意識和行動之中。

沒錯，社會主義建設有所謂的「第一階段」，在這個階段，新社會「帶著它脫胎出來的那個舊社會的痕跡」；[35]但是，從舊社會向新社會的質變，就出現在這個階段。根據馬克思的看法，「第二階段」嚴格說來是在第一階段之中產生的，新的生產方式帶來的新的生活方式就出現在社會主義革命**中**，而社會主義既是資本主義的終點，也在資本主義**到達**終點時出現。社會主義建設則隨著革命第一階段的到來而展開。

同樣地，從「按勞分配」到「按需分配」的過渡，是由第一階段決定的——不僅是由第一階段創造的技術和物質基礎來決定，也是由（這具有決定性意義！）創造技術和物質基礎的**方式**所決定。「直接生產者」對生產過程的控制，應該開啟那把自由人的歷史與人的前歷史區分開來的發展。這是這樣的社會，在其中，原先的生產力對象第一次變成了為實現自身的需求和能力而規劃和使用勞動工具的個人。人們將第一次自由地、集體地行動，雖身處限制其自由和人性的必然性之下，卻又與之對抗。因此，必然性所強加的一切壓迫，都將成為真正由自我強加的必然性。與這個概念相反，當前共產主義社會的實際發展都把質變推遲（或由於國際局勢而被迫推遲）到第二階段，而從資本主義向社會主義的過渡儘管是一場革命，看來卻仍然是量變。人被其勞動工具奴役的狀態，以一種高度理性化的、效率極高、前途遠大的形式延續了下來。

敵對雙方共存的情況，或許可以解釋史達林主義工業化的恐怖特徵，但它也啟動了可能使技術進步永遠成為支配工具的力量；手段損害了目的。再假定不會發生中斷技術發展的核戰爭或其他災難，技術進步就會有利於生活水準的繼續提高和控制的進一步放鬆。國有化經濟可以利用勞動和資本的生產力，而不會遇到結構性的抵抗，[36]同時又大幅減少工作時間，並提升生活的舒適程度。它能夠完成這一切，又不放棄對人民的全面管理。所以沒有理由假定，技術進步加上國有化，將「自動」解放和釋放否定性的力量。恰恰相反，不斷增長的生產力和它們奴役人的組織方式之間的矛盾——甚至史達林也公開承認這是蘇聯社會主義發展的特徵[37]——有可能平息，而不是加劇。統治者能夠提供的消費品越多，下層人民在各種官僚統治機構下就被束縛得越緊。

但是儘管蘇聯遏制質變的前景似乎與發達資本主義遏制質變的前景並無二致，社會主義的生產基礎還是造成一項決定性的差異。在蘇聯的體制下，生產過程的組織明顯地把「直接生產者」（勞動者）和對生產資料的控制分離開來，並進而在整個體制的基礎當中促成了階級的差別。這種分離，是在布爾什維克革命短暫的「英雄時期」之後，由政治決策和權力確立的，並從此被鞏固下來。然而，它並不是生產過程本身的原動力；也不像源於生產資料私有制的資本與勞動的分離那樣內在於生產過程之中。因此，統治階層本身是可能從生產過程中分離出來的，也就是說，他們可以被取代，而無須推翻社會的基本制度。

上述情況在蘇聯馬克思主義的如下理論中得到了部分正確的闡述：「落後的生產關係和生產力的性質」的主要矛盾能夠透過非爆炸性的手段來解決；兩者的相互「適應」可以透過

「逐步改變」而實現。[38]但事實的另一面是，量變仍然必須轉化為質變，讓國家、黨、計畫等凌駕於個人之上的獨立力量徹底消失。既然這種變化並不觸及社會的物質基礎（國有化生產過程），就只會侷限在**政治**革命的範圍之內。如果它能夠在人類存在的基礎，即在必要勞動方面導致自我決定，它就會是歷史上最徹底、最全面的革命。在分配生活必需品時不考慮工作績效，把勞動時間降低到最低，為不同職務的互換而進行普及的全面教育——這些都是自我決定的前提，而非其內容。雖然這些前提的創造可能仍然是凌駕於人們之上的管理所帶來的結果，但一旦確立，就意謂這種管理的終結。當然，一個成熟的、自由的工業社會將繼續依賴涉及職務不平等的勞動分工。真正的社會需求、技術需求和人與人之間的身心差別，使這樣的不平等成為必須。然而，各種行政的和監督的職務，將不再為了某種特殊的利益而行使統治他人生活的特權。因此，即便在一個完全國有化和計畫化的經濟基礎上，向這種狀態的過渡也是一個革命的過程，而不是漸進的過程。

我們能夠假定共產主義體制，在其現有的形式中，會發展（或在國際競賽的推動下**被迫**發展）有利於這種過渡的條件嗎？有一些強有力的論據反對這種假定。人們強調：頑固的官僚層將會頑強抵抗，而這種抵抗的理由，和驅使人們為解放創造條件的理由是一樣的，也就是與資本主義世界進行生死競爭。

我們不需要人性固有的「權力驅力」（power-drive）這個概念。這是一個十分不可靠的心理學概念，完全不適合用來分析社會發展。問題不在於一旦達到可能發生質變的程度，共產主義的官僚是否會「放棄」他們的特權地位，而在於他們是否能夠防止達到這種程度。為了做到這一點，只要支配仍然合理並有利可圖，只要仍然可以使下層人民束縛於工作、國家或其他既有機構的利益，官僚們就必須阻止物質和精神的發展。在這裡，決定性的因素似乎也是全球性的共存局勢。它早已成為兩個對立社會**內部**局勢中的因素。全面利用技術進步的需要，以更好的生活標準活下去的需要，可能會證明比既有官僚體制的抵抗力量更強大。

我願意對下述耳熟能詳的觀點提出幾點評論：落後國家的新發展不僅可能改變發達工業國家的前景，還可能構成逐步取得相對獨立性的「第三種力量」。根據上面的討論：有什麼證據能夠表明，先前的殖民地或半殖民地地區，會選擇一條本質上不同於資本主義和當代共產主義的工業化道路呢？在那些地區的本土文化和固有傳統中，有什麼東西預示出這種不同的選擇呢？我的評論範圍將限於已處於工業化進程中的那些落後國家的典型，也就是工業化與完好無損的前工業、反工業文化並存的那些國家（印度、埃及）。

那些國家的工業化進程已經開始，但人民並沒有受過訓練，不瞭解自我推進的生產力、效率和技術理性的重要性。換言之，這些國家中，絕大多數人口尚未被改造成一支與生產資料分離的勞動力。這些情況是否有益於工業化和解放的新型結合——也就是一種本質上不同的工業化方式，不僅符合下層人民的根本需求，也符合平息生存鬥爭的目標？

那些落後地區的工業化並不是在真空中出現的，而是發生在這樣的歷史環境：必須大量從外部、從資本主義或共產主義集團（或同時從二者）取得原始積累所需的社會資本。此外，還有一個廣為流傳的假定：如果要保持獨立，就必須**迅速**實現工業化，並達到至少能在與這兩類大國的競爭中確保相對獨立性的生產力水準。

在這些情況下，不發達社會若要向工業社會過渡，必須盡快拋棄各種前技術的形式。對尚未滿足人民根本需求的國家來說，這一點尤其重要，因為那些國家的生活水準極為低劣，因此必須生產**大量**產品，必須實行機械化、標準化的規模生產和分配。但同樣是在那些國家，前技術、甚至前「資產階級」的習慣和狀況仍極為重要，並強而有力地抵抗著這種強制進行的發展。機械過程（作為社會過程）要求人們順從一種無以名之的力量體系，也就是對那些還保留著神聖光環的價值和制度的全面破壞和世俗化。人們是否可以合理假定，在兩大陣營全面技術管理的影響下，將以自由和民主的形式消除這種抵抗？不發達國家是否能夠完成從前技術社會向**後**技術社會的歷史飛躍，而在這個過程中受到控制的技術機構又可以為真正的民主提供基礎？恰恰相反，事情倒像是：那些國家強制進行的發展，將帶來一個全面管理的時期，其暴烈和嚴厲程度將甚於那些建立在自由主義時代成就之上的發達社會所受到的管理。簡言之，落後地區可能會隸屬於某種形式的新殖民主義，或者隸屬於多少帶有恐怖色彩的原始積累的體制。

然而，替代性的選擇似乎也是可能的。[39]如果落後國家的工業化和技術引入遭到來自本土、傳統的生活方式和勞動方式的強烈抵抗——甚至在已經看得見較好、較舒適的生活前景時也不放棄的抵抗，這種前技術的傳統還可能成為進步和工業化的泉源嗎？

這種本土的進步需要一種有計畫的政策：不是將技術強加在傳統生活方式和勞動方式之上，而是在本土自身的基礎上擴大和改善其進步，同時消除使它們難以確保人類生存發展的（物質的和宗教的）壓迫力量和剝削力量。其先決條件是社會革命、土地改革、減少過剩人口，但絕對不是照搬發達國家典範的工業化。在自然資源擺脫壓迫性侵占後不僅足以維持生存，而且足以使人過像樣生活的地區，本土的進步似乎確實有可能出現。在情況不是這樣的地區，人們難道就不能夠在傳統的框架內，透過接受漸進的、點滴的技術援助，來使自然資源滿足自己的需要嗎？

如果事情就是這樣，各種老牌的發達工業社會所沒有（並且從來沒有）的情況就會普遍流行——換言之，「直接生產者」將有機會透過自己的勞動和閒暇去創造自己的進步並決定其速度和方向。自我決定將從根本之處進行，為了生活必需品而工作將超越自己，邁向為了愉悅而工作。

但是，即使在這些抽象的假設之下，也必須承認自我決定有其難以克服的限度。那種透過廢除精神和物質的剝削而為新的發展打下基礎的初期革命，很難設想是人民自發的行動。

此外，本土進步的前提，是今天支配世界的兩大工業集團要改變其政策，也就是拋棄一切形式的新殖民主義。但現在並沒有發生這種變化的跡象。

福利國家和戰爭國家

綜上所述：由技術理性的政治所提供的遏制變化的前景，取決於福利國家的前景。福利國家似乎有能力提高**受到管理**的生活水準，這是一切發達工業社會固有的能力。在這些社會中，效率極高的技術機構成為凌駕於個人之上的力量，依靠生產力的密集發展和擴張來運作。在這些條件下，自由和反對力量的衰落並不是道德、精神敗壞或腐化的問題。數量不斷增長的商品和服務的生產和分配，使人的順從成為一種理性的技術態度，就此而言，自由和反對力量的衰落其實是客觀的社會過程。

然而，儘管有這些（合）理性，福利國家仍然是不自由的國家，因為它的全面管理系統性地限制了(a)「從技術上看」可以獲得的自由時間[40]；(b)「從技術上看」可用來滿足個人根本需求的商品、服務的數量和品質；(c)能夠理解和實現各種自我決定的可能性的（有意識的和無意識的）才智。

晚期的工業社會提高而不是減少了對（就算不是對個人來說，也是對整個社會來說）寄生的和異化的職務的需求。作廣告、拉公共關係、進行灌輸、有計畫地汰舊換新都不再是經常性的非生產性花費，而是基本生產成本的一部分。為了發揮效果，就必須不斷合理化這種社會必要的浪費（socially necessary waste）的生產，也就是不斷運用先進的技術和科學。因此，一旦某種落後狀況被克服，不斷提高的生活水準就是受到政治操縱的工業社會的幾乎不可避免的副產品。不斷提高的勞動生產力創造出越來越多的剩餘產品，這些剩餘產品無論由私人還是被集中占有和分配，都讓消費得以進一步增長——儘管生產力逐步受到轉移。只要這種格局占主導地位，就會降低自由的使用價值；只要受到管理的生活是舒適的、甚至是「美好」的生活，就沒有理由堅持主張自我決定。這就是對立面一體化和單向度政治行為的理性的、物質的基礎。在這個基礎上，社會**內部**的超越性政治力量受到抑制，質變看來只能是一種來自**外部**的變革。

以抽象的自由概念為名來拒斥福利國家，是說服不了人的。在一個能夠造就安全又舒適的、受管理的生活的國家裡，經濟自由和政治自由（這兩種自由是人類兩個世紀以來取得的實際成就）的喪失，似乎是微不足道的損失。[41]如果每個人都滿足於管理機構提供的商品和服務，並因此獲得幸福，為什麼還要堅持用不同的制度，以不同的方式生產不同的商品和服務呢？如果每個人都預先受到制約，以至於連思想、感情和願望都變成了令人滿意的商品，為什麼還要希望獨立地思考、體驗和想像呢？沒錯，提供的物質商品和精神商品可能是糟糕又不經濟的劣質品，但精神（*Geist*）和知識並不是反對滿足需求的有效論據。

以自由主義和保守主義（加不加個「新」字在前都無所謂）的名義來批判福利國家，如果要有效，恰恰必須仰賴福利國家已經超越的那些狀況（即較低程度的社會財富和技術發展）的存在。這種批判的壞的一面，表現為反對全面性社會立法的鬥爭，也表現為反對把足夠的政府開支用於軍事防衛以外的公用事業。

因此，對福利國家各種壓迫力量的譴責，有助於保護在福利國家**之前**的社會的壓迫力量。在資本主義的最發達階段，這個社會是受到一個壓制的多元體系，在其中，各種相互競爭的制度共同鞏固著整體對個人的控制。對於受管理的個人而言，多元的管理遠比全面管理好。一種機構可能可以保護他並反對另一種機構；一個組織可能可以緩和另一個組織的影響；個人也可以計算逃脫和補救的各種可能性。法律的統治（rule of law），不管如何受到限制，都比法律之上或法律之外的統治安全得多。

然而，從各種流行趨勢來看，我們必須追問，這種形式的多元主義是不是反倒會加速多元主義的毀滅。發達工業社會確實是一個各種對抗力量共存的體系。但是在某種更高的一致性中，也就是在保衛和擴大既有地位、反對各種歷史替代性選擇並遏制質變的共同利益中，這些力量是相互抵銷的。這些對抗性力量並不包括反對社會整體的那些力量。[42]它們有助於讓社會整體不受到來自內部和外部的否定；遏制的外交政策也表現為國內遏制政策的延伸。

多元主義的現實成了意識型態的、欺騙性的東西。它似乎拓展了，而不是減少了操縱和協作，是促進而不是抵制具有決定性影響的一體化。自由制度和威權制度競相使敵人成為體制**內部**不共戴天的力量。這種不共戴天的力量之所以能促進發展和行動，不是因為防禦「部門」很重要、經濟影響力很大，而是因為整個社會成了防禦性社會。因為敵人總是存在。敵人並不是存在於非常時期，而是存在於平常的事態之中。敵人在和平時期造成的威脅，和戰爭時期如出一轍（或許更甚於戰爭時期）；因此，敵人正成為一種凝聚力，融入了整個體制。

無論是不斷增長的生產力還是生活的高標準，都不依賴於來自外部的威脅，但若要把它們用來遏制社會變革並使奴役狀態永恆化，就必須以外部威脅為條件。敵人是一切作為（doing）與不作為（undoing）的通稱。而且敵人並不等於實際存在的共產主義或資本主義——在這二者中，敵人都是解放的真正幽靈。

我們再次看到：整體的瘋狂免除了各種個別瘋狂的罪責，並把違背人性的罪行轉變為一樁合理／理性的事業。當被公眾的和私人的權威巧妙激發起來的人民為總體動員的生活而準備時，他們是清醒的，不僅因為有當前的敵人，也因為在工業和娛樂設施中有投資和就業的可能性。甚至這種最為荒謬的計算也是理性的：死五百萬人總比死一千萬、兩千萬人好。不過，如果一個文明以這種計算方式來為其防衛辯解，我們就說該文明宣告了自己的終結，也是於事無補的。

由此而來的是，就連現有的自由和逃避也陷入了被組織起來的整體之內。在組織化的市場階段，競爭是緩和了，還是加劇了更大、更快的周轉率和汰舊換新呢？各個政黨是為了和平而競爭，還是為了力量更強、耗資更多的軍事工業而競爭呢？「豐裕」（affluence）的生產，是促進了，還是推遲了對尚未達到的根本需求的滿足呢？如果前一種替代性選擇屬實，當代的多元主義就可能加強遏制質變的趨勢，並因而防止（而不是推動）自我決定的「劇變」。民主也就可能表現為最有效率的支配制度。

上面所勾勒的福利國家的形象，是介乎於有組織的資本主義和社會主義、奴役和自由、極權主義和幸福之間的歷史畸形。技術進步的普遍趨勢充分揭示了它的可能性，而它也受到爆炸性力量的威脅。當然，最可怕的威脅是，全面的核戰爭可能不再處於準備階段，而是成為現實。這種威懾力量（deterrent）還會威懾那些為消滅對它的**需求**而作出的努力。不過，還有一些其他的因素也在起作用，這些因素有可能防止極權主義和幸福、操縱和民主、他律和自律的愉快結合——簡言之，有可能避免讓有組織的行為和自發的行為、受制約的思想和自由的思想、權宜之計和堅定信念之間的預定和諧得到鞏固。

就連組織化程度最高的資本主義，也把社會對利潤的私人占有和分配的需求當作經濟原則保留了下來。也就是說，它繼續把普遍利益的實現與特殊的既得利益聯繫起來。這樣一來，它也就繼續面臨了「不斷增長的平息生存鬥爭的潛力」和「加劇生存鬥爭的需求」的衝突；面臨逐步「廢除勞動」和繼續把勞動當成利潤來源的需求的衝突。這種衝突使人類社會金字塔底層的那些人的非人生活不斷延續下去。這些人包括外來者和窮人、失業者和無力就業者、受迫害的有色人種、犯人和精神病人。

在當代的共產主義社會，外部敵人、落後狀態和恐怖傳統，都讓「趕上和超過」資本主義成就的壓迫性特徵永恆化。手段優先於目的的狀況因而更加鞏固——唯有實現和平，才可能打破這種狀況；資本主義和共產主義繼續在全球範圍內、透過全球性機構，進行不使用軍事力量的競爭。這種和平或許意味著一種真正的世界經濟的出現，意味著民族國家、民族利益、民族商業及其國際聯盟的崩潰。當前全世界動員起來反對的正是這種可能性：

正因為人的無知和無意識，才讓民族主義不斷滋長。無論是二十世紀的軍事還是工業，都不會允許各個「祖國」確保自己的安全和生存，除非是透過在世界範圍內對軍事和經濟事務有重大影響的各種組織。但是在東方和西方，各種集體信念並沒有因應實際發生的變化而調整。各強權在形塑自己的帝國或修復其結構時，並沒有接受那些為各種聯盟賦予效力和意義的、發生在經濟和政治體制中的變化。

同時：

由於受國家和階級的愚弄，勞苦大眾處處被捲入劇烈的衝突中，在這種衝突中，他們唯一的敵人是存心玩弄工業和權力的神祕化的那些老手。

現代工業和區域性勢力的勾結，是一種比資本主義和共產主義制度及結構更為真實的罪惡，是沒有什麼必然辯證法能必然使之根除的罪惡。[43]

當代世界僅存的兩種「主權」式的社會體系，彼此深刻地相互依賴。這種相互依賴告訴我們，進步和政治，人和其主人的衝突已經變為全面的衝突。當資本主義遭遇共產主義的挑戰時，它發現了自己的能力：在使以利潤為目標、妨礙生產力發展的私人利益居於次要地位之後，所有的生產力都可以得到驚人的發展。當共產主義遭遇資本主義的挑戰時，它也發現了自己的能力：驚人的舒適、自由以及生活重擔的減輕。這兩種體系都擁有一些被扭曲得面目全非的能力，而且在這兩種體系之下，原因歸根究柢是相同的：兩者都在奮力對抗那種可能瓦解支配基礎的生活方式。

【注釋】

1 佐里凱恩（A. Zworikine），〈作為一種科學和一門學科的技術史：蘇聯觀點〉（The History of Technology as a Science and as a Branch of Learning: A Soviet View），載《技術和文化》（*Technology and Culture*）（Detroit: Wayne State University Press, 1961），第2頁。

2 見本書第82—83頁。

3 西蒙頓（Gilbert Simondon），《論技術對象的存在模式》（*Du Mode d' existence des objets techniques*）（Paris: Aubier, 1958），第103頁注釋。

4 見登比（Charles Denby），〈工人與自動化的鬥爭〉（Workers Battle Automation），載《新聞與通信》（*News and Letters*）（Detroit, 1960）。

5 沃克（Charles R. Walker），《邁向自動化的工廠》（*Toward the Automatic Factory*）（New Haven: Yale University Press, 1957），第19頁。

6 同前書，第195頁。

7 我們必須堅持主張馬克思的「剝削」與「貧困化」（impoverishment）這兩個概念的內在聯繫，儘管在後來的重新界定中，貧困要不是被當成文化的一個側面，就是被當成相對的概念，以至於連備有汽車和電視等的郊區住宅都適用這個概念。「貧困化」意謂絕對需要、必須推翻不堪忍受的生存條件，而這種絕對的需要出現在反對基本社會制度的一切革命的開端。

8 沃克，《邁向自動化的工廠》，第104頁。

9 同前書，第104頁以下。

10 沙特，《辯證理性批判》（*Critique de la raison dialectique*）（Paris: Gallimard, 1960），第1卷，第290頁。

11 《自動化和主要技術變化：對工會規模、結構和功能的影響》（*Automation and Major Technological Change:*

Impact on Union Size, Structure, and Function）（美國勞聯—產聯工業工會部，華盛頓，1958），第5頁以下。另見巴金（Solomon Barkin），《工人運動的衰落》（*The Decline of the Labor Movement*）（Santa Barbara: Center for the Study of Democratic Institutions, 1961），第10頁以下。

12 見本書第65—66頁。

13 西蒙頓，《論技術對象存在的方式》，第146頁。

14 馬利（Serge Mallet），載《諸論點》（*Arguments*），第12—13期，巴黎，1958年，第18頁。

15 《自動化和主要技術變化》，第8頁。

16 《自動化和主要技術變化》，第8頁。

17 沃克，《邁向自動化的工廠》，第97頁以下；另見蔡諾伊（Ely Chinoy），《汽車工人與美國人的夢想》（*Automobile Workers and the American Dream*）（Garden City: Doubleday, 1955），全書各處。

18 曼（Floyd C. Mann）和霍夫曼（L. Richard Hoffman），《自動化與工人：電力廠中的社會變化研究》（*Automation and the Worker: A Study of Social Change in Power Plant*）（New York: Henry Holt, 1960），第189頁。

19 沃克，《邁向自動化的工廠》，第213—214頁。

20 加德士（Cattex）是「加利福尼亞德克薩斯石油公司」的簡稱。——譯者

21 馬利，〈技術的回報〉（Le Salaire de la technique），載《殿堂》（*La Nef*），第25期，巴黎，1959年，第40頁。全美汽車工人聯合會（United Automobile Workers）的一位工會領袖對美國的整合趨勢發表了令人吃驚的言論：「很多次……我們聚集在工會大廳，討論工人提出的不滿以及對策。但在我隔天安排與資方的會晤之前，問題已經解決，而工會並沒有因處理這些不滿而得到任何嘉許。這已成為一場忠誠之戰……。我們為公司贏得的一切現在都給了工人，我們必須尋找的，是工人需要而雇主又不願給予的另外一些東西……我們還在探索、尋找」，見《工人看工人：對話集》（*Labor Looks At Labor: A Conversation*）（Santa Barbara: Center for the Study of Democratic Institution, 1963），第16頁起。

22 還有必要譴責「管理革命」的意識型態嗎？資本主義生產為了私人榨取和占有剩餘價值而投入私人資本，而資本是人支配人的社會工具。這個過程的基本特徵絕不會因為股份制的擴散和所有權與管理權的分離等現象而改變。

23 見本書第46—47頁。

24 佩魯（François Perrox），《和平共處》（*La Coexistence pacifique*）（Paris: Presses Universitaires, 1958），第3卷，第600頁。

25 米查姆（Stewart Meacham），《工人與冷戰》（*Labor and the Cold War*）（Philadelphia: American Friends Service Committee, 1959），第9頁。

26 米查姆，《工人與冷戰》，第9頁。

27 見本書第69—70頁。

28 馬克思，《政治經濟學批判大綱》（*Berlin: Dietz Verlag*, 1953），第592頁起及第596頁。

29 產業工會指同一產業內跨行業的工會。——譯者

30 《自動化和技術的主要變化》，第11—12頁。

31 米爾斯（C. Wright Mills），《白領》（*White Collar*）（New York: Oxford University Press, 1956），第319—320頁。

32 在較不發達的資本主義國家，鬥志高昂的勞工運動仍然存在（如法國和義大利），他們的力量正在對抗以威權形式出現的、加速進行的技術與政治理性化。國際對抗的危機很可能會強化技術與政治理性化的力量，很可能促使其採納發達工業地區的主導趨勢並與之結盟。

33 以下的內容見我的《蘇聯馬克思主義》（*Soviet Marxism*）（New York: Columbia University Press, 1958）。

34 盧梭（Jean-Jacques Rousseau），《社會契約論》，第1部，第7節；第2部，第6節。另見本書45—46頁。

35 馬克思，《哥達綱領批判》，見《馬克思恩格斯選集》，第二卷（Moscow: Foreign Languages Publishing House, 1958），第23頁。

36 關於內在（built-in）的抵抗和可駕馭（manageable）的抵抗的區別，見我的《蘇聯馬克思主義》，第109頁以下。

37 〈蘇聯社會主義經濟問題〉（1952年），格洛利歐（Leo Gruliow）編，《當前蘇聯政策》（*Current Soviet Policies*）（New York: F. A. Praeger, 1953），第5、11、14頁。

38 〈蘇聯社會主義經濟問題〉，第14—15頁。

39 以下見迪蒙（René Dumont）的鉅著，尤其是《生命之鄉》（*Terres vivantes*）（Paris: Plon, 1961）。

40 「自由」時間並不是「閒暇」時間：後者盛行於發達工業社會，但因為它受到商業和政治的管理，因此是不自由的。

41 見本書第53頁。

42 對加爾布雷思（John K. Galbraith）意識型態概念的批判性、現實主義的評價，見萊瑟姆（Earl Latham），〈公司的政治體〉（The Body Politic of the Corporation），載梅森（E. S. Mason），《現代社會中的公司》（*The Corporation in Modern Society*）（Cambridge: Harvard University Press, 1959），第223、235—236頁。

43 佩魯，《和平共處》，第3卷，第631—632和633頁。

第三章

不幸意識的征服：壓抑性的反昇華

前面我們討論了發達工業社會的政治一體化，即由不斷增長的技術生產力和不斷擴展的對人和自然的征服而獲致的一種成就。現在，我們將討論與此相應的文化領域中的一體化。在本章中，文學中的某些重要觀念、意象及其命運，將證明技術理性的進步正在如何清除「高級文化」（higher culture）中的對抗性和超越性因素。它們事實上屈從於流行在當代工業社會發達地區的**反昇華**（desublimation）過程。

這個社會的成就和失敗使它的高級文化失去正當性。人們所讚揚的自主人格、人道主義以及帶有悲劇色彩和浪漫色彩的愛情，似乎都是落後的發展階段才具有的理想。正在發生的，不是高級文化向大眾文化的墮落，而是高級文化被現實所拒斥。現實超過了它的文化。當前的人可以比文化中的英雄和半神**更有**能耐；他們已經解決了許多棘手的問題，但也背棄了在高級文化的種種昇華[1]當中保存下來的期望，摧毀了在其中保留下來的真理。確實，高級文化過去總是與社會現實相矛盾，而且只有具特權的少數人才能享受其樂趣、描繪其理想。社會的這兩個對立領域一直是同時並存的；一方面高級文化總是隨遇而安，另一方面現實則極少受到其理想和真理的妨礙。

今天的新奇之處，是藉由消除高級文化中對立的、異己的和超越性的因素來消除文化和社會現實的對立，據此，高級文化成為了現實中的**另一種向度**。清除**雙向度**文化的方法，不是否定和拒斥各種「文化價值」，而是把它們全部納入已確立的秩序之中，並大規模地複製和展示它們。

事實上，它們也成為了社會團結的工具。自由的文學藝術的偉大之處，人道主義的各種理想，個人的悲歡，人格的完滿，都是東西方競爭中的重要項目。它們猛烈攻擊當前各種形式的共產主義，而又沒有一天不受到管理和販賣。雖然它們和販賣它們的社會相矛盾，但這個事實並不重要。正像人們知道或覺察到廣告和政治演說未必真實或正確，但還是要去聽、去讀甚至讓自己受其指導一樣，人們也會接受傳統價值觀念，使之成為自己的精神武器。如果大眾傳媒能把藝術、政治、宗教、哲學和商業和諧地、天衣無縫地混合在一起的話，就將使這些文化領域具備一個共同特徵：商品形式。發自靈魂的音樂可以是充當推銷術的音樂。所以，重要的是交換價值（exchange value），而不是真值（truth value）。其核心是現狀的合理性，而一切其他類型的合理性都服從於它。

當競選領袖和政治人物在電視、電台和舞台上說出自由、成就這些偉大的字眼時，這些字眼就變成了毫無意義的聲音，只有在宣傳、商業、訓練和消遣中才獲得意義。理想與現實同化到這種程度，說明理想已被超越。它被從心靈、精神或內心世界的昇華領域裡拽了出來，被轉換為操作性術語和問題。這裡也可以看到大眾文化的進步因素。這種顛倒表明了：發達工業社會面臨了實現各種理想的可能性。該社會的各種能力正在逐漸縮減對人的處境加以描繪、理想化和控訴的昇華領域。高級文化變成物質文化的組成部分。在這個轉變過程中，高級文化喪失了絕大部分的真理。

西方的高級文化（工業社會仍標榜其道德、美學和思想價值）在功能的意義和年代順序的意義上，曾是一種「前技術」（pre-technological）的文化。它的有效性來自一個因技術社會的出現而不再存在、也無法恢復的世界的經驗。此外，西方的高級文化相當程度上曾經是一種封建文化，即使當資產階級時代賦予了它某些最為持久的表現方式時也是如此。它曾是封建的，不只是因為它侷限於享有特權的少數人，也不只是因為它那固有的浪漫成分（下面將討論這一點），還因為它最具代表性的著作所表現的，是有意識、有系統地疏遠整個工商業領域，疏遠其可計算、可獲利的秩序。

雖然這種資產階級秩序在藝術和文學（如十七世紀的荷蘭畫家、歌德的《威廉・邁斯特》〔*Wilhelm Meister*〕、十九世紀的英國小說、托馬斯・曼〔Thomas Mann〕的作品）中得到了豐富的（甚至肯定的）描繪，它仍然是被另一種向度所遮蔽、破壞和拒斥的秩序，因為此種向度控訴和否定商業秩序，與商業秩序形成不可調和的對立。此種向度在文學中的代表，不是宗教、精神和道德上的英雄（他們往往支持既存的秩序），而是那些破壞性的角色，如藝術家、娼妓、姘婦、主犯、大流氓、鬥士、反叛詩人、惡棍和小丑——也就是不去謀生，或至少不以有規律的、正規的方式謀生的那些人。

誠然，這些角色在發達工業社會和文學中並沒有消失，但他們必須從根本上改頭換面之後才倖存下來。因而，蕩婦、民族英雄、失落的一代、神經質的家庭婦女、歹徒、明星、超凡的實業界巨頭，都起著一種與其文化前身不同、甚至相反的作用。他們不再想像另一種生活方式，而是想像同一生活方式的不同類型或畸形，他們是對已確立制度的肯定而不是否定。

他們的文化前身的世界，是一個落後的前技術世界，即是一個對不平等和艱辛生活心安理得的世界，在那個世界中，勞動仍是一種注定的不幸。不過，那個世界也是人和自然尚未被當成物品和工具而組織起來的世界。透過運用各種形式和風格的代碼，運用文學及哲學的體裁和語彙，那種已成往昔的文化表現的是這樣一種世界的節奏和內容：在其中，山谷和森林、村莊和客棧、貴族和村夫、沙龍和宮廷都是經驗世界的一部分。前技術文化的詩歌和散文所表現的節奏，是那些信步漫遊或駕車逡巡的人的節奏，是那些有時間和雅興去苦思、冥想、體驗和講述的人的節奏。

它是過時的、被超越的文化，只有夢幻和返老還童才能使其復活。但從其某些關鍵要素來看，它又是一種**後**技術文化。它那些最先進的形象和立場，似乎沒有被吸納進受到管理的舒適條件和刺激因素之中；它們還在讓人遐想，覺得它們可能從技術進步的顛峰狀態中再生。它們所表現的，是自由、自覺地從既有的生活形式中脫離出來，據此，就算文學和藝術妝點著這些生活形式，也得以同時表達出反抗。

在馬克思主義中，「異化」這個概念指涉的是人在資本主義社會中與自身和與勞動的關係，但**藝術異化**（artistic alienation）則是有意識地超越異化的存在，是一種「更高層次」或經過中介的異化。資產階級文學藝術中之所以會出現與新世界相衝突並否定商業秩序的反資產階級因素，既不是由於商業秩序的美學意義低下，也不是由於浪漫主義的反動（即奉獻給正在逝去的文明階段的懷舊情感）。「**浪漫主義的**」（romantic）是一個紆尊降貴式的貶語，很容易被用來貶低先鋒派的立場，就像「**頹廢派**」（decadent）一詞，往往更常用來指責將滅亡的文化所具有的真正的進步特徵，而不是用來譴責其實際的頹廢因素。藝術異化的傳統形象在美學上與發展中的社會格格不入，就此而言，他們的確是浪漫主義的。他們與社會格格不入是其擁有真理的標誌。它們在記憶中重新喚起並加以維護的東西屬於未來：即一些令人滿足的形象，這些形象將可摧毀那個壓制這種滿足感的社會。二〇、三〇年代那些偉大的超現實主義的藝術和文學，在其顛覆和解放作用中，還曾重新捕捉過這些形象。從基本的文學語彙中隨便挑出一些例子，就可以告訴我們這些形象的範圍、親緣關係及其揭露的向度，譬如：靈魂、精神和心靈；《探求絕對》（*La Recherche de l'absolu*）、《惡之華》（*Les Fleurs du mal*）、《小婦人》（*La Femme-enfant*）；《海邊王國》（*The Kingdom by the Sea*）；《醉舟》（*Le Bateau ivre*）、「長腿誘餌」（Long-legged Bait）；《遠方》（*Ferne*）和《故鄉》

（*Heimat*）；還有魔鬼似的酒、魔鬼似的機器，魔鬼似的金錢；唐璜（Don Juan）和羅密歐（Romeo）；《建築大師》（*Master Builder*）和《咱們死人醒來的時候》（*When We Dead Awaken*）。

單是上述例子就表明它們屬於一種失落的向度。它們之所以失去正當地位，不是因為在文學上已經陳舊。這些形象有一部分屬於當代文學並倖存於其最優秀的作品中。不再具有正當性的是其顛覆性力量、破壞性內容，也就是其真理。於是，它們便在日常生活中尋找歸宿。這樣一來，異己的和正在異化的精神文化作品就變成熟悉的商品和服務。那麼，它們的大規模再生產和消費僅僅是一種量變，也就是說，僅僅是一種逐漸增長的文化鑒賞與理解力，一種文化的民主化嗎？

文學藝術的真理（假如得到承認的話）總是被當作「高層」秩序的真理來看待，而它不應該、事實上也不曾妨礙商業秩序。當代社會發生變化的，是這兩種秩序及其真理的區別。社會的吸收能力藉由同化藝術向度的對抗性內容，而損耗了這個向度。文化領域中的新極權主義恰恰是在和諧化的多元主義（harmonizing pluralism）中表現出來的，在其中，即使是最不相容的作品和真理，也能在相互漠視中和平共存。

在這種文化調和出現以前，文學藝術的本質就是異化，它們維繫和保護著矛盾，亦即四分五裂的世界中的不幸意識、遭到擊潰了的各種可能性、落空了的期望、遭背棄的允諾。由於它們揭示了人和自然在現實中受壓抑和排斥的向度，因而曾是理性的、認知性的力量。其真理存在於它所引起的幻覺中，存在於它不懈地創造一個喚起和中止（也就是由認識來支配）生活的恐怖的世界。這就是各種傑作（*chef-d'oeuvre*）創造的奇蹟；它是悲劇，是徹頭徹尾的、不可解決的悲劇。因為，去過有愛有恨的生活，去過現實存在的生活，就意味著挫敗、逆來順受和死亡。社會的罪惡、人為造成的地獄由此便變成不可征服的宇宙力量。

實際（the actual）和可能（the possible）之間的張力被轉換為一種無法解決的衝突，而在衝突中，多虧有作為形式的作品和作為「幸福希望」（*promesse de bonheur*）的美，二者才得到調和。在作品的形式中，具體環境被置於另一種向度，在其中，既有現實如其所是（as that which it is）地表現出自己。因此，它述說了關於自身的真理；其語言不再是欺騙、無知和屈從的語言。虛構的作品叫出了事實的名稱，事實的王國因此崩解；虛構之物顛覆了日常經驗並揭示了其殘缺不全和虛假之處。但藝術只有作為否定的力量才能擁有這種魔力。只有當形象是拒絕、駁斥既存秩序的活生生的力量時，藝術才能講述自己的語言。

福樓拜（Gustave Flaubert）的《包法利夫人》（*Madame Bovary*）與當代文學中同樣悲慘的愛情故事是有區別的：實際生活中，包法利夫人這樣的人物所使用的謙卑語彙仍包含了包法利夫人的形象，不然就是她閱讀的故事仍包含包法利夫人的形象。包法利夫人的焦慮不可救藥，因為不會有為她治療的心理分析專家；之所以沒有心理分析專家，則是因為在她的世界裡，心理分析專家沒有治癒她的能力。她會拒絕心理分析專家，把對方當成毀滅了她的永鎮（Yonville）秩序的一部分。她的故事是「悲劇性」的，因為故事發生在一個落後的社會，具有尚未解放的性道德和尚未制度化的心理學。當時還沒有出現的社會，現在已經透過壓制的方式「解決」了她的問題。誠然，要說包法利夫人的悲劇或羅密歐與茱麗葉的悲劇在現代民主中已得到解決，那是荒唐可笑的；但若要否認這些悲劇的歷史本質，也是荒唐可笑的。不斷發展的技術現實不僅破壞了藝術異化的傳統形式，還破壞了它的基礎本身；也就是說，不斷發展的技術現實不僅使某些藝術「風格」（styles）失效，還使藝術的實質內容也失效。

可以肯定，異化並非藝術唯一的特徵。分析和闡述這個問題超出了本書的範圍，但我們可以提出一些看法以供澄清問題。在整個文明時期，藝術似乎完全被整合進它所處的社會。埃及、希臘和歌德式藝術是為人熟知的例子；巴哈和莫札特也常被用來證明藝術的「肯定」面向。藝術作品在前技術的和雙向度的文化中的地位與它在單向度文明中的地位大不相同，但異化既是肯定性藝術的特徵，也是否定性藝術的特徵。

決定性的區別不是歡樂中創造的藝術和悲哀中創造的藝術的心理學區別，也不是精神健全和神智不清的心理學區別，而是藝術現實和社會現實的區別。與社會現實決裂、魔術般地或理性地越界，甚至是最具肯定性的藝術的基本特徵；這樣做也是與身為藝術對象的大眾疏離。所以，不管廟宇和教堂對於生活在周圍的人是多麼親切和熟悉，它們還是與奴隸、農民和工匠（甚至是工匠師傅）的日常生活形成了可怕的或鮮明的對照。

藝術，無論儀式化與否，都包含了否定的理性（rationality of negation）。在其先進的立場上，藝術是大拒絕（Great Refusal），即對現存事物的抗議。人和物出場、吟唱、述說和講演的方式，就是反駁、破壞和重新創造其實際存在的方式。但這些否定的方式卻是對與之相聯繫的敵對社會（antagonistic society）的稱頌。由於與社會再生產自身及其不幸的勞動領域相分離，上述否定方式所創造的藝術世界及其一切真理依然是一種特權和幻影。

儘管有各種民主化和大眾化的趨勢，藝術仍以上述形式從十九世紀延續到二十世紀。讚頌異化的「高級文化」擁有自己的儀式和風格。沙龍、音樂廳、歌劇院設計出來是為了創造和喚起現實的另一種向度。它們的出現要求節日一般的準備工作；它們中斷並超越了日常經驗。

現在，藝術和日常秩序間的落差（這樣的落差活躍於藝術異化之中）逐漸被發達技術社會彌合了。隨著裂隙的彌合，「大拒絕」轉而遭到拒絕；「其他向度」被占優勢的事態所吸收。異化作品本身被整合進這個社會，並成為對占優勢的事態進行粉飾和心理分析的一部分而流傳。這樣，它們就變成了商業性的東西出售、給人安慰、或使人興奮。

新保守主義對大眾文化左翼批評家的批評，嘲笑把巴哈的音樂貶低為廚房背景音樂的觀點，嘲笑把柏拉圖和黑格爾、雪萊和波特萊爾、馬克思和佛洛依德的著作扔進雜貨鋪的想法。與此相反，他們主張承認如下事實：經典著作已離開陰森的陵廟而獲得了再生，人民也因此獲得了更多的教益。的確，它們作為經典著作獲得了再生，但它們是改變了本來面目才得以再生；它們被剝奪了曾是其真理向度的對抗性力量和疏遠現實的特徵。這些作品的涵義和作用因而已被根本改變。如果它們曾與現狀相矛盾的話，矛盾現在也已平息。

不過，從歷史的角度看，這種同化尚未成熟；它一面維護著支配關係，一面又確立起文化的平等。社會正在把封建貴族文化的特權和殊榮連同其內容一起根除。精緻藝術的超越性真理、生活和思想的美學曾經只能為極少數富裕者和有教養者所享受，這是壓制性社會的過錯。這個過錯並沒有由於推行平裝書、通識教育、密紋唱片（long-playing records）和廢除劇院及音樂廳裡的正式服裝而得到糾正。[2]文化的各種特權一方面表現出自由方面的不正義、意識型態與現實的矛盾，以及精神生產與物質生產的分離；另一方面卻也提供了一個受到保護的王國，在其中，成為禁忌的真理或許能夠以抽象的形式倖存，也就是遠離壓抑它們的社會。

現在，藝術遠離社會、逾越界線、提出控訴的特徵已被消除。文本及風格都還在，但那種使人能夠呼吸來自其他星球的空氣（*Luft von anderem Planeten*）的距離已遭打破。[3]藝術的異化已經變成功能性的，與演出藝術的新型劇院和音樂廳建築並無二致。而且在這裡，理性的東西和邪惡的東西也是不可分離的。毫無疑問，新型建築是更好的建築，比如說，比維多利亞時代那些龐然大物更漂亮、更實用。但它也更加「一體化」了——文化中心變成了購物中心、市政中心或政府中心的配件。支配關係（domination）有它自己的美學，而民主的支配關係有民主的美學。這是非常愜意的事情：現在幾乎人人都可以隨時獲得精緻的藝術享受，只要扭動收音機的旋鈕或者步入雜貨鋪就能實現這一點。但在這種藝術的傳播過程中，人們卻成了改造自己思想內容的文化機器的零件。

藝術異化與其他否定方式一起屈從於技術理性的進程。如果這被視為技術進步的一個結果，那麼這樣的變化就揭示了它的深度和不可逆的程度。今天的社會重新定義了人和自然的可能性，而根據的是實現這些可能性的新手段；由於這些新手段，前技術的形象正在喪失力量。

前技術形象的真實價值很大程度上取決於人和自然的某種未被掌握、未被征服的向度，取決於組織和操縱（manipulation）的狹窄範圍，取決於抵制整合的「硬核」。在高度發達的工業社會中，這種硬核逐漸受到技術理性的削弱。顯然，世界的物質變化導致了其象徵、形象和觀念的精神變化。同樣，當城市、公路和國家公園取代了村莊、峽谷和森林；當汽艇在湖面上飛馳，當飛機劃破天空，這些空間也就失去了自己的特徵，不再是某種截然不同的現實，也不再是充滿矛盾的空間。

既然矛盾，即「實際不存在」和「實際存在」的理性對抗，是「邏各斯」（Logos）的工作，它必然有某種溝通媒介。前衛派藝術努力創造出與現實的疏遠，使藝術真理再次成為可溝通的東西，這樣的努力表現出為了爭取這種溝通媒介而進行的鬥爭，或更確切地說，為了反對被吸納進佔支配地位的單向度狀態（one-dimensionality）而進行的鬥爭。

布萊希特（Bertolt Brecht）描繪過上述這些努力的理論基礎。現存社會的整體特徵，使劇作家面對這樣的問題：是否仍有可能「用戲劇來再現當代世界」？也就是說，能否以使觀眾認可戲劇所表達的真理的方式來再現當代世界。布萊希特回答道，只有把當代世界看作變化的世界，[4]即看作將被否定的否定狀態來加以再現時，才有可能以上述方式再現當代世界。這是必須學習、掌握和奉行的原則；但戲劇則是也應該是一種娛樂和樂趣。但娛樂和學習並不是對立的；娛樂可以是最有效的學習方式。要使人認識到當代世界隱藏在意識型態和物質面紗背後的真面目，認識到可以如何改變世界，戲劇就必須打破觀眾對舞台上面的事件的認同。需要的並不是移情和感受，而是距離和反思。「疏離效果」（*Verfremdungseffekt*）就是製造出這種分離，使人們得以認識世界的本來面目。「日常生活的種種事物被清除出自明（self-evident）的領域……」[5]「『自然』的東西必須表現出非凡的特徵。因果法則只能以這種方式來揭示自身。」[6]

「疏離效果」不是強加給文學的。毋寧說它是文學自己對整個行為主義戲劇的回應，亦即拯救否定之理性（rationality of the negative）的嘗試。在這種嘗試中，偉大的「保守主義」文學與激進活動分子聯合起來。保羅．瓦萊里（Paul Valery）堅持認為，詩的語言對否定（negation）有著不可逃避的義務。這種語言的詩句「只述說不在場的事物」（*ne parlent jamais que de choses absentes.*）。[7]它們述說的事物雖然不在場，卻作為禁忌的可能性而時常出沒於既有的論述和行為領域——既非天堂亦非地獄，既非善亦非惡，而僅僅是「幸福」。因此，詩的語言述說的是這個世界的事物，也就是在人和自然中可見、可觸、可聽的事物，但也包括那些不可見、不可觸、不可聽的事物。

由於詩的語言是借助一種能夠表現不在場事物的方式來創造和發展的，故它是一種認知（cognition）的語言，但這種認知是一種推翻肯定性的事物的認知。在詩歌的認知功能中，詩歌執行著偉大的思想任務：

> 努力使不存在的東西存在於我們之間（le travail qui fait vivre en nous ce qui n'existe pas）。[8]

為「不在場的事物」命名，就是破除現存事物的魔咒；此外，還是一種不同的事物秩序對既存事物秩序的侵入，是「一個世界的開端」（*le commencement d'un monde*）。[9]

要表達這另一種秩序，也就是存在於世界之內的超越性因素，詩的語言有賴於普通語言中的超越性成分。[10]然而，為了保衛既存現實而全面動員的各種手段，已經把各種表達方式協調到如此程度，使得超越性內容的溝通在技術上已經失去可能。自從馬拉美（Stéphane Mallarmé）以來就縈繞於藝術家腦際的一個幽靈，即不可能講一種非物化（non-reified）的語言、不可能傳達否定性，今天已經不再是幽靈，而是成為事實了。

真正的前衛派文學作品傳達的是溝通的斷絕。隨著韓波（Arthur Rimbaud）、達達派和超現實主義的出現，文學拒斥那種在整個文化史中把藝術語言和普通語言綁在一起的論述結構。命題系統[11]（語句是其意義單位）曾經是現實的兩種向度藉以相遇、溝通和被溝通的媒介。最崇高的詩歌和最低俗的散文曾共同享有這個表達媒介。然而，現代詩歌卻「摧毀了語言的關係，並把論述帶回語詞的舞台」。[12]

這種語詞反對統一的、合理的句子規則。它打破意義的既定結構，同時由於本身逐漸成為一個「絕對客體」，而指向一種難以忍受、自我摧殘的領域——即一種不連續體（*discontinuum*）。語言結構的這種瓦解，意味著自然經驗的瓦解：

> 自然變成孤寂而恐怖的各個客體的不連續體，因為它們只有一些實際的連結鏈環。沒有人能為它們選擇專門的意義、用法和用途。也沒有人迫使它們去表示一種精神上的態度或意願；這就是說，歸根結柢，沒有人迫使它們去表示一種感情……那些沒有連結鏈環的語詞客體曾以猛烈的破壞性力量為武裝……那些詩歌語詞把人排除在外。「現代性」中不存在詩性的人道主義：那種魯莽的論述是一種充滿恐怖的論述，它意味著語詞述及的人與他人無關，而與那些最缺少人性的形象有關，如自然、天堂、地獄、祭品、同年、顛狂、純粹物質等等。[13]

藝術的傳統題材（如形象、和諧、色彩）似乎只是在拒絕（refusal）的脈絡中作為「引文」和過去意義的殘餘而重新出現。因此，超現實的畫作

> 把為功能主義所禁忌的東西聚集在一起，因為它背叛了作為物化及合理性中的不合理事物而出現的現實。超現實主義重新獲得了功能主義所否定的屬於人的東西；那些扭曲的形象展示了為社會戒律所禁忌但為人們所嚮往的東西。因而超現實主義拯救了被廢棄的東西。它是各種特異風格匯集而成的相冊；在這裡，對幸福的要求使技術世界拒不予人的東西得到了昇華。[14]

此外，布萊希特的著作還使包含在浪漫主義和媚俗（Kitsch）作品中的「幸福希望」（皎潔的月光和藍色的大海；動聽的音樂和可愛的故鄉；忠誠和愛情）成為政治酵素，從而保留了這種希望。他筆下的角色歌唱失去的樂園和難以忘懷的希望（「你看到索荷（*Soho*）上空的月亮了嗎，親愛的？」「有那麼一天，那天休息」，「那總是星期天」，「還有一只小帆船」，「老畢爾包（Bilbao）的月光，多麼可愛」）。這是一首充滿殘忍、貪婪、剝削、欺騙和謊言的歌。受騙者唱出自己所受的欺騙，但他們瞭解（或已瞭解）受騙的原因；而且正是透過瞭解原因（及如何處理之），他們才再次獲得了夢想的真理。

為在文學語言中恢復「大拒絕」而作出的努力，遭到了反被這些努力所要拒斥的東西吞併的命運。前衛派和失落的一代作為現代文學的典型，同樣具有娛樂功能，而又不使具有善良意志的人受良知責難。這種吞併的正當性由技術進步所證明；拒絕本身則因發達工業社會中苦難的減輕而被拒斥。高級文化的清除是征服自然和逐漸征服匱乏的副產品。

這個社會正透過把人們珍視的超越性形象納入無所不在的日常現實來使其失去正當性，見證了那些難以解決的衝突在多大程度上變得可以駕馭——悲劇和羅曼史、原型夢想和焦慮變成了易受技術解決和處理的東西。擅長心理描寫的藝術家處理唐璜、羅密歐、哈姆雷特、浮士德，就像處理伊底帕斯一樣——為他們進行治療。世界的統治者們正在失去他們形而上的特徵。他們在電視、記者會、議會、公聽會上的露面，除了廣告宣傳外，幾乎不適用於戲劇，[15]而他們的行為結果也超出了戲劇的範圍。

各種消除不人道和不公平的方案，正在由理性地組織起來的官僚機構加以實施，然而，官僚機構的核心中樞是根本看不見的。人的心靈深處極少有那種不能理智地討論、分析、調查的祕密與渴望。「孤獨」這個支撐個人反對社會、超越社會的條件本身，在技術上已不再可能。邏輯和語言分析證明了舊的形而上學問題是虛幻的問題；對事物的「意義」的追求，可以重新表達為對語詞意義的追求；而論述和行為的既有領域可以為這種回答提供完全合適的標準。

單單透過其機構的影響和能力就使人無路可逃的世界，正是一個理性的世界。在與日常生活現實的關係方面，過去的高級文化曾經是多樣化的東西——對立和裝飾、怒吼和順從。但它又曾具有自由王國的外觀：拒絕循規蹈矩。如果沒有似乎比拒絕更令人滿意的東西作為補償，這樣的拒絕就不會受到阻止。征服對立面、達到一體化，在高級文化向流行文化轉化的過程中，有其意識型態上值得誇耀的東西，而這一切都發生在人們得到進一步滿足的物質基礎上。同時這也是任由勢不可擋的**反昇華**趨勢氾濫的基礎。

藝術的異化即是昇華。在此過程中，藝術創造的種種生活形象與既有的現實原則（Reality Principle）不可調和；但作為文化形象，它們正在變得可以忍受，甚至富有啟發性和用處。現在，這個意象已失去正當性。它和廚房、辦公室、商店的結合，以及為生意和娛樂發揮的廣告作用，在某種意義上就是反昇華——在直接滿足的調節下進行的替代。但這是從「強而有力」的社會這邊來推行的反昇華化，該社會可以比先前許可得更多，因為，一方面它的各種利益已變成公民內心深處的動力，另一方面，它所賦予的各種歡樂也能促進社會的凝聚和滿足。

享樂原則（Pleasure Principle）吞併了現實原則；性（sexuality）以對社會有利的形式解放出來（或者可以說自由化）。這個看法意謂有一些壓抑性的反昇華模式，[16]，與之相比，昇華後的衝動和目標含有更多的越軌、自由和對社會禁忌的更多藐視。性的領域看來確實出現了壓抑性的反昇華。就像高級文化中的反昇華一樣，性領域中的反昇華是對技術現實進行社會控制的副產品。這個趨勢一方面擴大自由，一方面又強化支配關係。要闡明反昇華和技術社會的聯繫，我們最好討論一下對本能能量（instinctual energy）的社會用途所發生的變化。

在這個社會中，花費在機械裝置和相關事宜上的時間並不都是勞動時間（即不愉快卻又不可少的苦役），機器節省下來的能量也並非都是勞動力。機械化還「節省」了力比多（libido），[17]即生命本能（Life Instincts）的能量，也就是說，阻止了它採用先前的實現方式。在現代旅遊者與行吟詩人或工匠之間，在流水裝配線與手工藝、城市與村鎮、工廠生產的麵包與家庭自製的麵包、帆船與船尾馬達（outboard motor）之間……所形成的具有羅曼蒂克色彩的鮮明對照中，上述情況是事情本質之所在。的確，羅曼蒂克的前技術世界充滿著不幸、艱辛和污穢，而它們又是一切愉悅和歡欣的背景。但那時還有「風景」（landscape）存在，一個如今不再存在的力比多經驗的中介。

隨著這個中介的消失（這本身就是進步的一個歷史前提），人類活動和被動的整個向度都失去了愛欲的特徵（de-eroticized）。過去，人們幾乎像看待自己身體延伸而成的地域那樣，在能使個人獲得愉悅的環境中全神貫注，但今天，這樣的環境已急劇減少。接踵而來的是，貫注力比多的「世界」（universe）也相應減少。其實際效果就是力比多受到限制和約束，愛欲被化約為性經驗和性滿足。[18]

舉例來說，我們可以比較一下在草地上做愛與在汽車裡做愛、戀人們在郊外漫步和在曼哈頓大街漫步的不同。在前者的情況下，環境參與並引發力比多的貫注，而且傾向於愛欲化（eroticized）。這樣，力比多便超越了直接的性感帶，成為非壓抑性（nonrepressive）的昇華過程。與此相對，機械化的環境卻似乎妨礙了力比多的自我超越。由於被迫去擴大愛欲滿足的領域，力比多的「多樣性」越來越少，越來越難以超越狹隘的性，而狹隘的性則進一步強化。

由於降低愛欲能量而加強性欲能量，技術社會**限制了昇華的範圍**。同時它也減少了對昇華的**需要**。在精神結構中，人們渴望的東西與准許得到的東西之間的張力似乎已大大減弱，現實原則似乎不再要求各種本能進行徹底又痛苦的改造。個人必須使自己適應於一個似乎不要求他否定其內在需要的世界——一個本質上沒有敵意的世界。

因此，有機體正在為自發接受被給予的東西而預作準備。既然更充分的自由導致的是本能需要的克制，而不是擴張和發展，那麼它的作用就**有利於**普遍壓抑的現狀，而不是相反——可以說這是「制度化的反昇華」（institutionalized desublimation）。後者看來是關鍵因素，造就了我們這個時代的權威人格（authoritarian personality）。

人們常常注意到，發達工業文明的運作伴有較大程度的性自由——這裡的「運作」是在後者變成一種市場價值和社會習俗的意義上來說的。只要身體仍是一種勞動工具，就會被允許在日常工作世界和工作關係中展示其性方面的特徵。這是工業社會獨特的成就之一。下述情況是使其成為可能的條件：減少骯髒和繁重的體力勞動；現成的便宜又漂亮的衣著；美容文化、身體衛生學；廣告工業的需求等等。色情商店和女售貨員，漂亮、精壯的年輕主管和公司巡視員，都是暢銷的商品；而擁有情婦（這曾經是王公貴族的特權）則助長了商業社群內那些不是那麼高貴的職業的興旺。

流行於藝術中的功能主義進一步推動了上述趨勢。商店和辦公室透過巨大的玻璃窗敞開自己，並顯示自己的班底；高高築起的室內櫃台及不透明的隔板正在式微。在大片的公共住宅和郊外別墅區，對隱私的窺視，打破了先前把個人生活與公眾生活分隔開來的壁障，並更容易暴露出他人的妻子和他人的丈夫的迷人之處。

社會化並不與環境失去愛欲特徵的趨勢相矛盾，而是補充了這個趨勢。性被納入工作和公共關係之中，並因而變得更容易得到（受控制的）滿足。技術進步和更舒適的生活使性欲成分得以有系統地融入商品生產和交換的領域。但不管本能能量的動員怎樣受到控制（有時達到了能對力比多加以科學管理的地步），也不管本能能量會在多大程度上維護了現狀，對於受管理的個人而言，它還是在給人滿足，就像猛轉船尾馬達、開動刈草機和高速行駛汽車使人感到有趣一樣。

對力比多的動員和管理或許可以解釋自願的順從態度，可以解釋恐怖氣氛的消失，還可以解釋個人需要與社會要求的願望、目標及抱負之間預先建立的和諧。發達工業文明對人們生活中的超越性因素進行技術征服和政治征服的特徵，也在本能領域內發揮作用：人的滿足感使人屈服，並削弱抗議的合理性。

社會准許、人們也確實可以指望的滿足範圍，今天已大幅擴大。但由此達到的滿足，卻使享樂原則被減弱——與既存社會不相容的主張被剝奪殆盡了。經過這樣的調整，享樂導致了人的順從。

與調整過的反昇華所帶來的享樂相比，昇華則保持了壓抑性社會加諸於個人的否棄意識（consciousness of the renunciations），從而保持了對解放的需求。沒有錯，一切昇華都是由社會的力量施行的，但這種力量的不幸意識（unhappy consciousness）已突破了異化。沒有錯，一切昇華都接受了社會為阻止本能的滿足而設置的障礙，但它同樣跨越了這個障礙。

超我（Superego）在審查無意識並培植良心時，也審查審查者，因為發展起來的良心不僅注意個人受禁止的惡行，也注意社會中受禁止的惡行。反過來說，一個不自由的社會所賦予的、使人滿足的自由感所帶來的良心的喪失，則容易產生一種促使人們接受社會罪行的**幸福意識**（happy consciousness）。這是自主性和理解力衰退的象徵。然而，昇華卻需要高度的自主性和理解力；它是意識和無意識、首要和次要程序、理智和本能、否棄和反叛的中介。所以，在其最成熟的模式中，例如在藝術作品中，昇華成了抵抗鎮壓而又屈服於鎮壓的認知力量。

從昇華的認知功能來看，蔓延於發達工業社會的反昇華趨勢便顯露出它徹頭徹尾的順從功能。性（和攻擊本能）的解放，使本能衝動擺脫了大部分不幸和不滿，這些不幸和不滿說明了既有的滿足領域具有的壓抑性力量。沒錯，不幸意識依然普遍存在，幸福意識也還相當脆弱，只是在恐懼、挫折和厭惡之上的一層薄面。但不幸意識容易為政治動員所利用；如果沒有空間讓意識發展，它可能為新的法西斯式生死方式貯存本能力量。但有許多途徑，可以使處於幸福意識之下的不幸意識轉變為強化和鞏固社會秩序的源泉。不幸的個人所面臨的衝突，現在似乎遠比造成佛洛依德所謂「文明中的不滿」的那些東西更容易治癒；用「我們時代的神經質人格」（neurotic personality of our time）來定義它們，似乎比用愛洛斯（Eros）和騰納托斯（Thanatos）的永恆鬥爭來定義更為恰當。[19]

受控制的反昇華趨勢以什麼方式削弱了本能對既有的「現實原則」的反抗？或許可以用下述辦法來闡明，即比較古典派、浪漫派文學和當代文學在性描寫方面的差異。如果人們從那些就其實質和內在形式而言受愛欲信念（erotic commitment）支配的著作中挑選出下列這些根本不同的例子，如拉辛（Jean B. Racine）的《費德爾》（*Phédre*）、歌德的《親和力》（*Wahlverwandtschaften*）、波特萊爾的《惡之華》、托爾斯泰的《安娜．卡列尼娜》，性一律以昇華的、「經過中介」的、反思的形式出現——儘管如此，性仍然是絕對的、不妥協的、無條件的。愛洛斯的統治一開始就同時是騰納托斯的統治。完滿即是毀滅，不過不是在倫理學或社會學意義上，而是在存有論意義上來說的。它處在善惡之外，處在社會道德之外，因而也處在既有「現實原則」所能企及的範圍之外，而這個原則就是愛洛斯要拒絕和打破的。

與此相對，反昇華化的性充斥於奧尼爾（Eugene O'Neill）筆下的酒徒和福克納（W. Faulkner）筆下的野蠻人的行為，充斥於《欲望街車》（*A Streetcar Named Desire*）、《熱鐵皮屋頂上的貓》（*Hot Tin Roof*）和《羅麗塔》（*Lolita*），充斥於所有好萊塢和紐約的放蕩故事，充斥於郊區家庭主婦的冒險故事。這些作品中的性描寫更寫實，更大膽，更放蕩不羈。它是社會的重要組成部分，但絕不具有否定性。發生的事情狂放和淫穢，強調性能力和風騷，而且相當不道德，但正因為如此，它是完全無害的。

過去，昇華的形式（也就是故事的敘述風格和語言）曾是跟現實格格不入的那些夢想的標誌。如今，由於解除了這種形式，性成了關於壓抑的暢銷書的一種載體。要想用巴爾札克描寫妓女埃斯黛爾（Esther）的筆調來描寫任何當代文學中的性感女人，已不再可能了：埃斯黛爾的柔情只有在無限之中才會綻放。這個社會把它接觸到的每一樣事物都轉變成進步**與**剝削、苦役**與**滿足、自由**與**壓迫的潛在來源。性也不例外。

「受控制的反昇華」這個概念，意謂受壓抑的性和攻擊性有可能同時釋放出來。這種可能性，似乎與佛洛依德的說法（人有固定量的本能能量，可以在兩種基本驅力之間分配）不一致。在佛洛依德那裡，性（力比多）的加強一定會導致攻擊性的減弱；反之亦然。但是，假如得到社會許可和鼓勵的性是一種局部、偏狹的性，那麼這樣的釋放就等於限制了愛欲能量，而這種反昇華趨勢也將與攻擊性（不管是未昇華的或已昇華的攻擊性）的發展並行不悖。後者正蔓延於當代工業社會。

那麼，攻擊性的發展是否已達到了一定程度的正常化，讓人們對自己在全國性常備狀態中遇到的毀滅和分裂的危險習以為常呢？或者，人們對上述危險之所以採取默許態度，是否應全部歸咎於他們的軟弱無力呢？總之，可以避免的、人為的毀滅危險，現在已成為人們日常精神生活和物質生活中的正常成分，因而再也無法用來指責或拒斥既有的社會體制。而且，作為日常生活的一部分，它甚至還把人們與這個體制拴在一起。純粹的敵人與高生活水準（以及理想的就業水平！）之間的經濟、政治聯繫如此明顯，但又如此合理，以致完全可以接受。

假定破壞性本能（歸根究柢是死亡本能）是對人和自然進行技術征服的能量的一大組成部分，那麼，社會日漸增長的操縱技術進步的能力，就似乎同時強化了社會**操縱、控制破壞性本能**的能力，也就是強化了社會「富有成效地」（productively）滿足破壞性本能的能力。這樣一來，社會凝聚力將從本能的最深處得到加強。而人們面對戰爭迫近和爆發的態度，將不僅是無助的接受，還會有受害者們發自本能的認可。由此可見，我們在這裡也碰到了受控制的反昇華。

制度化的反昇華似乎是單向度社會在「征服超越性」方面取得的成就之一。正如這個社會在政治和高級文化的領域內傾向於減少、甚至消除對立面（本質上不同的對立面！）一樣，在本能領域也是如此。結果便是思維器官在掌握矛盾和另類出路方面逐漸退化，同時，在單向度的技術理性中，**幸福意識**逐漸取得優勢。

這一結果反映了如下信念：現實的就是合理的，已確立的制度不管如何終會不負人們所望。人們被引導到生產機構中，去尋找其個人的思想和行為能夠且必須任之擺布的有效動因。在這個轉變過程中，生產機構扮演了道德動因的角色。良心則靠著物化、靠著事物的普遍必然性而卸下責任。

在事物的普遍必然性中，罪惡感完全沒有地位。一個人可以釋放出要殺害千百人的訊號，然後據此宣稱不受良心的折磨，從此愉快地生活下去。在戰場上擊敗法西斯主義的反法西斯力量，可以掠取納粹科學家、戰略家和工程師的成果；他們擁有後進者的歷史優勢。一開始在集中營出現的恐怖東西，被用來訓練人們應付非常狀態——隱蔽的地下生活以及天天攝取沾有放射性物質的食物。一位基督教牧師宣稱，用盡辦法不讓鄰居鑽進自己的防空洞，與基督教教義並不矛盾。另一位牧師則反對他的同僚，認為這樣做確實違背基督教教義。誰是正確的？我們再次看到，技術理性既展示了它超乎政治之上的中立性，又展示了其中立性的虛假，因為在這兩種情況中，這種中立性都是為支配關係的政治服務的。

集中營的世界……並不是一個罕見的畸型社會。我們在那裡看到的是我們每天都被拋入的地獄的形象，某種意義上甚至是其典型。[20]

即使最駭人聽聞的越軌行為，似乎也可以用下述方式來制止，也就是讓它們實際上不再構成對社會的威脅。或者，若其爆發導致了個人心理功能的失調（如一位在廣島投下原子彈的飛行員就是如此），那也不會妨礙社會的運作。精神病醫院會專門處理個人的心理功能失調。

幸福意識沒有限度，它可以安排死亡和畸變的遊戲，在其中，娛樂、團隊合作和戰略重要性都混合在一起，成為帶來回報的社會和諧。集學術、研究、軍事、氣候和良好生活於一體的蘭德（Rand）公司，在《蘭德新聞》第九卷第一期中，以「寧可小心，不要遺憾」（Better Safe than Sorry）為題，用一種不令人喜愛的風格報導了這種遊戲。火箭正在飛馳，氫彈已經整裝待發，宇宙飛船正翱翔於星際，而問題是「怎樣保衛國家和自由世界」。在所有這些情況下，軍事計畫制定者都很焦急，因為「碰運氣的代價以及做實驗、犯錯的代價可能都高得嚇人」。但蘭德此時登場了；蘭德讓人鬆一口氣，而「『蘭德很安全』之類的設備四處出現」。展現在人們眼前的圖像並不是機密。它是這樣一幅圖像，在上面「世界變成一張地圖，導彈僅僅是一些符號（象徵主義的鎮定力量萬歲！），而戰爭僅僅是（僅僅！）寫在紙上的計畫和計算……」。在這幅圖像中，蘭德把世界變成了一場有趣的技術遊戲，人們能夠從中得到放鬆——軍事計畫的制定者可以獲得寶貴的「模擬」經驗而無須冒險。

玩遊戲吧

要理解遊戲，就必須參加遊戲，因為只有在「在體驗中」才能理解。由於「安全」的遊戲者幾乎來自蘭德和空軍的每一個部門，所以我們在藍隊中可以發現物理學家、工程師和經濟學家。紅隊也具有相似的構成。

第一天向雙方簡要介紹遊戲注意事項和規則。當他們終於在各自的房間裡圍著地圖坐下來時，遊戲就開始了。每個隊都從遊戲指導員那裡接受它的政策說明。這些說明通常由管理組的成員準備好，對遊戲進行時代的世界局勢作出估計，並提供與對方的政策、己方的目標和預算有關的資訊。（每場遊戲的政策都會改變，以探索各種戰略可能性。）

在我們假想的遊戲中，藍隊的目標是從頭到尾保持威懾能力，也就是保存一種能夠回擊紅隊、使紅隊不願冒險發動攻擊的力量。（藍隊也接收到某些關於紅隊政策的資訊。）

紅隊的政策是要取得對藍隊的優勢。

藍隊和紅隊的預算額度接近真正的國防預算……

下面這些話是非常中聽的：自從一九六一年以來這種遊戲在蘭德公司一直沒有間斷過，「到我們迷宮似的地下室來——在快餐酒吧下方的某個地方」，「紅隊和藍隊房間牆上的清單排列著各隊購買的現成武器裝備……共約七十項」。遊戲設有一個「遊戲指導員」，專門解釋遊戲規則，因為儘管「圖解和說明的規則手冊多達六十頁」，遊戲過程中仍不免產生各種問題。遊戲指導員還有一項重要功能：「事先不通知玩家」，他「介紹戰爭情況，使人們掌握現有軍事力量的戰鬥力」。接下來，字幕打出「咖啡、糕點和想法」。放鬆！「遊戲一直延續下去，直到一九七二年才結束。然後藍隊和紅隊在『事後的』時段握手言和，一起坐了下來享用咖啡和糕點」。但是，不要太過放鬆：「有一種真實世界的局勢無法有效地轉換到『安全』中來」，那就是「談判」。對此我們表示感激：人們在真實世界中存留的希望，是「蘭德」無法企及的。

顯然，在幸福意識的領域內，罪惡感沒有容身之處，精準的算計搞定了良心。當整體（the whole）處於危險時，唯一的罪行就是反對這個整體，或者說不保衛這個整體。於是，犯罪、罪過、罪惡感變成了一種私人事務。佛洛依德曾經在個體心理中揭示了人類的犯罪，在個體病史中揭示了社會整體的病史。今天，個體和社會整體的這種聯繫已遭到壓制。那些將自己與社會整體等同起來，並處於領導者和保衛者地位的人，可能犯錯，但絕不會幹出壞事，他們是無罪的。當他們與整體不再一致，當他們都不在的時候，他們才可能再度有罪。

【注釋】

1 此處原文為sublimation，除昇華外，還有高尚之意。本譯文依據不同的上下文而分別有高尚和昇華兩種譯法，與此詞相關的另一個重要術語是desublimation，本譯文依據文意譯為反昇華，此外，作者還在一個地方用了unsublimation一詞，本譯文譯為粗俗。——譯者及審定者

2 不要誤解：就其作用而言，平裝書、普通教育、唱片的推行真是一件好事。

3 喬治（Stefan George），語出阿諾德・荀白克（Arnold Schönberg）的升F小調，見阿多諾（T. W. Adorno）《新音樂的哲學》（*Philosophie der neuen Musik*）（Tübingen: J.C.B. Mohr, 1949），第19頁以下。

4 布萊希特，《戲劇論集》（*Schriften zum Theater*）（Berlin and Frankfurt: Suhrkamp, 1957），第7、9頁。

5 布萊希特，《戲劇論集》，第76頁。

6 同前書，第63頁。

7 瓦萊里，〈詩與抽象思維〉（Poésie et Pensée Abstraite），收於《作品》（*Oeuvres*）（Paris: Gallimard, 1957），第1卷，第1324頁。

8 同前書，第1333頁。

9 同前書，第1327頁（關於音樂的語言）。

10 見本書第7章。

11 見本書第5章。

12 羅蘭・巴特（Roland Barthes），《文學的零度》（*Le Degré zéro de l'écriture*）（Paris: Editions du Sevil, 1953），第72頁。（重點為筆者所加。）

13 同前書，第73—74頁。

14 阿多諾：《文學札記》（*Noten zur Literatur*）（Berlin and Frankfurt: Suhrkamp, 1958），第160頁。

15 傳奇的革命英雄依然存在，甚至能夠公然蔑視電視和新聞界——但他的世界是「不發達」國家的世界。

16 見我的《愛欲與文明》（*Eros and Civilization*）（Boston: Beacon Press, 1955），尤其是第10章。

17 力比多（libido）意為性本能。——譯者

18 根據佛洛依德後期著作使用的術語：性（sexuality）被視為「專門化」的局部衝動；愛欲（eros）則是整個有機體的衝動。

19 愛洛斯和騰納托斯分別為希臘神話中的愛神和死神，也是佛洛依德所用術語中的「生存本能」（或「愛欲」）及「死亡本能」。——譯者

20 尤內斯庫（E. Ionesco）語，載《新法蘭西評論》（*Nouvelle Revue Francaise*），1956年7月號；引自1960年3月4日的《泰晤士報文學副刊》（*London Times Literary Supplement*）。卡恩（Herman Kahn）在1959年的蘭德研究（RM-2206-RC）上提出：「應該研究那些在擁擠不堪的避難所一般的環境（如集中營，俄國和德國對擁擠不堪的汽車、運兵船和監獄的利用）中存活下來的人，可以從中發現一些有用的、適用於避難所計畫的指導原則。」

第四章

論述領域的封閉

「在當前的歷史狀態中，一切政治著作都只能鞏固一個警察世界；同時，一切思想著作都只能生產那種不再敢說出自己名稱的副文學（para-litterature）。」[1]

——羅蘭．巴特

幸福意識（Happy Consciousness），即相信現實的就是合理的，並相信這個制度終會不負所望的信念，反映了一種新的順從主義（conformism），這種順從主義是已轉化為社會行為的技術理性化的一個面向。之所以是新的順從主義，是因為其理性達到了前所未有的程度。它對這樣一個社會起著支持作用，這個社會已經減少了（而且在其最發達地區已經消除了）先前那些歷史階段所具有的更原始的不理性；是一個比以前更有規律地延長生命和改善生活的社會。毀滅性戰爭尚未爆發；納粹屠殺已蕩然無存。幸福意識拒絕聯結（connection）。酷刑已經成為正常的事情，但只發生在文明世界邊緣的殖民戰爭。在那裡，它的實施並不違背良心，因為戰爭就是戰爭。甚至連那種戰爭也只發生在發達國家的邊緣——它只蹂躪「未開發」的國家。與此相反，發達國家都過著太平的生活。

社會的效益和生產力每天都在為這個社會所獲取的統治人的權力卸責。如果社會同化它接觸的每一件事物，如果它吞併對立面、利用矛盾，那就是在顯示它的文化優勢。同樣，資源的破壞，浪費的增多是在顯示它的富裕和「高水準的福祉」；「這個社會富裕到了人們可以無憂無慮的地步！」[2]

全面管理的語言

這種建立在社會不幸基礎之上的福祉和生產結構，滲透到了在主人和依附者之間起中介作用的「媒介」之中。社會宣傳機構塑造了讓單向度行為表現自身的溝通領域。該領域的語言見證了同一和一致，見證了有系統地鼓勵肯定性的思考和行動，見證了步調一致地攻擊超越性的、批判性的觀念。在流行的演說方式中，雙向度的、辯證的思考方式與技術性行為或社會「思想習慣」的差異十分明顯。

在這些思想習慣的表達中，表象和實在、事實和因素、實體和屬性之間的張力逐漸隱沒。自主、發現、證明和批判的要素在指謂（designation）、斷言（assertion）和模仿（imitation）時不起作用。魔術似的、威權的、儀式的要素充斥於言語（speech）和語言之中。論述中作為認知（cognition）和認知評價（cognitive evaluation）過程的那些中間環節被剝奪。曾經把握了事實並因而超越了這些事實的概念正在失去其真正的語言表現。一旦缺少中介環節，語言便傾向於表達和促進理性與事實、真理與既有的真理、本質與存在，事物與其功能之間的直接等同。

這些作為操作主義（operationalism）的特徵而出現的等同，還重新出現，成為社會行為中的論述特徵。語言的功能化有助於從言語的結構和活動中驅逐不順從的要素。詞彙和句法同樣受到影響。社會直接在語言素材中表達它的需求，但不是沒有反對的力量；大眾語言就是帶著尖刻而輕慢的幽默來攻擊官方和半官方論述的。俚語和俗語很少像現在這樣有創造力。似乎正是普通人（或其無名的代言人）才會在其言語中標舉自己的人性，反對現存的權力；似乎正是在政治領域內受到壓制的拒絕和反抗，才會在稱呼事物名稱的那些詞彙中湧現出來，如「精神病醫師」（headshrinker）、「學究」（egghead）、「電視」（boob tube）、「智庫」（think tank）、「滾開」（beat it）、「明白了」（dig it）、「沒救了」（gone, man, gone）。

然而，國防實驗室和行政辦公室，政府和機器，記時員和經理，效率專家和政治美容廳（為領導人做適當的打扮）都講不同的語言，並且一時看起來都由他們說了算。正是語詞（word）命令、組織、引導人們去做事、購買、接受。它的傳播模式是一種真正的語言創造；是一種不在句子各成分之間留下張力和空間，從而省略和濃縮句子結構的句法。這種語言形式與意義的發展是衝突的。現在我將力圖闡明這種模式。

操作主義的特徵——使概念的意義等同於相應的一組操作——反覆出現在這樣的語言趨勢中：即「認為事物的名稱同時表明了它們的運作方式，認為屬性和過程的名稱象徵了用來檢測或生產它們的那種裝置」。[3]這就是傾向於「使事物與其功能相等同」[4]的技術性推理。

作為一種科技語言之外的思想習慣，這種推理形塑了特定的社會行為主義和政治行為主義的表達方式。在這個行為的領域中，語詞和概念傾向於重疊，或者說，概念傾向於被語詞吞併。概念所具有的內容，只能是語詞在宣傳和標準化的用法中所指稱的東西；人們期望語詞所引起的回應，只能是被宣傳和標準化的行為（反應）。於是，語詞變成老生常談，並作為老生常談而支配言語或寫作；因此，溝通反倒阻止了意義的真正發展。

當然，任何語言都包含許多無須發展其意義的語彙，比如說指稱日常生活中的對象和用具，以及指稱明顯的性質、根本的需要和欲求之類東西的語彙。由於這些語彙得到了普遍理解，所以單是它們的出現便能（在語言上或操作上）產生一種符合講述它們的實際脈絡的反應。

對於指稱超出無爭議範圍的事物或事件的那些語彙來說，情況就很不一樣了。在這裡，語言的功能化表示意義的縮減，而這是有政治意涵的。事物的名稱不僅「表現出事物的運作方式」，而且事物運作的（實際）方式也界定和「封閉」了事物的意義，把其他的運作方式排除在外。名詞以一種威權、極權的方式支配著語句，語句則變成為一個有待接受的宣稱（declaration）——它拒絕對其被編碼和宣稱的意義進行展示、限制和否定。

在公眾論述領域的關節點上，自我正當化（self-validating）的分析命題（analytical propositions）似乎起了巫術儀式般的公式（formula）的作用。由於不斷被強行嵌入接受者的大腦，它們產生了把意義封閉在公式規定的條件範圍內的效果。

前文中，我已經提到以命題形式出現在政治論述領域中的自我正當化假說。「自由」、「平等」、「民主」、「和平」之類的名詞，在分析上意謂一組特殊的屬性（attributes）；只要講到或寫出這類名詞，這些屬性就會出現。在西方，分析性的表述是以這樣一些語彙來表示的，如自由企業、主動精神、選舉、個人；在東方，則是工人和農民、建設共產主義或社會主義、消滅敵對階級。但無論是西方或東方，只要越過封閉性分析結構的論述，都是不正確的，或只是宣傳，儘管東西方強加真理的方式和懲罰的程度大不相同。在這種公眾論述領域內，言語是在同義詞和同義反覆（tautology）中移動的；事實上，它絕不朝著質的差異的方向移動。分析性的結構將起支配作用的名詞和它的下述內容隔離開來，這些內容將使在政策及輿論的陳述中已被接受的名詞用法失去正當性，或至少受到破壞。儀式化的概念得以免於矛盾。

盛行的自由模式是奴役，盛行的平等方式是將不平等強加給人；但這些事實無法由對這些概念的封閉定義（由形塑各個論述領域的力量所封閉的定義）來表達。結果就是為人熟知的歐威爾（Orwell）式語言（「和平即戰爭」、「戰爭即和平」等等），它絕不只是恐怖的極權主義語言。[5]如果句子中的矛盾沒有明白表現出來，而是被封閉在名詞之中，那麼這種語言也無異於歐威爾式的語言。把一個為保衛和發展資本主義的政黨稱為「社會主義」的，把一個專制政府稱為「民主」的，把一種被操縱的選舉稱為「自由」的，這些例子都是早在歐威爾之前就已為人熟知的語言和政治特徵。

今天的新穎之處在於，公眾和私人輿論一方面普遍接受這些謊言，另一方面又壓制其中的異己因素。這種語言的傳播和效力是社會戰勝自身各種矛盾的證明；它們在不危害社會制度的前提下不斷被再生產出來。倒是那種赤裸裸的、十分顯著的矛盾，被轉換成演講和宣傳手段。縮減式的句法把對立面融合進一個既牢固又熟悉的結構，從而標榜對立面的調和。我將試圖表明，「無放射性塵埃的炸彈」和「無害的放射性塵埃」只是常規語言模式的一些極端產物。人們曾經認為「矛盾」是根本違反邏輯的東西，但當前的「矛盾」卻表現為一種操縱邏輯的原則，也是一幅逼真的辯證法諷畫。這種邏輯屬於一個能夠擺脫邏輯並輕率對待破壞的社會，一個對心靈和事物都進行技術控制的社會。

使對立面得到調和的論述領域，有牢固的基礎可以為對立面的一致化服務——這是一種可以帶來好處的破壞性。全面的商業化把先前那些對立的生活領域結合起來，而這種結合成功地把相互衝突的言語成分連接起來，從而表現出自身。對一個尚未被充分制約的頭腦而言，許多公共的言語和文字似乎都是十足的超現實主義的東西。像「工人正在追求導彈的和諧」[6]之類的標題，又像「豪華的輻射塵掩蔽所」[7]之類的廣告，可能都還會激起一些素樸的反應，覺得「工人」、「導彈」與「和諧」是難以調和的矛盾，沒有什麼邏輯和語言能夠正確無誤地把「豪華」和「輻射塵」結合在一起。然而，當我們了解到「載有彈道飛彈的核子潛艇」、「標價一億兩千萬億美元」，同時了解到一千美元的遮蔽物模型備有「地毯、拼字遊戲和電視」時，上面那種邏輯和語言便變得完全合理了。其正當性並不首先在於這種語言有自己的市場（但輻射塵方面的生意似乎沒有這麼好），而在於它促進了特殊利益和普遍利益、企業和國家權力、繁榮和毀滅的可能性的直接同一化。如果一間劇院宣布，斯特林堡（August Strindberg）的《死魂舞》（*Dance of Death*）是「大選前夜的特別節目」，[8]那只是不小心洩露了事實真相而已。這種宣布以一種比人們通常承認的更少意識型態因素的形式揭示了二者的聯繫。

商業和政治體制的特色，即對立面的統一，是使論述和溝通不受「抗議」和「拒絕」等語言表達方式的許多方式之一。當既存秩序的喉舌承認並宣揚和平實際上是戰爭的邊緣、終極武器的價格有利可圖、炸彈掩蔽所可以表示舒適的時候，要怎麼找到正確的抗議和拒絕的語詞呢？在展示作為其真理標誌的矛盾時，這種論述領域把自身封閉起來，把使用不同語彙的論述統統排斥在外。同時，由於這種論述領域有能力將他人的語彙同化為自己的語彙，它便有希望把最大的寬容與最大的統一性結合起來。雖然如此，它的語言還是見證了這種統一性的壓抑特徵。這種語言在強加於聽眾的結構中，表達的是被歪曲、縮減的意義，表達的是發展受到阻礙的內容，是以既有的形式接受既有的東西。

分析性的表述就是這樣一種壓抑性的結構。由於特定的名詞幾乎總是配有同樣的「解釋性」的形容詞和定語，句子因此而變成一種催眠的公式，在永無休止的重複之下，把意義牢牢嵌入聽眾的頭腦。聽眾不會想到對名詞進行根本不同的（但可能是真實的）解釋。後面我們將考察另一些展現這種語言的極權主義特徵的句法結構。它們共同擁有一種套疊（telescoping）和縮減（abridgment）的句法，這種句法創造出將壓倒性的、僵固的具體性強加於自身的固定形象，從而中止了意義的發展。這是廣告產業的慣用技巧，被巧妙地用來「塑造一種」緊緊抓住心靈和產品、有助於推銷商品的「形象」。言語和寫作就是圍繞著傳達這種形象的「衝擊線」（impact lines）和「聽眾喚起者」（audience rousers）而組織起來的。此種形象可以是「自由」、「和平」、「好傢伙」、「共產主義者」或「萊因戈爾德小姐」（Miss Rheingold）。[9]讀者和聽眾被期望（而他們也確實做到了）把這些形象和某種固定的制度、態度和願望結構聯繫起來，並被期望以一種固定的、特定的方式作出反應。

在相對無害的商業領域之外，後果十分嚴重，因為這樣的語言既是「恐嚇」又是「頌讚」。[10]各種命題都採取提示式的命令（suggestive commands）的形式，它們是召喚性（evocative）的而不是指示性（demonstrative）的。表述（predication）變成規定

（prescription）；整個溝通都具有催眠的特性。同時它還帶有虛假的親暱色彩，這是不斷重複的結果，也是受到巧妙操縱的大眾直接溝通的結果。這些情況直接與接收者聯繫在一起——不存在身分地位、教育和職務的差距——並在起居室、廚房和臥室的輕鬆氣氛中直接影響他們。

在發達的溝通中發揮重要作用的人格化語言，也建立起相同的親暱感。[11] 例如「你的」國會議員，「你的」公路，「你」喜愛的雜貨鋪，「你的」的報紙；又如，是「為你」生產的，邀請「你」等等。透過這種方式，強加於人的、標準化的、普通的事物和職能被描繪成「專屬於你」的東西。人們相信與否都無關緊要。它的成功，意謂它促使個人將「自我」和「自己及他人執行的職能」等同起來。

在功能性的、受操縱的溝通中最發達的部門，語言以極為驚人的方式，把人將「人」和「職能」的同一性強加給人們。《時代雜誌》（*Time*）可說是這種趨勢的突出範例。《時代雜誌》使用所有格的方式，讓個人好像僅僅是其地點、職業、雇主或企業的附屬物或財產。一個人是這樣子被介紹的：如維吉尼亞的伯德（Virginia's Byrd），美國鋼鐵公司的布勞（U.S. Steel's Blough），埃及的納賽爾（Egypt's Nasser）。使用連字符號的定語結構創造出一組固定的特徵：

> 喬治亞州的那位霸道（high-handed）、沒教養（low-browed）的州長……上周為他那狂熱的政治集會準備了舞台。

這位州長[12]及其職能、身體特徵和政治實踐都被融合進一種不可分割、不可變更的結構，而這種結構在純樸而直接的狀態下征服了讀者的心靈。它沒有為意義的區別、發展和分化留下任何餘地：它只是作為一個整體而運動和生存著。在這種人格化的、具有催眠效果的形象的支配下，文章便可以進一步提供甚至極為關鍵的資訊。文章的敘事結構可以安然停留在精心編排的、在出版商的政策看來多少能夠引人入勝的框架之內。

採用連字符號的縮減用法流傳甚廣。譬如「眉毛濃密」(brush-browed）的出納員，「氫彈（H-bomb）之父」、「壯碩（bull-shouldered）的導彈發射手馮·布朗（von Braun）」、「科學軍事（science-military）晚宴」，[13]「載有彈道飛彈的核子動力潛艇」（nuclear-powered, ballistic-missile-firing submarine）。這類用語，在把技術、政治和軍事結合為一體的詞組中出現得特別頻繁，這或許不是偶然的。指涉範圍和性質完全不同的語彙被迫結合成一個牢固的、堅實的整體。

其效果也是魔術般的、催眠的，這是傳達出不可抗拒的一致性、矛盾的統一的那些形象的投射。因此，受人愛戴和敬畏的父親、燃燒生命的人，生產出毀滅生命的氫彈；「科學軍事」也在創造焦慮和痛苦的同時，努力減輕焦慮和痛苦。此外，還有一些不用連字符號的詞組，如「冷戰專家自由研究院」、[14]「低污染核彈」（clean bomb）等，則讓毀滅帶有道德完善及身體健康的味道。講說和接受這種語言的人，似乎既不受任何事情的影響，又容易受任何事情的影響。連字符號（明顯或不明顯的）並不總是能調和那些不能調和的東西；這類組合文字的方式通常十分溫和（如「壯碩的導彈發射手」），有時則可能傳達出某種威脅，或某種鼓舞人心的動力。但其**效果**則無二致。這種強加於人的結構在剎那間把暴力、權力、保衛、宣傳的行動和行動者全都融為一體。我們看到的是在操作中而且只在操作中的人或物，不可能是其他。

注意下列縮寫：NATO（北大西洋公約組織）、SEATO（東南亞公約組織）、UN（聯合國）、AFL-CIO（美國勞聯—產聯）、AEC（美國原子能委員會），還有USSR（蘇維埃社會主義共和國聯邦）、DDR（德意志民主共和國）等等。毋庸置疑，這些縮寫大部分都是合理的，並且其沒有縮寫的名稱的長度也證明縮寫是正當的。但我們還是可以在它們的某些部分中發現「理性的狡計」——縮寫可能有助於壓抑那些令人不愉快的問題。NATO不會使人聯想到「北大西洋公約組織」所指的東西，即北大西洋國家締結的一項條約——在這個情況下，人們或許會追問希臘和土耳其為什麼也是成員國。USSR縮減了「社會主義」和「蘇維埃」；DDR縮減了「民主」。UN避免了對「聯合」一詞的過分強調；SEATO使人不去想到那些不屬於它的東南亞國家。AFL-CIO抹殺了曾經把這兩個組織區分開來的那種政治上的根本差異；至於AEC只不過是眾多行政機構中的一個。縮寫指涉的是那種、也只是那種**刪除**了超越性意涵而制度化的東西。它的意義被固定下來，被竄改，又被摻雜了其他成分。一旦成為官方的語彙，並在普通用法中不斷重複，又得到知識分子的「認可」，它就會失去一切認知價值，只能用來承認某種不可置疑的事實。

這種文體有一種壓倒一切的**具體性**。「與其功能相等同的事物」比與其功能區別開來的事物更實在；對事物與其功能相等同的語言表達（以功能性的名詞和各種省略句式為手段），創造出一種妨礙分化、分離和區別的基本詞彙和句法。這種語言往往把各種**形象**強加於人，並與各種**概念**的發展和表達相衝突。以其直接和坦率為手段，它阻撓人們用概念進行思考；因此，它阻撓了思考，因為概念並**不會**把事物與其功能等同起來。事物與其功能相等同很可能是正當的，甚至可能是操作性概念和技術概念的唯一意義，但操作和技術定義是出於特定目的、對概念的特定用法。此外，它們在操作中消解了概念，並排除了概念中與消解方向相對立的內容。在從操作的角度運用概念之前，概念是**拒絕**把事物與其功能等同起來的；概念會把事物的**實然狀況**與事物在既有現實中偶然發揮的功能區別開來。

言語中拒絕區分二者的普遍趨勢，表現出前幾章討論的那些思維模式的變化——功能化的、縮減的、統一的語言是單向度思想的語言。為了闡明它的新奇之處，我將簡要地把它與超越行為領域並將語言範疇與存有論範疇聯繫起來的古典語法哲學做比較。

根據古典語法哲學，一個句子的語法主詞首先是一個「實體」，而且在該句子所規定的主詞的各種狀態、功能和性質中仍然是如此。它被主動或被動地與其謂語聯繫起來，但仍然與其有所區別。如果主詞不是專有名詞，那麼它就不只是一個名詞：它為一個事物的**概念**命名，也就是句子在某一特殊狀態或功能中加以界定的共相（universal）。語法的主詞因此具有**超出**句子表達範圍的意義。

用洪堡（Wilhelm von Humboldt）的話來說：充當語法主詞的名詞所指涉的，是「能夠進入某些關係」，[15]但又不等同於這些關係的東西。此外，此種東西既處於這些關係之中，又與這些關係「相對立」；它是這些關係的「共相」和實體內核。命題的綜合指定主詞[16]是行動者（或承載者），並將之與其偶然的狀態或功能區別開來，從而實現行動（或狀態）與主詞的連結。在「雷電閃擊」這句話中，人們「不僅想到耀眼的閃光，也想到發生閃擊的雷電本身」，想到一個「進入行動」的主詞。如果一個句子要對其主詞下定義，它不會把主詞消解在其狀態和功能之中，而是會將主詞定義為處於該狀態或發揮該功能的存在。主詞既不會消失在謂語中，也不會作為在謂語之前和之外的實體而存在，主詞就在它的謂語中構成自身——這就是句子所表達的中介過程的結果。[17]

上面我提到語法哲學，是為了說明語言的縮減在多大程度上反映出它反過來鞏固和強化了思想的縮減。而強調語法中的哲學要素，強調語法和邏輯的「主詞」與存有論的「主體」間的聯繫，則是為了突出在功能語言中被壓制、不准表達和溝通的那些內容。僵化形象中的概念省略；自我正當化而又催眠的公式在發展上的限制；免於矛盾；物（和人）與其功能的等同——這些趨勢揭露了語言中的單向度心靈。

如果語言行為阻礙概念的發展，如果它妨礙抽象和中介，如果它屈從直接的事實，它就會拒絕認識事實背後的因素，並因而拒絕認識事實本身及其歷史內容。在社會之中，並且對這個社會來說，這種功能化語言的組織是極為重要的；它充當著協調和從屬的工具。一體化、功能化的語言是一種堅決反批判、反辯證法的語言。在這種語言中，操作的、行為的理性吞沒了理性所具有的超越、否定和對立的要素。

我將根據「實然」（is）與「應然」（ought）、本質與現象、潛能與實現之間的張力來討論上述要素[18]——討論滲入邏輯的肯定性規定（positive determinations）之中的否定性要素。這種歷久不衰的張力充斥了雙向度的論述領域，也就是批判的、抽象的思想領域。該領域的兩種向度是相互對立的；現實同時具有這兩種向度，辯證的概念則發展著真正的矛盾。辯證思維在自身的發展中，逐漸把矛盾的歷史特徵及矛盾的中介過程理解為一種歷史過程。

因此，思想的「另一種」向度似乎曾經是**歷史**的向度；根據該向度，潛能是歷史的可能性，潛能的實現則是歷史事件。

該向度在操作理性（operational rationality）的社會領域中受到的壓制是一種**對歷史的壓制**，而這不是學術事件，而是政治事件。這是對社會自身的過去和社會自身的未來的壓制，因為未來會引發質變，導致對現在的否定。在一個論述領域中，如果「自由」這個範疇可與其對立面相互替換、甚至等同起來，那麼這個論述領域就不只是在推行歐威爾式或伊索寓言式的語言，而是還在拒斥和遺忘歷史的現實：法西斯恐怖；社會主義理想；民主的先決條件；自由的內容。如果一種官僚獨裁政體統治和界定了共產主義社會，如果法西斯政權正成為自由社會的伙伴，如果文明資本主義的福利政策因被貼上「社會主義」的標籤而被順利擊敗，如果民主的基礎在民主國家中被順利去除，那麼舊的歷史概念就會因為重新被賦予進行時髦的操作定義而失去效力。重新定義就是歪曲，因為它在現存的權力（powers that be）和事實的力量（powers of fact）的影響下，把虛假的東西變成真理。

功能性的語言是一種極端反歷史的語言：操作理性幾乎不為歷史理性留下空間和發揮作用的機會。[19] 這場反歷史的鬥爭，是否屬於那場反對一種離心（centrifugal）因素和力量（這些因素和力量可以阻礙個人和社會的全面協調）得以在其中發展的心靈向度的鬥爭？回憶過去會使人產生危險的洞見，而既有的社會似乎瞭解記憶所帶有的顛覆性意涵。記憶是脫離既有事實的一種方式，是一種暫時打破既定事實無所不在的力量的「中介」方式。記憶使人想起已成往昔的恐怖與希望。恐怖和希望都復活了，不過在現實中，恐怖一再以新的形式出現，希望卻仍然是希望。在個人記憶中重新出現的那些個人事件中，人類的恐懼和渴望標舉了自身的存在——是殊相中的共相。記憶所保存的正是歷史。但它難以抵擋行為領域的極權主義力量：

> 沒有記憶的人的幽靈……不只是衰落的一個側面——它與資產階級社會中的進步原則有著必然聯繫。經濟學家和社會學家如宋巴特（Werner Sombart）和韋伯（Max Weber）曾把傳統原則與封建社會形式聯繫在一起，把理性原則與資本主義社會形式聯繫在一起。這正好意味著先進的資產階級社會把記憶、時間和回想當作過去的非理性殘餘來清除……[20]

如果發達工業社會正在擴展的理性傾向把「時間」和「記憶」中令人不安的成分當作「非理性殘餘」來清除，那麼它也勢必會清除包含在這種非理性殘餘之中那令人不安的理性（disturbing rationality）。把過去當成現在來認識，並與之產生聯繫，會抵銷思想透過既有社會（並在其中）發生的功能化；會不利於論述和行為領域的封閉；會將封閉的領域理解為歷史領域，從而使撼動、超越封閉領域的各種概念得以發展。批判性的思想在面對現存的社會時，會把現存的社會當成反省的對象，因此，批判思想成為了歷史意識，本質上可以說是一種判斷（judgment）。[21]批判思想絕不會帶來某種無關痛癢的相對主義，而是會在人的真實歷史中尋求真與假、進步與倒退的標準。[22]過去與現在的中介揭示了曾經造就各種事實、決定生活方式、確立主僕分別的那些因素；它設想各種界限和替代選擇。當這種批判意識發言的時候，它講的是能夠打破封閉的論述領域及其僵化結構的「認知語言」（*le langage de la connaissance*）（羅蘭·巴特語）。這種語言的關鍵語彙不是催眠的、不斷喚起同一種僵化謂語的名詞。相反，它們容許無限制的發展，甚至在矛盾的謂語中開展內容。

《共產黨宣言》是一個經典例子。其中有兩個關鍵術語，資產階級和無產階級，兩者各自「支配」了對立的謂語。「資產階級」是技術進步、解放、征服自然和創造社會財富的主體，**也是**歪曲和毀滅這些成就的主體。同樣，「無產階級」既意謂全面壓迫，**也**意謂壓迫的全面失敗。

在命題之中並透過命題表現出來的這種辯證的對立關係之所以具有可能，是由於把主體當成歷史的行動者；而這樣的行動者在建立其身分時，既處於其歷史實踐和社會現實之中，又與其歷史實踐和社會現實**相對立**。論述發展、陳述了事物與其功能的衝突，而這樣的衝突則在把相互矛盾的謂語一起放進一個邏輯單位（客觀現實的概念對應物）之中找到自己的語言表達方式。與所有歐威爾式語言形成對比，矛盾得以被揭示、澄清、解釋和貶斥。

上面我以馬克思主義的理論模式說明了兩種語言的對比，但批判、認知的性質並不是馬克思主義獨有的特徵。在對發展中的資產階級社會進行的保守主義批判、自由主義批判當中也可以找到（儘管是以不同方式）。譬如，柏克（Edmund Burke）和托克維爾（Alexis de Tocqueville）的語言，或彌爾（John Stuart Mill）的語言，都是高度指示性、概念性和「開放」的語言，尚未屈從於當代新保守主義和新自由主義的催眠性、儀式性的公式。

論述的威權儀式化（authoritarian ritualization）在影響到辯證語言的時候，顯得更加鮮明。競爭性工業化的需求、人對生產設施的全面屈從，表現在對馬克思主義語言進行威權式改造，以使之成為史達林主義和後史達林主義語言的過程之中。根據控制生產設施的領導人所詮釋，競爭性工業化的需求界定了何謂對與錯、真與假。這些需求沒有為設計破壞性替代選擇的議論留下任何餘地。因此，改造後的語言根本說不上是「論述」。這種語言只是依靠生產設施的力量來宣告和確立各種事實——它是自我正當化的宣告。在這裡，[23]看來可以引用和改寫羅蘭・巴特描述其魔術般的威權主義特徵的一段話：「命名和判斷之間不再存在任何延擱，語言已完全封閉」（*il n'y a plus aucun sursis entre la denomination et le jugement, et la cloture du langage est parfaite*）。[24]

封閉的語言無法進行證明和解釋——它傳達決斷、斷言和命令。當它下定義時，定義就變成「善與惡的區隔」；它認定的對與錯毋庸置疑，並用一種價值來證立另一種價值。它在同義反覆中運動，而同義反覆是具有可怕效力的「句子」。[25]它們以一種「預先判斷的形式」（prejudged form）形成判斷；它們宣告定罪。比如說，刑法的內容就是「客觀內容」（也就是「異端分子」、「修正主義者」之類術語的定義）。這種確立有效性的方式助長了如下看法：現存政權的語言就是真理的語言。

不幸的是，這還不是事情的全部。既存的共產主義社會生產力的增長，也使強調公民自由的共產主義反對派陷入困境；試圖召回並保存原初真實性的語言屈從於它的儀式化。按照諸如「無產階級」、「工人委員會」、「史達林主義的國家專政」這類術語來進行的論述（和行動）方向，變成了儀式化公式的方向；在這些公式中，「無產階級」不再或尚未存在，「自下而上」的直接控制會妨礙大眾生產的進步，而反對官僚體制的鬥爭則會削弱唯一能夠真正動員起來在國際範圍內反對資本主義的力量的效力。在這裡，過去被原封不動地保留下來，但並沒有用現在來加以中介。人們反對那些掌握了歷史情況的概念，並阻止它們融入今天的現實——人們阻撓這些概念的辯證發展。

儀式化的威權主義語言遍佈當代世界，遍佈民主和非民主、資本主義和非資本主義的國家。[26]按照羅蘭．巴特的說法，它是「一切威權體制所共有」（*propre à tous les régimes d'autorité*）的語言，而今天，在發達工業文明的勢力範圍內，還有不屬於威權體制的社會嗎？各種體制的實質已不再是使人們能夠選擇不同的生活方式，而是使人們選擇不同的操縱和控制技術。所以，即使語言傳遞的是資訊而非命令，要求的是選擇而非服從、是自由而非屈服，語言本身仍然反映了這些控制，而且還成為了控制的手段。

語言是透過下列途徑來進行控制的：減少反思、抽象、發展、矛盾的語言形式和象徵；用形象取代概念。這種語言否定或吞併超越性的語彙；它不探究真假，而只是確立真假並強加於人。不過，這種論述並不是恐怖主義的論述。似乎沒有理由假定聽眾相信或不得不相信人家告訴他的東西。魔術般的儀式化語言的新穎之處毋寧在於，人們並不相信人家告訴他的東西，或根本不在乎，但同時卻根據它來行動。所以，人們並不「相信」操作概念的陳述，但人們工作、買賣及拒絕傾聽其他說法的行為，又使這種陳述得到了正當性。

如果政治語言傾向於變成廣告語言，並因而在兩個原本**截然不同**的社會領域間架起了橋樑，那麼這一趨勢就似乎表明了，在技術社會中，支配和管理在多大程度上已不再是互不相干、相互獨立的功能。這並不表示職業政治家的權力已經削弱。情況恰恰相反。他們要對付的挑戰越普遍，全面毀滅的周圍世界越正常，他們就越能擺脫人民主權（popular sovereignty）的有效控制。但他們的統治已經融入公民的日常工作和娛樂，政治的「符號」也是商業、貿易和娛樂的符號。

語言的興衰可以在政治行為的興衰中找到對應物。在防彈掩蔽所中出售娛樂器材，在電視中放映國家領袖候選人的節目，這一切都表明，政治、商業和娛樂已完全結合在一起。然而它們的結合還帶有欺騙性和嚴重的不成熟特徵——商業和娛樂仍然是支配的政治。這不是悲劇之後的諷刺劇，不是悲劇的結局——悲劇可能剛剛開始。而且，將成為儀式犧牲者的人，不是英雄，而是一般人。

對全面管理的研究

功能性的溝通只是單向度世界的外層，在其中，人們受到忘卻（forget）的訓練，受到把否定事物轉化為肯定事物的訓練，以便讓自己繼續發揮作用，而自己雖然受到降格（reduced），但適應無礙，狀態也很健全。言論自由和思想自由的制度並不妨礙人的心靈與既有現實的協調。思想本身及其功能和內容正在不斷受到重新定義。個人與社會的協調延伸到了這樣的心靈層次：人在其中發展各種概念，來掌握既有的現實。這些概念來自知識的傳統，並被轉譯為操作性的語彙——這個轉譯過程削弱了否定性的思想力量，從而緩解了思想和現實的緊張關係。

這是一種哲學的發展，為了闡明它在何種程度上打破了傳統，下面的分析不得不越來越抽象和思辨。正是這個與實際社會離得最遠的領域，能夠最清楚地表現出思想被社會征服的程度。此外，我的分析還不得不追溯哲學的歷史傳統，並試圖指出導致斷裂的那些趨勢。

然而，在進行這種哲學分析之前，為了過渡到更抽象、更理論性的領域，我將簡要討論經驗研究領域的兩個例子（我認為具有代表性），它們直接涉及發達工業社會的幾項特有條件。語言或思想、語詞或概念、語言分析或認識論分析的問題——這些有待討論的問題，本身是難以對之作出如此分明的學術區別的。把純粹的語言分析和概念分析區分開來，本身就是一種思想轉折，而這是下一章將試圖解釋的內容。由於以下對經驗研究的批判是為了隨後的哲學分析預作準備（並且以這樣的分析為根據），因此，先初步說明引導批判的「概念」一詞的用法，可以當作進一步分析的導論。

「概念」用來指涉某物的心靈再現（mental representation），人們將之理解、掌握並認識為某種反思過程的結果。由心靈再現的對象可以是日常實踐的某種對象，或是某種情境、某個社會、某本小說。總之，如果這些事物得到理解（*begriffen; auf ihren Begriff gebracht*），它們就已經成為了思想的對象；在這個意義上，它們的內容和意義既等同又不等同直接經驗的真實對象。「等同」，是因為概念指涉的是相同的事物；「不等同，」則是因為「概念」是人們在其他事物的脈絡內（並根據其他事物）來理解此物的反思過程的結果，而這些「其他事物」不曾出現在直接經驗之中，但卻「解釋」了此物（也就是起了中介的作用）。

如果概念從不指涉某個特殊、具體的事物，如果它總是抽象而普遍的，那是因為概念所把握的不只是也不同於某個特殊事物，它把握的是普遍的條件或關係，這種普遍條件或關係對於特殊事物具有本質性的意義，決定了特殊事物作為具體經驗對象而出現的形式。如果關於任一具體事物的概念是心靈分類、組織和抽象的產物，那麼，如果這些心靈過程能導致理解（comprehension），只是因為它們在普遍的條件和關係中重構了特殊事物，並因此超越了特殊事物的直接表象（immediate appearance）而進入它的實在（reality）。

此外，一切認知概念都具有一種**傳遞性的意義**（transitive meaning）：它們遠不只是對特殊事實的描述性指涉。如果事實是社會事實，認知性的概念也會超出任何特殊的事實範圍，深入到各個社會賴以存在的過程和條件的內部，而這些過程和條件會深入一切特殊事實，造成、維繫和摧毀社會。由於認知性的概念指涉了這個歷史總體性，故超越了一切操作性的脈絡。不過這樣的超越是經驗性的，因為它讓各種事實能夠以本來面目被人們認識。

「超出」操作概念範圍的那部分意義，可以闡明讓人們得以經驗事實的那種有限的、甚至欺騙性的形式。因此，也能闡明概念與直接事實（具體的事物）、指涉概念的語詞與指涉事物的語詞的張力、歧異和衝突；闡明「普遍實在」（reality of the universal）的觀念；也因此能闡明把概念當成思維工具，把普遍的概念轉譯為具有特殊、客觀的指涉對象的語彙的思維方式所帶有的欠缺批判性、順從的特性。

在這些簡化的概念支配了對個人或社會、精神或物質等人類現實的分析的地方，它們達到了一種虛假的具體性——與構成其現實的條件相脫離的具體性。在此種情況下，對概念的操作化處理具有政治功能。個人及其行為是在治療（therapeutic）的意義上得到分析的——為的是使他適應社會。思想和表達、理論和實踐，將被引導至與人們的生存事實並行不悖，讓人們再也無法對這些事實提出概念批判。

當概念思維有系統地成為在現存社會制度的架構內探究和改善現存社會條件的手段時，操作概念的治療特徵就非常明顯地表現在工業社會學、動機研究（motivation research）、行銷研究和輿論研究之中。

假如社會的既有形式是而且還將繼續是理論和實踐的最終參考架構，這種社會學和心理學就不會出現什麼問題。良好的勞資關係與惡劣的勞資關係相比、愉快的工作條件與不愉快的工作條件相比、顧客願望和商業和政治的需求吻合與兩者的衝突相比，前者更符合人性，也更能提高生產效率。

不過，假如在同樣的參考架構之下，既有的社會成了某種批判理論的對象，而這種批判理論針對的是社會結構本身（這些社會結構會體現於所有特殊事實和條件，並決定其位置及功能），這種社會科學的合理性就成問題了。這時它們的意識型態和政治特徵就十分清楚，而若要詳細闡釋合適的認知概念，就必須超越實證經驗主義的虛假的具體性。因此，治療性的操作概念在多大程度上使事實孤立化、原子化，使事實固定在壓抑性的總體之內，並把這一總體的範圍當作分析的範圍，這種概念也就在多大程度上變成虛假的概念。結果，從普遍概念向操作概念的逐步轉化，成了思想的壓抑性化約。[27]

以下，我舉的例子是以工業社會學的「經典」：關於西部電子公司（Western Electric Company）霍桑（Hawthorne）工廠內勞動關係的研究。[28]這是大約四分之一世紀前進行的舊研究，從那之後，研究方法已大有改進。但在我看來，其實質和功能依然如故。此外，這種思維模式不僅已傳播到社會科學的其他分支和哲學，還形塑了它關注的人類對象本身。操作性的概念造就了更完善的社會控制方法：成為管理科學即人際關係（human relations）學科的組成部分。在《工人觀察工人》（*Labor Looks at Labor*）雜誌上有這樣一段汽車工人的話：

> 管理階層「無法在罷工糾察線上阻擋我們，無法用直接阻攔的戰術制止我們，所以他們一直在研究經濟、社會和政治領域中的『人際關係』，以發現阻止工會的方法。」

在研究工人對工作條件和工資的怨言的過程中，研究者發現了如下事實：工人的怨言多數是以這樣的陳述來表達的，這些陳述含有「模糊的、不明確的語彙」，缺乏對「一般人接受的標準」的「客觀參照」，並具有「截然不同於通常與常見事實聯繫在一起的那些屬性」的特徵。[29]換言之，怨言是用諸如「洗手間不衛生」、「工作危險」、「費用太低」之類的普遍陳述來表達的。

在操作性思考原則的指導下，研究者試圖以如下方式來轉譯或重述上面那些陳述，把含混的普遍概念化約為特定的指涉對象，化約為用來指涉引發怨言的特定情景並因此具體描述「公司中的各種狀態」的語彙。於是，普遍句式被分解為確認引發怨言的特定操作和條件的陳述，並透過改變這些特定的操作和條件來消除員工的怨言。

譬如，「洗手間不衛生」的陳述被轉譯為「我在什麼什麼時候進入盥洗室，發現臉盆裡有髒物」。經調查確定這「多半是由於員工的疏忽」，接著就訂立禁止亂扔紙物、隨地吐痰等行為的制度，同時指定服務員經常打掃洗手間。「正是以這種方式，許多怨言得到了重新解釋，並用來促成改善的措施。」[30]

再如：工人B提出「他這份工作的計件工資太低」這一普遍陳述。通過查訪，了解到「他的妻子正在住院，他因醫療費用而憂慮。在這種情況下，怨言隱含的內容就是這樣的事實：由於妻子生病，B現在的收入不足以應付目前的經濟負擔」。[31]

這種轉譯大幅改變了實際命題的意義。未經轉譯的陳述從普遍的角度提出了一個一般狀況（「工資太低」）。這個陳述超出了特定工廠中的特定條件，超出了這個工人的特定處境。

在這種普遍性中，也只是在這種普遍性中，該陳述表達了一種範圍很廣的控訴，把特定事例視為普遍事態的表現，並暗示後者不可能透過改善前者而改變。

因此，未經轉譯的陳述在特定事例和其所隸屬的整體（包括各個職業、各個工廠和各個個人的處境之外的狀態）之間確立了一種具體的關係。這個整體在轉譯中卻被抹除掉，而正是這種操作使治療成為可能。工人不一定有意識到這一點，對他來說，他的怨言的確可能具有在轉譯過程中被當作「隱含內容」的那種特殊的、個人的意義。另一方面，他使用的語言卻又標舉其客觀有效性而反對他的意識——它表達了那些**真實存在**的狀態，儘管這些狀態並不「為他」而存在。轉譯所獲得的特定事例的具體性，是從其**真實**的具體性中進行一系列抽象的結果，而這種真實的具體性就包含在事例的普遍特徵之中。

轉譯的過程將普遍陳述與提出普遍陳述的那個工人的個人經驗聯繫在一起，但在工人即將體驗到自己是「工人」、其工作是工人階級的「工作」的時候，轉譯就停止了。還有必要指出，操作性的研究者在轉譯的過程中，遵循的僅僅是現實的過程，甚至很可能是工人自己的轉譯嗎？被抑止的經驗並不是這些研究者的所作所為，他們的任務也不是從批判理論的角度來思考，而是要訓練管理者們採用「更人道、更有效的對付工人的方法」[32]（這裡似乎只有「人道」一詞是非操作的、缺乏分析的）。

但隨著這種管理式的思考和研究方式往其他向度的思想工作擴散，它發揮的效果就逐漸與其科學有效性密不可分了。在這種情況下，功能化具有一種真正的治療效果。一旦個人的不滿脫離了普遍的不幸，一旦抑制功能化的普遍概念被分解成特定的指涉物，事例就變成了可以對付和容易駕馭的偶發事件。

當然，事例仍然是某種共相（universal）的偶然表現——沒有任何思維模式能夠擺脫共相——但卻與未經轉譯的陳述當中的共相大不相同。一旦工人B的醫療費得到解決，他就會承認，整體而言，現在的工資**不是**太低，只是在他個人的情況（可能與其他人的個別情況相似）之下讓他有困難。他的事例於是被涵攝（subsume）到另一種比較普遍的概念之下，也就是「個人遇到困難」這種概念。他不再是「工人」或「雇員」（即一個階級的成員），而是西部電子公司霍桑工廠裡的工人B或員工B。

《管理和工人》（*Management and the Worker*）的作者清楚意識到了這個意涵。他們說，產業組織中的一項基本功能，就是「人事工作的特定功能」（specific function of personnel work），而這種功能要求在處理勞資關係時，人們必須「從一個具有特殊個人歷史的工人的角度」，或是「從工廠中處於某一特定工作崗位從而與特定的個人和人群產生聯繫的員工的角度」，「來思考某個特定雇員在想什麼」。與此相對，該書的作者反對討論「平均」或「典型」的員工，或討論「工人一般而言在考慮些什麼」，因為這是與「人事工作的特定功能」不相容的。[33]

若要總結上述例子，我們可以把原來的陳述與轉譯成功能形式的陳述做個對比。我們假定這兩種形式的陳述都是真的，不考慮它們的驗證（verification）問題。

(1)「工資太低」這一命題的主詞是「工資」，而不是從事特定工作的特定工人的特定酬勞。提出這個陳述的人恐怕只想到了他個人的經驗，但在他賦予該陳述的形式中，他超越了個人經驗。謂語「太低」是一個關係形容詞（relational adjective），需要有一個沒有在命題中表示出來的指涉物（referent）：對誰而言太低、為什麼太低？這個指涉物可能就是提出該陳述的人，或他在工作崗位上的同事，但一般名詞（工資）承載了該命題所表達的整個思想運動，並使命題中的其他要素共同擁有了普遍特徵。指涉物仍然是不確定的——是「整體而言太低」，還是「對每一個類似說話者的員工而言都太低」。命題是抽象的。它指涉的是無法用任何特定事例取代的普遍狀況；它的意義是「傳遞性」的，與個別事例相對立。這個命題確實要求「轉譯」至一個更具體的脈絡，但在這個脈絡中，無法用一套**特殊**的操作（如工人B的個人歷史及其在W廠中的特殊作用）來定義普遍的概念。「工資」這個概念指涉的是「受雇者」群體，把所有個人歷史和特殊工作都整合進一個具體的共相之中。

(2)「由於妻子生病，B現在的收入不足以應付目前的經濟負擔」。注意在這個對(1)進行轉譯的句子中，主詞已經調換了。「工資」這個普遍概念已被「B現在的收入」取代。這個主詞的意義完全是按照B為購買家庭的食、衣、住、醫等用品而必須執行的一套特定操作來定義的。意義的「傳遞性」已經被消除；「受雇者」群體與主詞「工資」一起消失，只有特定的事例留下來；而由於已被剝奪了傳遞性的意義，這個在公司中發生的特定事例也就得以由公司已被接受的處理標準來處理。

那麼，這有什麼問題嗎？完全沒有。研究者的發言對象，即這個社會本身，會使概念和整個命題的轉譯生效。由於工廠或政府能夠承擔至少相當一部分費用（而且他們也願意這麼做），也由於病人願意接受可望成功的治療，故治療是有效的。在未經轉譯的怨言中出現的含混的、不明確的普遍概念，確實是過去時代的殘餘，而它們殘留在言語和思想中，確實是理解和合作的障礙（儘管是次要的障礙）。既然操作性的社會學和心理學已經促進了惡劣狀況的改善，它們就是精神進步和物質進步的組成部分。但是，它們也見證了進步的理性是一種正反因素交織（ambivalent）的理性：它在壓抑性力量中使人滿足，又在使人滿足的過程中壓抑著人。

取消傳遞性的意義至今仍是經驗社會學的特徵。就連許多不是出於特殊利益而履行治療功能的研究，也具有這種特徵。結果是，一旦意義的「不現實」的多餘部分被取消，研究就會被封閉在社會用來使命題生效或失效的廣闊界限之內。這種經驗主義因其方法論的特徵而具有意識型態的性質。為了闡明其意識型態特徵，讓我們來看看一項關於美國政治活動的研究。在〈競爭的壓力和民主的贊同〉（Competitive Pressure and Democratic Consent）一文中，詹諾維茨（Morris Janowitz）和馬維克（Dwaine Marvick）力圖「判斷選舉在多大程度上是民主進程的有效表現」。這樣的判斷意謂「根據維護一個民主社會所需要的條件」來評價選舉過程，而這又要求對「民主」進行定義。作者認為要在兩種定義之間做出抉擇，一方面是「授權」（mandate）的民主理論，另一方面是「競爭」（competitive）的民主理論：

「授權」理論起源於古典的民主概念，假定形成代表的程序（process of representation）來自由全體選民強加給代表們的一套清楚的指令。選舉是為了確保代表們按照選民意見行事而設計出的一種方便的程序和方法。[34]

然而，這種「先入之見」（preconception）「事先就被當作不切實際的看法而被拒絕，因為它假定了在競選問題上達到高度水準的輿論和意識型態，但在美國根本找不到這些東西」。這個對事實相當坦率的陳述，卻因為下面這個令人寬慰的質疑而被莫名其妙忽略了：

「自十九世紀選舉權普及以來，是否有任何民主選舉地區的輿論已達到高水準」？無論如何，作者接受的，是民主的「競爭」理論這種被拒絕的先入之見。按照競爭理論，民主選舉就是「選舉和否決為謀取公職而競爭的候選人」的程序。為了可以用來操作，這種定義要求確立評價政治競爭特徵的「標準」。那麼，政治競爭什麼時候導致「贊同程序」（process of consent），什麼時候又導致「操縱程序」（process of manipulation）呢？這裡提供了三種標準：

(1)民主選舉要求相互對立的候選人在全體選民間進行競爭。選民的權力來自對至少兩個相互競爭的候選人進行挑選的能力，而每個候選人都有合理的勝選機會。

(2)民主選舉要求兩個（！）政黨都努力維繫已確定的投票集團，吸引無黨派的選民，並從敵對政黨中爭取支持者。

(3)民主選舉要求兩個（！）政黨都盡量努力贏得當前的選舉；但無論勝敗如何，兩個政黨都必須繼續努力增加自己在未來的選舉中獲勝的機會……[35]

我認為這些定義相當準確地描述了一九五二年美國選舉的實際情況，而這正是分析的主題。換句話說，判斷某個既定事態的標準，恰恰是由該事態提供的標準（或者說，因為這些標準是運作良好的、鞏固的社會體系的標準，因此既定的事態可以將這些標準強加於人）。這種分析是「封閉」的；判斷的範圍被侷限在事實的脈絡內，但這個脈絡卻排除了對（人為）造就這些事實、決定其意義、功能和發展的脈絡本身做出判斷。

由於受這個框架的約束，研究成了循環的、自我正當化的研究。如果「民主」是按照這種有限制但現實的實際選舉過程來定義，那麼，在研究得出結論之前，這個過程就已經是民主的了。誠然，操作的框架仍然容許（甚至要求）贊同和操縱之間的差異；根據贊同和操縱的程度，選舉可能具有不一的民主程度。作者得出了這樣的結論：一九五二年的選舉「的特徵是，其真實的贊同程序比憑印象估計的更多」[36]——儘管忽視那些阻止贊同的「障礙」和否認操縱壓力的存在會是「嚴重的錯誤」。[37]只要離開這種幾乎說明不了問題的陳述，操作分析就無法進行。換句話說，它無法提出這個決定性的問題，即「贊同」本身是否就不是「操縱」的結果——實際情況為這個問題提供了充分的正當性。操作分析之所以不能提出這個問題，是因為這個問題會超出操作分析的範圍，從而產生傳遞性的意義——其形成的民主概念，將揭露民主選舉只是一個相當有限的民主過程。

作者們恰恰拒絕了這種非操作性的概念，因為它在十分完整的水平界定民主，認為民主是選民對代表的有效控制，也就是把大眾控制界定為人民主權，故作者們認為這種看法是「不切實際」的。但這個非操作性的概念絕不是無關緊要的。它絕不是想像或思辨的產物，而是確定了民主的歷史涵義，也就是為了爭取民主而奮鬥過、今天仍有待實現的那些條件。

此外，這個概念在語義的精確性方面也沒有什麼問題，因為它直達其意——也就是說，確實是選民把他們的指令強加給代表，而不是代表們把指令強加給推選和改選代表的選民。的確，具有自主性且自由（因擺脫了灌輸和操縱而自由）的選民，將達到「高度水準的輿論和意識型態」。但高度水準的輿論和意識型態是不可能找到的。因此，必須將這個概念當成「不切實際」的概念而加以拒絕——如果人們把事實上流行的輿論和意識型態水準當作有效的社會學分析標準來接受，就必須這樣。而如果灌輸和操縱已經達到如此地步，使輿論的流行水準成了虛假的水準，實際狀況不再被按照其本來面目來認識，那麼，一個有系統地排斥傳遞性概念的分析就會努力追隨虛假的意識。它的經驗主義本身就具有意識型態的性質。

作者們很清楚問題所在。「意識型態的僵化」（ideological rigidity）對評價民主贊同的程度而言有「嚴肅的意涵」。的確，「贊同」指的是贊同什麼呢？贊同的自然是政治候選人及其政策。但這是不夠的，因為這樣一來，就連贊同法西斯政權（而且有可能真正贊同這樣一種政權）也可以說是一種民主過程了。因此，必須針對贊同本身進行評價——要根據其內容、目標和各種「價值」來評價——而且這個步驟似乎涉及了意義的傳遞性。然而，如果被評價的意識型態傾向恰恰是現存的、「有效地」競爭著的兩個政黨的傾向，再加上選民「態度矛盾、中立化」的傾向，那麼，就可以避免上述的「非科學」步驟。38

登記了意識型態傾向的民調結果顯示了三種不同的立場：共和黨意識型態、民主黨意識型態，和「態度矛盾、中立化」的態度。[39]但既有的政黨本身、它們的政策和策略卻都沒有受到質疑；在重大的問題上（如核能政策和全面擴軍備戰的政策），這些政黨的具體差別也沒有受到質疑，但這些問題對評價民主過程來說恰恰意義重大，除非分析所操作的「民主」概念匯集的只不過是**既有**的民主形式的特徵。操作性的概念並非完全不適合這一研究主題。它清楚指出了當代社會中把民主和非民主制度區分開來的那些特質（例如，不同政黨的候選人進行有效的競爭；在這些候選人之間做出選擇的自由）；但是，如果理論分析的任務不只是、甚至不是描述性的——如果其任務是去**理解**和**認識**事實的本來面目，是**理解**和**認識**對於那些不得不把這些事實當成事實接受並與之共存的人們而言，這些事實「意味著」什麼——那麼，這種操作概念就不夠充分了。在社會理論中，對事實的認識就是對事實的批判。

但操作性的概念就連用來描述事實也不夠。它們只是達到了對事實的某些面向和片段的認識，而這些方面和片段一旦被當成事實的整體，就會使描述喪失客觀的經驗特徵。這裡我們不妨以伍德沃德（Julian L. Woodward）和羅珀（Elmo Roper）在〈美國公民的政治活動〉（Political Activity of American Citizens）一文使用的「政治活動」概念為例。[40]他們對「政治活動」一詞提出了「操作性定義」，認為「政治活動」由以下「五種行為方式」構成：(1)參加投票；(2)支持壓力團體……(3)直接與立法者溝通；(4)參加政黨活動……；(5)習慣透過言語的溝通傳播政治意見……。

當然，上述都是「可能影響立法者和政府官員的管道」，但去測量它們，是否真能提供「區分在全國政治議題方面相對積極的參與者和相對不積極的參與者的方法」呢？它們是否包括以下這些「全國政治議題方面」的重要活動，比如說企業與政府、企業與企業的技術聯繫和經濟聯繫？是否包括大型宣傳媒介對「非政治」的意見、資訊及娛樂的形成與傳播？是否考慮到，在公共議題上各有立場的組織具有非常不同的政治影響力？

如果答案是否定的（我相信是如此），那麼，政治活動的**事實**就沒有得到妥當的描述和確定。許多我認為有決定性意義的事實仍然在操作性概念的範圍之外。操作性概念在方法論上禁止了能表現事實的本來面目並說出其真實名稱的傳遞性概念；由於有這個侷限，對事實的描述性分析便妨礙了人們對事實的理解，並成為那種維護事實的意識型態的組成部分。這種社會學宣稱現存的社會現實就是自己的準則，從而強化了身為現實受害者的人們對現實的「無信仰的信仰」（faithless faith）：「意識型態只不過是對既存事實的承認，是屈從於既存事態強大力量的一種行為模式。」[41] 與這種意識型態性的經驗主義相對立，明白無誤的矛盾則重申了自己的權利：「……現存的事物不可能是真實的。」[42]

【注釋】

1 副文學指與傳統文學不同的文學，如科幻小說、推理小說等。——譯者

2 加爾布雷思（John K. Galbraith），《美國資本主義》（*American Capitalism*）（Boston: Houghton Mifflin, 1956），第96頁。

3 吉爾（Stanley Gerr），〈語言和科學〉（Language and Science），《科學哲學》（*Philosophy of Science*），1942年4月號，第156頁。

4 同上。

5 喬治．歐威爾（George Orwell, 1903-1950），英國小說家和諷刺作家，最著名的作品有《動物農莊》（*Animal Farm*）和《1984》等。——譯者

6 《紐約時報》，1960年12月1日。

7 同上，1960年11月2日。

8 同上，1960年11月7日。

9 「萊因戈爾德小姐」是美國1941年起最佳服裝模特兒的頭銜。——審定者

10 羅蘭．巴特（Roland Barthes），《文學的零度》（*Le Degré zéro de l'écriture*）（Paris: Editions du Seuil, 1953），第33頁。

11 參見洛溫撒爾（Leo Lowenthal），《文學、大眾文化和社會》（*Literature, Popular Culture and Society*）（Prentice-Hall, 1961），第109頁以下；另見霍加特（Richard Hoggart），《識字的用處》（*The Uses of Literacy*）（Boston: Beacon Press, 1961），第161頁以下。

12 這句話與現任州長無關，而是指塔爾梅奇（Talmadge）先生。

13 最後三個詞引自《國家》（*The Nation*），1958年2月22日。

14 這是《生活》(*Life*)雜誌的一項提議，引自《國家》，1960年8月20日。按照沙諾夫(David Sarnoff)的說法，建立這樣一個學會的議案已提交國會。見杰塞普(John K. Jessup)、史蒂文森(Adlai Stevenson)等人，《國家目標》(*The National Purpose*)(在《生活》雜誌編輯部的監督和幫助下出版，New York: Holt, Rinehart and Winston, 1960)，第58頁。

15 洪堡(Wilhelm von Humboldt)，《論人類語言結構的差異》(*Über die Verschiedenheit des menschlichen*)(柏林，重印本，1936年版)，第254頁。

16 此處的原文subject有主詞和主體的雙重涵義。——譯者

17 辯證邏輯中這種語法哲學，見黑格爾《精神現象學》序言中「實體即主體」(substance as subject)和「思辨句子」(specu1ative sentence)等概念。

18 見本書第5章。

19 這並不表示歷史(個人的或普遍的)從論述領域中消失。人們常召喚出過去：不管是提到創始人，引證馬克思—恩格斯—列寧，或講起總統候選人的卑微出身。但是，召喚出的回憶也是儀式化的，不允許記憶內容的進一步發展；單純的召喚往往阻礙記憶內容的發展，但正是記憶內容的發展將證明其歷史性錯誤。

20 阿多諾(T. W. Adorno)，《對過去的處理意味著什麼》(*Was bedeutet Aufarbeitung der Vergangenheit?*)，見《關於11月6—7日威斯巴登教育者會議的報告》(*Bericht über die Erzieherkonferenz am 6. und 7. November in Wiesbaden*)(Frankfurt, 1960)，第4頁。反歷史的鬥爭將在第7章進一步討論。

21 見本書導言和第5章。

22 第8章將進一步封論這些標準。

23 參見我的《蘇聯的馬克思主義》，第87頁以下。

24 羅蘭·巴特，《文學的零度》，第37頁—40頁。

25 原文 sentence 亦有宣判之意。——譯者

26 西德的情況見法蘭克福社會研究所（*Institut für Sozialforschung Frankfurt am Main*）1950-1951年的專門研究著作《群體實驗》（*Gruppen Experiment*）（F. Pollack編，Frankfurt: Europäischen Verlagsanstalt, 1955），尤其第545頁以下；另見科恩（Karl Korn），《在被管理世界中的語言》（*Sprache in der Verwalteten Welt*），它適用於兩個德國（Frankfurt: Heinrich Scheffler, 1958）。

27 在功能主義的理論中，分析的治療和意識型態特徵並不明顯，被概念（如「系統」、「部分」、「單位」、「單項」、「多重後果」、「功能」）的抽象概括性（abstract generality）模糊掉了。原則上，這些概念可以適用於社會學家挑選來分析的任何「系統」——從最小的團體到整個社會皆然。功能分析限定在已選定的系統之內，但該系統本身並未納入批判分析之中，因此無法超越系統的邊界、找出歷史延續性（系統的功能與反功能〔dysfunction〕都是在歷史延續性中成形的）。因此，功能理論表現出誤置抽象性（misplaced abstractness）的謬誤。功能主義藉由把事物的某些性質抽象掉，來使其概念具有概括性，但正是這些性質讓系統成為歷史的系統，並為功能及反功能賦予批判的、超越性的意義。

28 引自羅特利斯伯格（Fritz Roethlisberger）和迪克森（William J. Dickson）的《管理和工人》（*Management and the Worker*）（Cambridge: Harvard University Press, 1947）。見巴里茨（Loren Baritz）在《權力的奴隸：社會科學在美國工業中的應用史》（*The Servants of Power: A History of the Use of Social Science in American Industry*）（Middletown: Wesleyan University Press, 1960）第5、6章中的出色論述。

29 羅特利斯伯格和迪克森，《管理和工人》，第255頁以下。

30 同前書，第256頁。

31 羅特利斯伯格和迪克森，《管理和工人》，第267頁。

32 《管理和工人》，第8章。

33 見該書第591頁。

34 尤勞（H. Eulau）、埃爾德魏爾德（S. J. Eldersveld）、詹諾維茨（M. Janowitz）編，《政治行為》（*Political Behavior*）（Glencoe: Free Press, 1956），第275頁。

35 《政治行為》，第276頁。

36 《政治行為》，第284頁。

37 同前書，第285頁。

38 《政治行為》，第280頁。

39 同前書，第138頁以下。

40 《政治行為》，第133頁。

41 阿多諾，〈意識型態〉（Ideologie），收於庫爾特．倫克（Kurt Lenk）編，《意識型態》（*Ideologie*）（Neuwied: Luchterhand, 1961），第262頁以下。

42 布洛赫（Ernst Bloch），《哲學基本問題》（*Philosophische Grundfragen*）（Frankfurt: Suhrkamp, 1961），第1卷，第65頁。

第五章

否定性的思維：被擊敗了的抗議邏輯

「……現存的事物不可能是真實的」。對於我們受過良好訓練的耳朵和眼睛來說，這個陳述既輕率又荒謬，或是像「現實的就是合理的」這一似乎相反的命題一樣荒誕。但是，在西方思想傳統中，二者都以引起爭議的簡潔提法，揭示出一直支配西方思想邏輯的理性概念。此外，二者也都表達了同樣的概念，也就是現實的對立結構，以及試圖把握現實的思維的對立結構。直接經驗的世界——我們發現自己生活於其中的世界——必須被理解、改變甚至顛覆，才能還原其真實面貌。

「理性＝真理＝現實」的公式把主觀世界和客觀世界結合成一個對立的統一體。在這個公式中，理性是顛覆性的力量，是「否定性的力量」（power of the negative），作為理論理性和實踐理性而確立了人和事物的真理，也就是確立了人和事物在其中顯露出本來面目的條件。試圖證明這種理論與實踐的真理不是主觀條件，而是客觀條件，是西方思想最初的關懷及邏輯的起源——這種邏輯不是在哲學專門學科的意義上的邏輯，而是作為一種思維模式的邏輯，這種思維模式能夠將「現實」理解為「合理」。

極權主義的技術理性領域是理性觀念演變的最新結果。在本章和下一章中，我將試著指出理性這個觀念發展的一些主要階段（也就是邏輯變成支配邏輯的過程）。由於分析的焦點是理論與實踐、思想與行動在歷史過程中的統一（與分離），也就是理論理性與實踐理性在統一體中的開展，因此這種意識型態分析有助於理解事實的發展。

發達工業文明封閉的操作世界，連同其自由與壓制、生產力與破壞性、增長與倒退之間的恐怖和諧，在上述理性觀念中被預先設計為一項特定的歷史擘劃。技術和前技術階段共同擁有一些表現西方傳統連續性的、有關人和自然的基本概念。在這種連續性的範圍內，不同的思維模式相互衝突；它們屬於不同的認識、組織、改變社會及自然的方式。直到發達工業文明的成就導致單向度現實取得對各種矛盾的勝利為止，穩定的趨勢與理性的顛覆性成分、肯定性思維的力量與否定性思維的力量都是相衝突的。

這種衝突可以回溯到哲學思想本身的起源，並極為明顯地表現在柏拉圖的辯證邏輯與亞里士多德《工具論》（*Organon*）的形式邏輯的對比中。下面對古典的辯證思維模式的概述，可幫助我們分析技術理性的各種迴異的特徵。

在古希臘哲學中，理性是區分真假的認知能力（cognitive faculty），因為真（和假）主要是存在或實在的一種狀況，而且只有在這個基礎上，理性還是**命題**（proposition）的一種屬性。真實的論述，或邏輯，揭示和表現事物的**實然**狀態，以與事物的**表象**區別開來。而且，既然真理等同於（現實的）存在，真理便成為一種價值，因為存在比非存在（Non-Being）更好。「非存在」並不就是「虛無」（Nothing）：它既是存在的潛能（potentiality），也是對存在的威脅，可能摧毀存在。為真理而鬥爭就是反對摧毀存在、為「拯救」（σώζειν）存在而鬥爭（但如果這種嘗試把既有的現實當成「不真實」而抨擊之，這種嘗試就會是摧毀性的，例如蘇格拉底反對雅典城邦）。既然為真理而鬥爭即是「拯救」現實使其不受摧毀，真理便實現並擔保了人類的存在。它本質上是人的擘劃。如果一個人已學會觀察和了解事物的實然狀態，他就會依據真理行事。因此，認識論本質上就是倫理學，倫理學本質上就是認識論。

這個概念反映的是這種經驗：這個世界內部包含了相互對抗的因素——世界為匱乏與否定性所苦，並常常受到摧毀性因素的威脅，但它也是一個按照最終目標建構起來的宇宙（cosmos）。這種對抗性世界的經驗在多大程度上支配著哲學範疇的發展，哲學也就在多大程度上在一個碎裂成雙向度的領域中活動。表象與實在，虛妄與真實（以及我們將看到的，不自由與自由），都是存有論的狀態。

上述區分不是抽象思維的結果或抽象思維的過錯，而是根植於思維在理論與實踐上參與的那個領域的經驗。在這個領域中，有的存在方式是人與物「只靠自己」和「身為自己」而存在，有的存在方式則是人與物無法「只靠自己」和「身為自己」而存在——也就是說，人與物以扭曲、限制或否定其性質（本質）的方式而存在。存在與思維的發展進程，就是要克服這些否定的狀況。哲學起源於辯證法，其論述領域對應了一種對抗性的現實。

提出上述區分的標準是什麼呢？把「真理」的資格指定給這種方式或狀況而不是另一種方式或狀況的理由是什麼呢？古希臘哲學大都仰賴後來所謂的「直覺」（帶有一定的貶

義），即一種使思維對象清楚顯現出其（在本質屬性中的）本來面目，並與其偶然、直接的情況相對立的認知形式。誠然，這種直覺的證據與笛卡兒的說法沒有多大的差異。它不是心靈的某種神祕能力，不是陌生的直接經驗，也沒有脫離概念的分析。直覺恰恰是概念分析的（初步）邊界，是有步驟地進行知識中介的結果。因此，它是具體經驗的中介。

「人的本質」這個概念可以當作例證。把人放在使其發現自己置身世界的條件中來分析，我們就可以看到，人似乎擁有某些能力和力量，使自己能夠過某種「好生活」，也就是最大限度地擺脫辛勤勞動、人身依附和粗鄙狀況的生活。獲得這種生活，就是獲得「最好的生活」：按照自然或人的本性來生活。

誠然，這仍然是哲學家的意見；對人類處境進行分析的正是哲學家。他對人的經驗進行批判性的判斷，而這本身就包含了某種價值判斷——也就是說，擺脫辛勤勞動比辛勤勞動要好，聰明的生活比愚蠢的生活要好。哲學正好生來就具有這些價值。科學思想則不得不打破價值判斷和分析的這種統一，因為，哲學的價值並沒有引導人們去組織社會或改造自然，這一點越來越清楚了。它們是無效、不真實的。希臘人的概念已經含有歷史的元素：奴隸和自由民、希臘人和野蠻人的人類本質是有區別的。文明已經（至少在理論上）克服了這種區別在存有論上的穩定化。但是，文明的發展尚未使本質的性質和偶然的性質、真實的生存方式和虛假的生存方式的區分失去效力——只要這種區分源於對經驗情況的邏輯分析，並能夠理解其潛能及其偶然性，就不會失去效力。

對於後期《對話錄》的柏拉圖和亞里士多德而言，存在方式即是運動方式——是從潛能（potentiality）到現實（actuality）、再到實現（realization）的飛躍。有限的存在是不完整的實現，從屬於變化。它的產生即是衰敗，充滿了否定性。因此，它不是真正的實在——真理。哲學的探求就是從有限世界出發，去建立一種現實，這種現實無須痛苦地區分潛能和現實，已經控制了自己的否定性，本質上是完善的、獨立的，也就是自由的。

這一發現是邏各斯（Logos）和愛洛斯（Eros）的傑作。邏各斯和愛洛斯這兩個重要術語指涉兩種否定模式。愛欲認知和邏輯認知打破了既有的、偶然的現實的控制，並努力尋求與該現實不相容的真理。邏各斯和愛洛斯是主客觀的結合。從「較低」層次的實在向「較高」層次的實在上升，是物質和精神的運動。在亞里士多德看來，完美的實在，即上帝，吸引著作為被愛對象（ὡς ἐρώμενον）的下方世界，他是一切存在的終極因（final cause）。邏各斯和愛洛斯本身是肯定與否定、創造與毀滅的統一。正是在思維的緊迫關頭和愛情的狂熱狀態中，存在著對既有生活方式的破壞性拒斥。真理轉化了思維和存在的方式。理性和自由合為一體。

然而，現實的對抗性及其在真實和不真實的生存方式中的爆發似乎是一種不變的存有論狀況，就此而言，前述那種動力有其固有的限度。有些生存方式絕不可能成為「真實」，因為它們絕不**滿足**於其潛能的實現，不滿足於存在的**歡樂**。在人類現實中，所有為獲得其生存的必要條件而殫精竭慮的存在，都因此是「不真實」和不自由的存在。顯然，這反映一個社會的非存有論狀況是以下列命題為基礎的：自由與謀取生活所需的活動難以並存，謀取生活所需的活動是某個特定階級的「自然」功能，而對真理和真實存在的認識，則意謂從這類活動的一切向度中擺脫出來的自由。這實際上就是**標準的**前技術和反技術的情況。

但前技術理性和技術理性的真正分界線，並不是以不自由為基礎的社會和以自由為基礎的社會的分界線。社會組織起來的方式，仍然使牟取生活所需占據了特定社會階級的全部工作時間，並成為其一生的職業，**因此**它是不自由的，是對人類存在的妨害。在此意義上，「真理與社會必要勞動的奴役無法相容」這個古典命題仍然有效。

這個古典概念蘊含了以下命題：只要這種奴役狀態普遍存在，思想自由和言論自由就必然還是一種階級特權。因為思想和言論是屬於某個思想和言論主體的，如果該主體的生活取決於履行某種被強加的功能，那麼它就依賴於滿足對這種功能的需求——從而依賴於控制這些需求的人。前技術計畫和技術性計畫的分界線，在於對生活所需（「謀生」）的服從是如何組織起來的，在於與這種組織方式相應的自由和不自由、真和假的新方式。

在古典概念中，誰是掌握真理和非真理的存有論狀態的主體呢？那就是純粹思辨（theoria）的大師，是在思辨的指導下進行實踐的大師，也就是哲學家——政治家。誠然，他所了解和解釋的真理，任何人都有可能企及。比如說，在哲學家的指導下，柏拉圖《美諾篇》中的奴隸也能夠掌握幾何公理，亦即**獨立**於生息變化之外的真理。但既然真理是存在和思想的一種狀態，既然思想是存在的表達和顯現，那麼，只要不是生活在真理之中並與真理同在，企及真理就仍然只是一種潛在的可能性。而這種存在模式把奴隸（和任何為獲取生活所需而殫精竭慮的人）拒於門外。因此，假如人們不必再在必然領域內度過一生，真理和真正的人類存在就會在嚴格又真實的意義上獲得**普遍性**。哲學設想人的平等，但同時它又聽任事實上對**平等**的否定。因為在既存的現實中，謀取生活所需是多數人的終身職業，同時又必須謀取和提供生活所需，如此真理（也就是擺脫物質需求）才能存在。

在這裡，歷史的障礙阻撓並歪曲了對真理的追求；社會的勞動分工獲得了某種存有論狀態的尊榮。如果真理以擺脫辛勤勞動為前提，如果這種自由在社會現實中是少數人的特權，那麼現實就會只在大致上並只為了特權集團承認這種真理。這種狀況與真理的普遍性相矛盾，因為真理不僅界定、「規定」了人作為人（就人的本質而言）的某種理論目標，更界定、「規定」了他們的最佳生活。對哲學來說，矛盾是無法解決的，否則就不成其為矛盾，因為它是這種哲學沒有超越的奴隸或農奴社會的結構。據此，它把歷史丟在後面而不去掌握它，同時又使真理安然高踞於歷史現實之上。在這裡，真理不是作為天堂或天堂中的一項成就，而是作為一項思想成就完好無損地保留下來——之所以完好無損，是因為真理這個概念本身便表達出這樣一種洞見：為謀生而忙碌的人，沒有能力過人的生活。

真理的存有論概念是一種邏輯的核心，這種邏輯可以當成前技術理性的模型。它是一種雙向度的論述領域，與之形成對比的，是在技術性計畫的執行過程中發展起來的單向度思維和行為模式。

亞里士多德用「命題式邏各斯」（apophantic logos）這個術語區分出一類特殊的邏各斯（言語、溝通）——這類邏各斯一方面發現真和假，另一方面在發展過程中又受真和假的差別所決定（《解釋篇》16b-17a）。它是判斷的邏輯，但這是在（判決性）句子的強調意義上來說的：把（P）歸諸於（S），因為並且只要（P）作為（S）的一個屬性而屬於（S）；否定（P）應歸諸於（S），因為並且只要（P）不屬於（S），如此等等。從這個存有論基礎出發，亞里士多德哲學進而確立了各種可能真（和假）的謂語的「純形式」；它成了關於判斷的形式邏輯。

胡塞爾在復甦這個命題式邏輯的概念時，強調它最初的**批判**意圖。而且他正是在**判斷**邏輯的概念中發現這個意圖的，也就是說，是在下述事實中發現這個意圖的：思想並不直接與存有者本身（*das Seiende selbst*）有關，而是直接與對存在的「聲稱」（pretension）和命題有關。[1]在這個判斷的方向上，胡塞爾看出了一種對邏輯的任務及範圍的限制和偏見。

古典的邏輯概念確實表現出一種存有論的偏見——判斷（命題）的結構指涉一種分裂的現實。論述是在存在與非存在、本質與事實、創造與衰敗、潛能與現實的不同經驗之間發展的。亞里士多德的《工具論》從這種對立的統一中抽象出命題及其（正確和不正確的）聯繫的一般形式；但這種形式邏輯的主要部分仍受其形而上學制約。[2]

在這種形式化出現之前，分裂世界的經驗在柏拉圖的辯證法中找到了它的邏輯。在這裡，「存在」、「非存在」、「運動」、「一和多」、「同一性」、「矛盾」等術語在方法論上是開放、多義的，還沒有完全確定下來。它們有開放的視界和完整的意義領域，而這樣的領域在溝通過程本身之中逐步建立起來，但從不封閉。各個命題在對話中被提出、發展和檢驗，而對話者則被引導去質疑通常不受質疑的經驗和言語領域，並進入一種新的論述向度——否則他就是**自由**的，而論述則會針對他的自由而發。他應該超越他被賦予的東西——在他的命題中，以說話者的身分超越原初的語彙搭配。這些語彙有許多意義，因為它們指涉的狀態有許多無法孤立和固定下來的面向、意涵和效果。它們的邏輯發展是對現實過程或事情本身（*Sache selbst*）的回應。只要思想將直接經驗的真理理解為另一種真理（也就是真正形式的現實，亦即理念〔Idea〕，的真理）的表象，那麼，思想的法則就是現實的法則，或更確切地說，**變成**了現實的法則。因此，辯證思想和既有現實之間的關係是矛盾，而不是一致；真正的判斷不是從現實自己的角度，而是從展望顛覆現實的角度來判斷這種現實。而在這種顛覆中，現實達到自身的真理。

在古典邏輯中，構成辯證思想原初內核的判斷，是以命題「S是p」的形式加以形式化的。但這種形式掩蓋了（而不是揭示了）基本的辯證命題，因為辯證命題能夠指出經驗實在的否定特徵。從本質和觀念上看，人和物並不是按照其本來面目存在的：因此，思想和（既定的）現存的事物相矛盾，思想的真理與既定現實的真理相對立。思想所設想的真理即是理念（Idea）。就此而言，從既有現實的角度來看，它「僅僅」是理念，「僅僅」是本質——潛能。

不過，本質性的潛能並不像既有的論述和行動領域所包含的諸多可能性；本質性的潛能有截然不同的安排方式。它的實現會顛覆既有的秩序，因為按照真理來思考，就是致力於按照真理來生存。（在柏拉圖那裡，說明這種顛覆的極端概念是：死亡是哲學家生命的開端，是從洞穴中猛烈解放出來。）因此，真理的顛覆性讓思想帶有**祈使**（imperative）的性質。邏輯所聚焦的判斷，是像證明性命題（demonstrative proposition）一樣的祈使句——謂語「是」（is）意味著「**應當**」（ought）。

這種矛盾的、雙向度的思維模式，不僅是辯證邏輯的內在形式，也是一切逐漸把握實在的哲學的內在形式。界定實在的那些命題，斷言某種**不**（直接）是當下情況的東西是真實的；因此，它們與現存的情況相矛盾，否認其真實性。它們的肯定判斷包含了一種在命題形式（S是p）中消失的否定性。比如說，「美德即知識」；「正義即是每個人都發揮最適合本性的作用」；「完全現實的東西是完全可以認識的」；「真實的就是存在的事物」（*verum est id, quod est*）；「人是自由的」；「國家是理性的現實」。

如果上述命題是真實的，那麼系詞（copula）「是」就陳述一種「應當」，一種迫切的需要（desideratum）。它判斷了一些在其中美德**不是**知識、人**沒有**發揮最適合本性的作用、人不自由等等的狀況。易言之，定言（categorical）形式的S-p說明（S）不是（S）；（S）被定義為與自身不同的東西。命題的驗證涉及了事實和思想中的**過程**：（S）必須**變成**實際存在的東西。定言陳述因此成了無上命令（categorical imperative）；它陳述的不是事實，而是**造成**事實的必然性。比如說，可以這樣解讀：人（事實上）**不是**自由的，**沒有**天賦的不可讓渡的權利等等。但是，他**應該**要是如此，因為在上帝的眼中，或從其本性看，他是自由的，如此等等。[3]

辯證思想把「是」和「應當」的批判性張力首先理解為「存在」本身的結構所具有的存有論狀態。然而，對這種存在狀態的認識（也就是關於該狀態的理論）從一開始就希望成為一種具體**實踐**。在既有的事實中，真理看起來是錯誤的、被拒絕的，但從真理的角度來看，既有的事實本身就是錯誤的、否定的了。

因此，思維在其對象的情況的引導下，按照另一種邏輯、另一種論述領域來衡量這些對象的真實性。這種邏輯籌畫了另一種生存方式：真理在人的言語和行為中得到實現。由於這個籌畫涉及作為「社會動物」的人，也涉及城邦，思想運動因而具有政治內涵。因此，蘇格拉底的論述是政治性的論述，因為它與既有的政治制度相矛盾。追求正確的定義，追求美德、正義、虔敬和知識的「概念」，就變成顛覆性的事業，因為這些概念本身便意欲一種新的城邦。

除非超越自身並付諸實踐，否則思想就無法造成這種變化，而正是因為脫離了作為哲學發源地的物質實踐，才使哲學思想帶有抽象的、意識型態的性質。由於這種脫離，批判性的哲學思想也必然是超驗的、**抽象**的。哲學與一切真正的思想都具有這種抽象性，因為如果不能從既有事實中進行抽象，如果不能把事實與造成這些事實的因素聯在一起，並在心靈中分解這些事實，就無法真正進行思維。抽象性恰恰是思想的生命，是思想本真性（authenticity）的標誌。

不過抽象也有真假之別。抽象是歷史延續體中的一個歷史事件。它在歷史的基礎上開展，並始終聯繫著它遠離的基礎本身，也就是既有的社會領域。即使批判性的抽象達到了對既有論述領域的否定，該基礎也仍然能在否定（顛覆）之中倖存，並限制著新觀點發展的種種可能性。

在古典哲學思想起源之初，超越性的概念還受制於腦力勞動和體力勞動的普遍分離，受制於既有的奴役人的社會。柏拉圖的「理想」國保留、改進了奴役狀態，並按照永恆真理來組織之。而在亞里士多德那裡，哲學家皇帝（理論和實踐在他身上合為一體）不得不讓位給至高無上的沉思生活（*bios theoreticos*），而後者幾乎不具有顛覆性的作用和內涵。那些承擔著不真實現實（untrue reality）的壓力的人，和那些因此而最需要顛覆這種現實的人，當時還不是哲學關心的對象。哲學從他們之中並繼續從他們之中抽離出來。

在這個意義上，「唯心主義」對哲學來說是恰當的，因為，思想（意識）的至高無上這個觀念也宣告了思想在哲學（從思想上）超越和修正的經驗世界中的軟弱無能。哲學曾以理性的名義來下判斷，而理性則獲得過抽象的、一般的「純粹性」，這一純粹性使哲學避開了人們不得不生活於其中的世界。因此，除了唯物主義的「異教徒」之外，哲學思想很少為人類生存的不幸而苦惱。

弔詭的是，導致唯心主義純粹性的，恰恰是哲學思想的批判意圖——以整個經驗世界而不僅僅是其中的某種思維或行為模式為目標的批判意圖。由於哲學的批判按照截然不同的思想和存在的潛能來定義其概念，故它發現自己受到與之脫離的現實的阻礙，並進而構造一個從經驗偶然性中淨化出來的理性王國。於是思想的兩種向度——本質性事物的向度和顯而易見的真理的向度——不再相互妨害，它們的具體辯證關係變成了一種抽象的認識論或存有論關係。對既有現實的判斷被界定一般思想形式、思想對象、思想及其客體的關係的那些命題所取代。思想的主體成了純粹而又普遍的主體性形式，一切特殊性都從這種形式中被清除出去。

對於這樣一種形式主體而言，存在與非存在、變與不變、潛能與現實、真與假的關係不再與生存有關；[4]相反，它是一個純粹的哲學問題。在這裡，柏拉圖的辯證法和亞里士多德的形式邏輯形成了鮮明的對照。

在亞里士多德的《工具篇》中，三段論的「項」（*horos*）「如此缺乏實質性的意義，以至於字母表中的任一個字母都是完全等值的替代物」。因而它完全不同於指涉實質性定義結果的「形而上學」項（也是*horos*），即對「是什麼？」（τὶ ἐστιν?）問題的回答。[5]與普蘭托（Carl Prantl）相反，卡普（Ernst Kapp）主張：這「兩種不同的表意過程（signification）是相互獨立的，亞里士多德本人從未把它們混同起來」。總之，在形式邏輯中，思維的組織方式與柏拉圖式的對話大不相同。

在這種形式邏輯中，思想對它的對象漠不關心。無論對象是精神的還是物質的，也無論它們屬於社會還是自然，反正它們都臣屬於同一種組織、計算和推論的普遍法則——但它們是可互換（fungible）的符號或象徵，抽離了它們特殊的「實質」。這種普遍性質（量的性質）是邏輯和社會中一切法則和秩序的先決條件，是普遍控制的代價。

論述邏輯所發展的普遍概念在支配的現實中有它的基礎。6

亞里士多德的《形上學》陳述了「概念」和「控制」的聯繫：對「第一因」的知識（作為對普遍性〔the universal〕的知識）是最有效、最確定的知識，因為處理了原因，就等於處理了結果。思想透過普遍概念，獲得對特殊事例的統治權。但是，即使是最為形式化的邏輯領域，指涉的仍然是既有經驗世界的最普遍結構；純粹的形式仍然是它所形式化的內容的形式。形式邏輯這個概念，本身就是在發展普遍的控制和計算的精神和物質工具的過程中的一個歷史事件。在過程中，人不得不從實際的矛盾中創造理論上的和諧，不得不清除思想的矛盾，不得不在複雜的社會和自然過程中，把可辨識的、可互換的個體視為實際的存在。

在形式邏輯的統治下，本質和表象相衝突的觀念如果不是無意義的，就是可以犧牲掉的；物質內容被中性化了；同一性的原則與矛盾原則分離開來（矛盾是錯誤思考的結果）；終極因被從邏輯秩序中清除了出去。概念的範圍和功能都得到完善的界定，從而成為預測和控制的工具。因此，形式邏輯是通往科學思維的漫長道路上的第一步——但也只是第一步，因為還需要更高程度的抽象和數學化，才能按照技術理性來調整思維方式。

邏輯程序的方法在古代邏輯和現代邏輯當中大不相同，但在所有差別背後，是建立起某種普遍有效的思維秩序，對所有實質性內容而言都是中立的。早在技術的人和技術的自然作為理性控制和計算的對象出現之前，心靈已經能夠進行抽象概括了。那些能夠組織成一個緊密邏輯體系、擺脫矛盾或者可自如駕馭矛盾的語彙，與那些無法這樣做的語彙分離了開來。進而，在普遍的、可以計算的、「客觀的」思想向度，和特殊的、不可計算的、主觀的思想向度之間出現了區分；後者只有透過一系列的化約，才得以進入科學的行列。

形式邏輯預示了把第二性質化約為第一性質，而在化約過程中，前者變成了可以測量和控制的物理特性。然後，思想的要素就可以科學地加以組織——就像人的要素可以在社會現實中加以組織一樣。按照控制與支配的規則來調整思維規則的那些思想要素，將前技術理性、技術理性、存有論和技術全部連結起來。前技術和技術的支配方式是截然不同的——就像奴隸制不同於自由雇傭勞動，異教不同於基督教，城邦不同於民族／國家（nation）、攻城屠殺平民不同於納粹集中營。然而，歷史依然是支配的歷史，思維的邏輯依然是支配的邏輯。

形式邏輯試圖為思維規則提供普遍有效性。的確，沒有了普遍性，思維就會成為私人的、態度不明（non-commitral）的事情，就連最微不足道的存在片斷都無法理解。思維一向不只是個人的思考，也與個人的思考不同；如果我開始設想處於某個特定情境的某些個人，我會發現他們身處於某種超個人（supra-individual）的關係之中，而且我將用一些普遍的概念來思考。一切思想對象都是普遍的。但同樣真實的是，超個人的意義，一個概念的普遍性，絕不僅僅是形式上的，而是在（思想和行動著的）主體與其世界的相互關係中構成的。[7]邏輯的抽象也是社會學的抽象。這裡存在著一種邏輯上的模擬，提出了與社會法則具有保護性一致關係的思維法則，不過它只是眾多思維模式中的一種。

人們以經常注意到亞里士多德形式邏輯的貧乏。哲學思想是與此種邏輯並行發展的，甚至超出了它的範圍。就哲學的主要成就而言，無論唯心論還是唯物論、無論理性論還是經驗論，都沒有受惠於這種形式邏輯。形式邏輯在結構方面是非超驗性的。它是在三段論法無法超出的固定架構內來推崇和組織思想的——它始終是「分析學」（analytics）。邏輯一直是一個專門學科，與哲學思想的實質發展並行，儘管哲學的發展出現了新概念和新內容，但邏輯基本上沒有發生變化。

的確，在現代早期（early modern），無論是經院哲學，還是理性論或經驗論，都沒有任何理由去反對那在亞里斯多德邏輯中使其一般形式典範化的思維模式。至少，其意圖曾經符合科學的有效性和精確性，而其餘的成分也並不妨礙對新經驗和新事實在進行概念上的闡釋。

當代數理邏輯和符號邏輯當然與古典邏輯大不相同，但它們都徹底反對辯證邏輯。就這種反對立場而言，舊的和新的形式邏輯都表現出同樣的思維模式。對既有現實的否認力量、欺騙力量和作假力量的經驗，被從在邏輯和哲學思想的起源階段曾隱隱出現的「否定性」中清除了出去。隨著這種經驗的排除，試圖維持「是（實然）」和「應當（應然）」的緊張關係，試圖以自身的真理的名義來顛覆既有的論述領域，這些概念上的努力也同樣從所有必須客觀、精確、科學的思想中清除出去。因為對直接經驗的科學顛覆（把科學的真理和直接經驗的真理對立起來）並沒有使那些本身含有抗議和拒絕成分的概念得到發展。與已接受的真理相對立的新科學真理，本身並不含有抨擊既有現實的判斷。

相比下，辯證思維卻是且仍然是非科學的，因為它的判斷是這樣一種判斷，這種判斷是由其**對象**的本質（其客觀性）強加給辯證思維的。辯證思維的對象是真正的具體性（concreteness）中的實在；辯證邏輯排除了一切把具體內容擱置一旁不加理解的抽象。黑格爾在他那個時代的批判哲學中發覺了「對客體／對象的恐懼」（*Angst vor dem Objekt*），他主張，真正科學的思想，必須克服這種恐懼的立場，並在其對象的具體性中把握「邏輯的和純粹合乎理性的東西」（*das Logische, das Rein-Vernünftige*）。[8] 辯證邏輯不可能是形式的，因為它是由真實的事物所決定，而真實的事物是具體的。這種具體性，遠遠不會與普遍原則及普遍概念的體系相衝突；辯證邏輯恰恰需要這樣一種邏輯體系，因為它是在有利於真實事物的理性（rationality of the real）的普遍法則下運動的。恰恰是矛盾所具有的理性，也就是各種力量、趨勢、要素的對立所具有的理性，構成了真實事物的運動；而且如果得到理解的話，這樣的理性也構成真實事物的概念的運動。

作為本質和表象間活生生的矛盾而存在的思維對象，具有「內在否定性」，而這種否定性是思維對象這個概念的特性。[9]辯證式的定義是從事物不存在到存在的過程，來定義事物的運動。矛盾要素的發展決定了對象的結構，也決定了辯證思維的結構。辯證邏輯的對象既不是抽象的、一般的客觀性形式，也不是直接經驗的材料。辯證邏輯一方面取消形式邏輯和超驗哲學的抽象，另一方面也否定直接經驗的具體性。由於直接經驗取決於剛好表現為當下這個樣子的事物，因此，這是一種有限的、甚至虛假的經驗。如果它已經使自己擺脫了把事實背後的因素隱藏起來的虛假客觀性，也就是說，如果它把它的世界理解為一個**歷史**的世界，而其中的既存事實是人們歷史實踐的結果，那麼，它就可以獲得自己的真實性。這種（精神的和物質的）實踐，是經驗材料中的現實，也是辯證邏輯所掌握的現實。

當歷史內容進入了辯證概念，並在方法論上決定其發展和功能時，辯證思維就達到了把思維結構和現實結構聯繫在一起的具體性。於是邏輯的真理變成歷史的真理。本質和表象、「是」和「應當」在存有論上的張力變成了歷史的張力，而對象世界的「內在的否定性」被理解為歷史主體（與自然和社會進行鬥爭的人）的產物。理性變成歷史的理性。理性與代表現存社會力量的人和物的既有秩序相矛盾（現存社會力量揭示了這個秩序的不理性特徵），——因為「理性的」是用來減少無知、破壞、獸行及壓迫的思想及行動方式。

從存有論辯證法向歷史辯證法的轉變，把作為批判性、否定性思維的雙向度哲學思想保存了下來。但如今，本質和表象、「是」和「應當」正在社會的實際力量同潛在力量的衝突中相互對峙。而且，它們的相互對峙並不是理性和非理性、正確和錯誤的對立——因為雙方都是同一個既有領域的重要組成部分，都帶有理性和非理性、正確和錯誤的成分。奴隸可以廢除主人，也可以與他們合作；主人可以改善奴隸的生活，也可以加強對奴隸的剝削。理性的觀念涉及思想的運動和行動的運動。它是一個理論和實踐上的危機。

如果辯證邏輯將矛盾理解為「思想本性」（*zur Natur der Denkbestimmungen*）所具有的「必然性」[10]，它之所以這樣理解，是因為矛盾乃屬於思想**對象**的本性，屬於理性即非理性、非理性仍是理性的現實。與此相反，一切既定的現實都與矛盾邏輯相反——它讚許的是這樣的思維模式，這些思維模式支持那些使其再生產並改善的既有生活形式和行為方式。既定的現實有它自己的邏輯和真理；而若要理解這些邏輯和真理並超越它們，便預設了存在一種不同的邏輯，一種與其相矛盾的真理。它們屬於那些從根本結構上就是非操作性的思維模式；它們與科學和通常意義下的操作主義格格不入；它們的歷史具體性一方面與量化、數學化對立，另一方面又與實證主義和經驗主義對立。因此，就像一切非科學和非經驗的哲學一樣，這些思維模式看起來也像是過去時代的殘餘。它們在一種更有效的理性理論和理性實踐面前失去了重要性。

【注釋】

1 胡塞爾（Edmund Husserl），《形式邏輯與先驗邏輯》（*Formale und Transzendentak Logik*）（Halle: Niemeyer, 1929），特別見第42—43頁與115—116頁。

2 普蘭托（Carl Prantl）：《西方邏輯史》（*Geschichte der Logik im Abendlande*）（Darmstadt, 1957），第1卷，第135、211頁。與這種詮釋方式相反的論點，見第136頁以下。

3 但如果這個命題的**意思**是「應當」，那麼為什麼不**說**「應當」呢？為什麼否定性在肯定形式中消失殆盡了呢？邏輯的形而上學根源決定了命題形式嗎？前蘇格拉底和蘇格拉底思想早於邏輯與倫理學的分離，如果只有真的東西（邏各斯，理念）是實際**存在**的，那麼，直接經驗的實在就帶有了非存在（μὴ ὄν）的性質。然而，這個非存在是**存在**的，而且對直接經驗（對多數人而言，直接經驗是獨一無二的實在）而言，它是唯一存在的實在。由此可見，「是／存在」（is）的雙重意義表現了世界的雙向度結構。

4 請不要誤解：我不認為關於存在的問題（*Frage nach dem Sein*）及類似問題是或應該是生存性（existential）的問題。在哲學思想的發端時有意義的東西，在哲學思想的終結處可能是沒有意義的，而意義的喪失不一定可以歸咎於無力去思考。人類的歷史對「存在的問題」提出了明確的回答，並且以非常具體的語彙提出了回答，而這也證明了回答的有效性。技術領域是其中之一。進一步的討論見第6章。

5 卡普（Ernst Kapp），《傳統邏輯的希臘基礎》（*Greek Foundations of Traditional Logic*）（New York: Columbia University Press, 1942），第29頁。

6 霍克海默（Max Horkheimer）和阿多諾（Theodor W. Adorno），《啟蒙辯證法》（*Dialektik der Aufklärung*）（Amsterdam, 1947），第25頁。

7 見阿多諾，《認識論的後設批判》（*Zur Metakritik der Erkenntnistheorie*）（Stuttgart, 1956），第1章，〈邏輯絕對主義批判〉（Kritikder logischen Absolutismus）。

8 拉松（Lasson）編，《邏輯學》（*Wissenschaft der Logik*）（Leipzig: Meiner, 1923），第1卷，第32頁。

9 同前書，第38頁。

10 《邏輯學》，第1卷，第38頁。

第六章

從否定性思維到肯定性思維：技術理性與支配邏輯

在社會現實中，不管發生什麼變化，人對人的支配都是把前技術理性和技術理性聯繫起來的歷史連續體。但是，一個社會一旦謀畫並著手對自然進行技術改造，便透過把人身依附（如奴隸對主人，農奴對莊園主，貴族對領地分封者等等）逐步替換為對「事物客觀秩序」（如經濟規律、市場等等）的依賴，而改變了支配的基礎。可以肯定，「事物的客觀秩序」本身是支配的結果；但同樣真實的是，當下的支配也正在產生更高度的理性，即社會一邊維護等級結構，一邊又更有效率地剝削自然資源和智力資源，並在更大範圍內分配剝削所得。這種理性的限度及其有害力量，表現在生產機構日益增進的對人的奴役之中，而這種生產機構使人的生存鬥爭永恆化，並使它擴大為整個國際鬥爭，破壞了這個生產機構的建造者和使用者的生活。

在這個階段變得很清楚的是，體制本身的（合）理性一定出了什麼毛病。出了毛病的，是人們向來組織其社會勞動的那種方式。這在當前已不再成為問題，因為一方面偉大的企業家自己情願遵從政府的指令和規章，犧牲私人企業和「自由」競爭的利益；另一方面，社會主義建設則透過強化支配來發展。不過，問題並不到此為止。我們必須根據**發達**工業社會的現狀，對出毛病的社會組織提出進一步的解釋，而在發達工業社會中，先前那些否定的、超越性的力量已與既有體制整合在一起，並似乎在創造一種新的社會結構。

否定性向肯定性的轉化突出了下列問題：在從本質上變成極權主義的過程中，「出毛病」的組織拒絕各種替代性選擇。這是十分自然而且似乎無須進一步解釋的：人們認為現有體制的實際好處是值得捍衛的——特別是考慮到歷史的替代性選擇似乎是共產主義這個令人厭惡的力量。然而，只有對於一種不情願、也可能無力去理解正在發生什麼和為何發生的思想和行為模式來說，這才是自然的，而這種思想和行為模式除了既有的理性外，不受任何其他事物影響。思想和行為模式在多大程度上對應於既有的現實，它們就在多大程度上表現出一種對維護事實虛假秩序做出回應和貢獻的虛假意識。而這種虛假意識已經體現在流行的技術裝置之中，而流行的技術裝置又反過來再生產這種虛假意識。

我們理性地、有生產力地生活和死亡。我們知道毀滅是進步的代價，就像死亡是生活的代價一樣；節制欲念和辛勤勞動是滿足和歡樂的先決條件；我們還懂得，生意必須做下去，替代性選擇只是烏托邦。這種意識型態屬於既有的社會機構；它是該機構繼續運作的必要條件，是其合理性的組成部分。

然而，如果該機構的目的是要創造一種以人化的自然（humanized nature）為基礎的人類生活，那麼它可說違背了這個目的。如果這不是它的目的，它的合理性甚至更為可疑。但這也更合乎邏輯，因為從一開始，否定性就寓於肯定性之中，野蠻寓於人性之中，奴役寓於自由之中。這種動力不是心靈的動力，而是現實的動力，科學心靈在這種現實中曾發揮決定性的作用，將理論理性和實踐理性結合起來。

社會在不斷增長的事物和關係的技術集合體（其中包括對人的技術利用）中再生產自身，換言之，生存鬥爭、對人和自然的剝削，變得更加科學、更加理性。「理性化」（rationalization）的雙重意涵在這個脈絡下是密切相關的。勞動的科學管理和科學分工大大提高了經濟、政治和文化事業的生產力。結果是生活標準也相應提高。與此同時，並基於同樣理由，這個理性的事業產生出一種思維和行為模式，它甚至為該事業最具破壞性和壓迫性的特徵進行辯護和開脫。科學—技術的理性和操縱被熔接成一種新的社會控制形式。人們還能夠安於這樣的假設，即這種不科學的後果，是社會以某種特定的方式**應用**科學的結果嗎？我認為，哪怕預先並沒有任何實際目的，在純科學中，仍然本質上就存在以這種方式應用科學的一般方向；這一點，當理論理性轉為社會實踐時，可以得到確定。在論證這個看法時，我將簡要回顧新的理性在方法論上的起源，將其與前幾章討論的前技術模型的特徵加以對照。

導致在數學的架構內來解釋自然的量化過程，把現實與一切固有的目標分離開來；也因此把真與善、科學與倫理學分離開來。但不管科學現在如何界定自然客觀性及自然各部分間的相互關係，它都不能按照「終極因」來科學地設想自然。不管作為觀察、測量和計算核心的主體的作用多麼重要，這樣的主體都不能作為倫理、審美或政治的行動者來發揮科學作用。以理性為一方，以潛藏其下的人民（他們一直是理性的對象，但很少成為理性的主體）

的需要和願望為另一方，它們的緊張關係從一開始就存在於哲學和科學思想之中。對「事物的本質」（包括社會的本質）所作出的定義，是為了正當化壓迫甚至鎮壓，把它們當成完全合理的東西。真正的知識和理性所要求的是支配人的感覺（senses）——如果不是從中解放出來的話。邏各斯與愛洛斯的聯合，在柏拉圖那裡已經導致了邏各斯的至高地位；而在亞里士多德那裡，上帝與被上帝所推動的世界的關係，只有在類比的意義上才是「愛欲」的。邏各斯與愛洛斯之間脆弱的存有論聯繫被打破了，科學理性作為本質上中性的東西而出現。自然（包括人）所爭取的東西，只有在（物理、化學或生物的）一般運動規律的範圍內才具有科學的（合）理性。

在科學（合）理性之外，人生活在一個充滿各種價值的世界中，而從客觀現實中分離出來的價值變成了主觀的價值。為它們奪回某種抽象、安全的有效性的唯一方式，似乎只有指望形而上學的認可（神聖和自然法則）。但是，這種認可無法驗證，因此實際上不是客觀的。價值可以有一種更高的尊嚴（在道德上和精神上的），但它們不是**現實**的，因此在實際生活事務中的作用沒那麼大——它們越是**超脫**現實，起的作用就越小。

同樣的去現實化（de-realization）的傾向，也影響到一切本質上無法用科學方法來驗證的觀念。不管它們本身可以在多大程度上得到承認、重視和尊崇，它們總難免是「非客觀」的。但正是由於它們缺乏客觀性，使它們成為社會凝聚的因素。人道主義、宗教、道德的觀念只是「理想性」的；它們不會過分妨礙既有的生活方式，不會因它們與商業和政治的日常需要所支配的行為相牴觸這一事實而喪失有效性。

如果善和美、和平和正義既不能從存有論的條件中推導出來，也不能從科學理性的條件中推導出來，它們在邏輯上就無權要求普遍的有效性和實現。從科學理性的角度看，它們仍然屬於偏好（preference）的範圍；即使是重新搬出亞里士多德和阿奎那的哲學，也無法挽回這種局勢，因為它們預先就被科學理性拒絕了。這些觀念的非科學特徵，必然削弱與既有現實的對立；觀念變成了單純的**理想**，而它們具體的、批判的內容則消散到倫理或形而上學的氛圍之中。

然而，弔詭的是，只具備可量化特徵的客觀世界，在其客觀性方面變得越來越依賴於主體。這個漫長的過程開始於幾何學的代數化，它用純粹思維的操作取代「可見的」幾何圖形。在當代科學的哲學（scientific philosophy）的某些概念中，它以最極端的形式出現；根據這些概念，所有物理學問題都傾向於放在數學或邏輯的關係中解決。與主觀實體相對立的「客觀實體」（objective substance）這個概念本身似乎瓦解了。科學家和科學哲學家從相當不同的角度提出了類似的假說，來排除某些特殊類型的實體。

比如說，物理學「並不測量外部物質世界的客觀性質，那些性質只是完成這類操作後的結果」。[1]客體只是以「方便的中介」（convenient intermediaries）、過時的「文化論斷」

（cultural posits）的方式而繼續存在。[2]事物的稠密性和不透明性消散了：客觀世界失去它那「令人不愉快」的特徵，失去和主體對立的特性。撇開畢達哥拉斯—柏拉圖式形而上學的詮釋不談，數學化的自然、科學的實在看來就是理念的實在。

這是一些極端主張，它們受到比較保守的詮釋方式的拒斥，這些保守的詮釋方式堅持認為當代物理學中的命題仍然指涉「物理事物」。[3]但物理事物實際上是「物理事件」，因而物理命題指涉（而且**只**指涉）各種物理事物和過程特有的屬性和關係。[4]麥克斯・波恩（Max Born）寫道：

> ……相對論……絕沒有放棄試著把屬性歸於物質……但一個可測量的量往往不是物的屬性，而是該物與它物的**關係**的屬性……物理學中大多數的測量都不直接與我們感與趣的物有關，而是與某種投射（projection）（取該字最廣泛的意義）有關。[5]

海森堡（Werner Heisenberg）也說：

> 我們在數學上確立的東西只有少部分是「客觀的事實」，大部分都是對各種可能性的調查。[6]

「事件」、「關係」、「投射」、「可能性」只有對某個主體而言，才能有客觀的意義——不僅就可觀察性和可測量性來說是如此，對事件或關係的結構本身來說也是如此。換言之，這裡涉及的主體是一個**構成性**（constituting）的主體，也就是說，是一種必須或能夠將某種**資料**理解為事件或關係的主體。假如真是如此，萊欣巴哈（Hans Reichenbach）的說法仍然正確：物理學的命題無須涉及**實際**的觀察者就可以加以表述，而「觀察引起的干擾」不是源於人類觀察者，而是源於作為「物理物體」的觀察工具。[7]

當然，我們或許可以確信，數學物理所建立的方程式表達（表述）了原子的實際組態，即物質的客觀結構。如果不考慮任何主體「以外」的觀察和測量，A可能「包括」B、「先於」B、「導致」B；B可能「在C之間」、「大於」C等等——這些關係仍然可能意謂在A、B、C的差異中的位置、差異和同一。因此它們也意謂有能力在差異中達到同一，以某種特殊方式與他物發生關係，排斥其他關係，如此等等。只是說，這種能力只存在於物質本身，而物質本身客觀上又屬於心靈結構——這是一種含有強烈唯心主義色彩的詮釋：

> 無生命的物體毫不猶豫、準確無誤地直接依據其生存方式來整合它們一無所知的方程式。從主觀上看，自然並不屬於心靈，她並不按數學範疇來思考。但從客觀上看，自然卻屬於心靈，人可以按數學範疇來思考她。[8]

波普（Karl Popper）提出了唯心主義色彩不那麼強烈的說法。[9]他認為，物理科學在歷史發展中，揭示和界定了同一個客觀實在的不同層次。在這個過程中，已在歷史上被超越的那些概念正被取消，其意圖正被整合進那些繼起的概念——這個詮釋方式似乎意謂，這個過程是朝著實在的真正內核（即絕對真理）逼近。否則，實在就會是沒有內核的洋蔥，而「科學真理」這個概念本身也將岌岌可危。

我並不是說，當代的物理學哲學否定、甚至質疑外部世界的真實性；我的意思是說，它擱置了對「實在本身可能是什麼」的判斷，或是認為這個問題毫無意義、無法回答。一旦這種擱置成為一種方法論原則，就會具有如下雙重效果：(a)它加速理論重點從形而上學的「……是什麼？」轉移至功能性的「如何……？」；(b)它建立起一種實作上（雖然並非絕對）的確定性，這種確定性，在其物質操作中，安然自得地擺脫了操作脈絡以外的實體的約束。換言之，從理論上看，人和自然的改造所受到的唯一客觀限制，只有冷酷的物質事實性及其對知識及控制的不受掌控的抵制所產生的限制。這個概念在多大程度上成為變得真的可應用且有效果，現實就在多大程度上被當作一種（假說性質的）工具系統來處理；形而上學的「存在本身」（being-as-such）的問題，也就在多大程度上讓位給「存在工具」（being-instrument）的問題。此外，這個概念的有效性得到證明後，便作為一種**先驗**的東西起作用——它預先決定了經驗，**擘劃**了改造自然的方向，並對整體進行組織。

我們在上面看到，當代科學哲學似乎正跟某種唯心主義成分鬥爭；而在其極端的表述中，它似乎正危險地接近某種唯心主義的自然概念。然而，這個新的思維模式再次使唯心主義「站穩腳跟」。黑格爾曾經這樣簡述唯心主義的存有論：如果理性是主體和客體的共通點，它是作為**對立面**的綜合（synthesis）而存在的。因此，存有論掌握了主客體間的**緊張關係**；它充滿了具體性（concreteness）。理性的現實（reality of Reason）是這種緊張關係在自然、歷史和哲學中的表現。因此，就連為極端的一元論體系，都堅持這樣的概念：實體是在主客體中開展自身的。這是一種對抗性現實（antagonistic reality）的概念。科學精神則在逐漸削弱這種對抗性。現代的科學的哲學完全可以從思維物（*res cogitans*）和擴延物（*res extensa*）這兩種實體的觀念出發，但一旦擴延物能用數學公式來理解，而轉化為技術的數學公式又「重塑」了擴延物，擴延物就會喪失其作為獨立實體的特性。

> 那種把世界劃分為時空中的客觀過程和反映它們的思維的舊觀點，換言之，那種思維物和擴延物的笛卡兒式區分，再也不是我們理解當代科學的恰當出發點了。[10]

對世界的笛卡兒式劃分，也被人以子之矛攻子之盾。胡塞爾指出，笛卡兒式的自我歸根究柢並不真的是一種獨立的實體，毋寧說是量化的「殘餘」或極限；伽利略把世界視為「普遍的、絕對純粹的」**擴延物**的想法，似乎**預先**支配了笛卡兒式的概念。[11]在這種情況下，笛卡兒式的二元論是靠不住的，笛卡兒那種思維著的自我實體，將類似於**擴延物**，預見某種可供量化觀察和測量的科學主體。笛卡兒的二元論已經隱含了對自身的否定；它將掃清而不是阻擋建立單向度科學世界的道路，在這個世界中，自然「在客觀上屬於心靈」，也就是屬於主體。而這個主體又以非常特殊的方式與它的世界發生關係：

> 自然被置於主動的、給自然打上技術烙印的人的記號之下。[12]

自然科學是在把自然當成潛在的工具、控制和組織的材料的**技術**先驗條件（*technological a priori*）下得到發展的。把自然理解為（假說性質的）工具，要**先於**各種特殊技術組織的發展：

> 現代人把整個存在（Being）視為生產的原料，並使整個對象世界隸屬於生產（*Herstellen*）的擴張範圍和規則……。機器的使用和機器的製造並不是技術本身，而僅僅是一種在其客觀的原料中實現（*Einrichtung*）技術本質的合適手段。[13]

由於對自然的改造涉及了對人的改造，由於「人的創造物」出自社會整體又返歸社會整體，故技術先驗條件就是一種政治先驗條件。人們仍然可以堅持認為，技術世界的機械系統「本身」對政治目的是漠不關心的，它可以徹底變革社會，也可以阻礙社會的發展。電腦可以為資本主義管理服務，也可以為社會主義管理服務；迴旋加速器（cyclotron）對好戰派或和平派可以是同樣有效的工具。馬克思在他那句引起爭議的文字中，對這種中立性提出了異議：「手推磨產生的是封建主為首的社會，蒸汽磨產生的是工業資本家為首的社會。」[14] 馬克思這句話又在馬克思主義理論中得到進一步修正：基本歷史因素是社會生產方式，不是技術。然而，當技術成為物質生產的普遍形式時，就制約了整個文化；它擘劃出一種歷史總體性，一個「世界」。

我們能說科學方法的演變僅僅「反映」了工業文明進程中自然實在向技術實在的轉化嗎？要以這種方式來闡述科學和社會的關係，就要假定兩個相互影響又各自獨立的領域和事件，即(1)科學和科學思想，連同它們的內部概念和內部真理；(2)科學在社會現實中的用途和應用。換言之，不管這二者的發展之間的聯繫有多緊密，兩者都不蘊含和界定彼此。純科學不是應用科學；純科學獨立於對它的利用，保留了自己的同一性和有效性。此外，這種「科學本質上是**中性**的」的觀念又擴大到技術範圍。機器對它的社會用途漠不關心，只要這些用途仍然在其技術能力所及的範圍內。

從科學方法固有的工具主義特徵來看，這種詮釋似乎是不充分的。在科學思想與其應用之間，科學論述領域與日常論述和日常行為領域之間，似乎流行著一種更密切的關係——一種雙方在相同的支配邏輯和支配理性之下發展的關係。

在一種弔詭的發展中，科學雖然試圖建立嚴格的自然客觀性，但卻使自然日益非物質化（de-materialization）：

「如其所是（as such）地存在著的無限自然」的觀念，這個我們必須拒絕的觀念，是現代科學的神話。科學是透過消滅中世紀的神話而起步的。但現在，科學迫於自身的一致性而瞭解到，它不過建立了另一種不同的神話。[15]

這個從消滅獨立實體和終極因開始的進程，實現了客觀性的觀念化（ideation）。不過，這是一種非常特殊的觀念化，在其中，客體在與主體的一種相當**實作性質**（practical）的關係中構成了自我：

什麼是物質？在原子物理學中，物質是由其對人類實驗可能的反應方式，由其所服從的數學（即思想）規律來定義的。我們正在把物質定義為可能由人加以操縱的對象。[16]

如果真是如此，那麼科學本身已完全變成了技術：

> 實用科學擁有與技術時代相適應的自然觀。[17]

這種操作主義在多大程度上成為科學事業的中心，理性就在多大程度上採取有系統的建構（methodical construction）的形式；把物質當成控制的材料當成來加以組織和操縱，把物質當成服務一切意圖和目標的工具，也就是「純粹」的工具。

對待工具的「正確」態度是**技術**態度，而正確的邏各斯是**技術學**（techno-logy），它是對技術現實的擘劃和反應。[18]在技術現實中，物質和科學都是「中性」的；客觀性本身沒有目的，也不是為了某個目的而構造的。不過，正是這種中性特徵，把客觀性和特定的歷史主體聯繫起來，也就是和流行於社會中的意識聯繫起來，而這種中性恰恰是透過這個社會並為了這個社會而確立的。它在構成新理性的抽象過程中發揮作用——作為一種內在的而不是外在的因素發揮作用。純粹的和應用的操作主義，理論的和實踐的理性，科學的和商業的事業都在把第二性質化約為第一性質，對「特殊類型的實體」進行量化和抽象。

誠然，純科學的理性是價值無涉（value-free）的，它並不規定任何實踐的目的，因此，對任何可能強加給它的外來價值而言，它都是「中性」的。但這種中性是一種**肯定**

（positive）的性質。科學理性之所以有利於某種特定的社會組織方式，正是因為它擘劃出能夠在實踐上順應各種目標的純粹形式（或純粹物質——在這裡，本來互相對立的兩個詞匯集在一起了）。形式化和功能化就是具體社會實踐的「純粹形式」，比任何應用都還要優先。科學使自然脫離了固有的目標，並只讓物質留下可量化的特性；同樣地，社會也使人擺脫了「自然」的人身依附，並按照可量化的特性把人相互聯繫起來，也就是把他們當作可按單位時間計算的抽象勞動力單位。「由於勞動方式的理性化，對於質（qualities）的排除便從科學領域轉向了日常經驗領域。」[19]

科學的量化過程和社會的量化過程之間，有平行關係和因果關係嗎？還是說，它們的聯繫只是社會學事後諸葛的結果？前面的討論已指出，新的科學理性在其抽象及純粹方面完全是操作性的，因為它是在工具主義的視野內發展的。觀察和實驗，對材料、命題、結論的條理化組織和調整，都不是在無結構的、中性的理論空間內進行的。認知（cognition）的計畫涉及了對出現在既定論述和行動領域的客體所進行的操作和抽象。科學就是從這個領域的某個既定位置出發，來進行觀察、計算和理論化的。伽利略觀察的星體和古典古代（classical antiquity）的星體是一樣的，但不同的論述和行動領域（簡言之，不同的社會實在）卻開啟了新的觀察角度和範圍，揭示了整理觀察數據的多種可能性。這裡我並不關心科學理性和社會理性在現代之初的歷史關係。我的目的是闡明這種科學理性**內在**的工具主義特徵，從因為有特徵，使科學理性成為一種先驗的技術和某種**特定**技術的先驗條件，而這種特定的技術，就是作為社會控制和支配形式的技術。

現代科學思想由於是純粹的，故不考慮特定的實踐目標或特定的支配形式。但是，並不存在「純粹的支配」這樣的東西。隨著理論的進步，它便抽象掉或拒絕一種實際的目的論脈絡（teleological context），也就是既有的、具體的論述和行動領域的脈絡。科學計畫出現與否，理論是否設想可能的替代選擇，其假說推翻抑或擴展既存的現實，都是在這個領域內發生的。

現代科學原則是以這種方式**先驗**地建構起來的：它們可以成為一個自我推進、有效控制的領域中的概念工具；理論上的操作主義與實踐上的操作主義漸趨一致。導致對自然進行更加有效的支配的科學方法，**透過**對自然的支配，而逐步為更加有效的人對人的支配提供純粹概念和工具。理論理性雖然保持著純粹和中性，但已經參與實踐理性的事業。兩者的合併證明對雙方都有益。如今，支配不僅「透過」技術，更「**作為**」技術來自我鞏固和擴張；而技術為擴張的政治權力提供了高度的正當性，而政治權力已併吞了所有文化領域。

在這個領域內，技術也使人的不自由得到高度的合理化，並證明，人要成為自主的人、要決定自己的生活，在「技術上」是不可能的。因為這種不自由看起來既不會不理性，也不具有政治性，而是對擴大舒適生活、提高勞動生產力的技術機構的順從，因此，技術理性是保護而不是取消了支配的正當性，而理性的工具主義視野則通往一個理性的極權主義社會：

> 人們或許會把這樣的技術哲學稱作專制（*autocratique*）的哲學：它把技術總體視為一個用機器來獲取權力的場所。機器只是一種手段；目的是透過根本的奴役來征服自然、馴化自然力量：機器是一個使他人成為奴隸的奴隸。這樣一種專橫的、奴役的動力，或許可以與對人類自由的追求攜手並進。但是，人們很難透過把奴隸狀態轉嫁給其他存在物、人、動物或機器而自我解放；對奴役整個世界的機器進行統治，仍然意味著統治，而一切統治都意謂接受奴役模式（*schèmes d'asservissement*）。[20]

不斷進步的技術動力已經充滿了政治內涵，技術的邏各斯被轉變成持續不斷的奴役狀態的邏各斯。技術的解放力量（使事物工具化）成為解放的桎梏；人也工具化了。

這種詮釋方式，把**先於**一切應用和利用的科學計畫（方法和理論）和特定的社會計畫聯繫在一起，而且可以在科學理性的內在形式之中（也就是概念的功能特性中）看出這種聯繫。換言之，科學領域（不是針對物質、能量及其相互關係的結構等的特定命題，而是將自然擘劃為可量化的物質，能引導對客觀性進行的理論探討和數理邏輯表達）是具體社會實踐的視界，且將在科學計畫的發展中受到**維護**。

但即使我們承認科學理性內在的工具主義特性，這個假定仍未確立起科學計畫的**社會學**有效性。假使最抽象的科學概念的形成仍保留了主客體在既有論述和行動領域中的相互關係，那麼，理論理性和實踐理性的聯繫就可以按不同方式來理解。

皮亞傑（Jean Piaget）在他的「發生認識論」（genetic epistemology）中提出了這種不同的詮釋。他根據對主客體一般關係的不同抽象方式，來詮釋科學概念的形成。抽象既不從單純的客體著手，以致主體只起觀察和測量的中立點的作用；也不從作為純粹認知理性媒介的主體著手。皮亞傑對數學和物理學中的認知過程作了區分。數學的認知過程是在「行動本身的內部」進行的抽象：

> 同通常的說法相反，數學實體不是依據客體而進行的抽象的結果，而是在行動本身的內部進行抽象的結果。與思考、推動（*pousser*）等相比，收集、整理、運動等是更普遍的行動，因為後者堅持一切特殊行動的自我協調，也因為它們作為一種協調因素而進入了每個行動。[21]

因此，數學命題表達的是「對客體的普遍適應」（*accommodation générale à l'objet*）——與物理學中的真實命題特有的個別適應（particular adaptation）形成對比。邏輯和數理邏輯是「針對任一客體的一項行動，也就是說，是一種具有普遍形式的行動」；[22]而且，這種「行動」是普遍有效的，因為：

這種抽象或分化延伸到遺傳協調的核心，因為行動的協調機制在根源上總是被反射的和本能的協調所束縛。[23]

在物理學中，抽象是從客體著手的，但卻被歸為主體方面的特定行動，因此，抽象必然要採取一種邏輯—數學的形式，因為：

唯有當個別行動之間取得了某種協調，且這種協調的本質是邏輯—數學的，個別行動才會導致知識。[24]

物理學中的抽象必然重新帶來邏輯—數學抽象，而後者作為純粹的協調因素，是行動（「行動本身」）的普遍形式。這種協調構成了客觀性，因為它保留了遺傳的、「反射的和本能的」結構。

皮亞傑的詮釋承認理論理性有內在的實踐特徵；但他是從某種普遍的行動結構推導出這點的，而這樣的行動結構，歸根究柢，是遺傳的、生物學的結構。這樣一來，科學方法最終必須依賴超歷史（supra-historical）（或次歷史〔infra- historical〕）的生物學基礎。此外，即使承認一切科學知識都以個別行動的協調為前提，我仍然看不出為什麼這種協調「本質上」就是邏輯—數學的——除非「個別行動」是當代物理學的科學操作，在這種情況下，詮釋才會是循環性的。

和皮亞傑心理學和生物學色彩相當濃厚的分析相反，胡塞爾提出了一種聚焦於科學理性的社會—歷史結構的發生認識論。此處，我將參照胡塞爾的著作[25]，但範圍僅限於它強調現代科學一定程度上是作為其活動領域的前定（pre-given）歷史現實的「方法論」。

胡塞爾以下述事實為出發點，即自然的數學化導致了有效的實踐知識：建立起一個「觀念」（ideational）性的實在，它可以有效地與**經驗**實在「聯繫」起來（第十九、四十二頁）。但科學成就可以回溯到一種**前**科學的實踐，這樣的實踐構成了伽利略時代的科學的原初基礎（「意義基礎」〔*Sinnesfundament*〕）。這個在實踐世界（「生活世界」〔*Lebenswelt*〕）中曾決定理論結構的前科學基礎，並沒有受到伽利略的質疑；不僅如此，它還被科學的進一步發展所遮蔽（*verdeckt*）。結果便產生了如下幻想：自然的數學化創造出一種「自主（*eigenständige*）的絕對真理」（第四十九頁），但事實上，它依然是一種為生活世界服務的特定方法和技術。因此，數學科學的觀念外衣（*Ideenkleid*）是一種**符號**外衣，它一方面再現（*vertritt*）生活世界，一方面又掩飾（*verkleidet*）生活世界（第五十二頁）。

在科學的概念結構中被保存下來的原初的、前科學的意圖和內容是什麼呢？實際的**測量**揭示了使用某些基本形式、型態和關係的可能性；這些形式、型態和關係通常「可當作同一種精確測定和計算經驗對象及關係的手段來使用」（第二十五頁）。通過各種抽象和概括，科學方法保留（並掩飾）了它的前科學技術結構；而前者的發展是對後者的發展的再現（和掩飾）。因此，古典幾何學「觀念化」（idealize）了調查和測量土地的實踐（*Feldmesskunst*）。幾何學是在實踐上進行對象化（practical objectification）的理論。

當然，代數學和數理邏輯擺脫了生活世界及生活其中的主體的無法計算的不確定性和特殊性，從而建構了一個絕對的觀念實在。然而，這種觀念建構不過是對新的生活世界進行「觀念化」的理論和技術。

> 在數學實踐中，我們達到了在經驗實踐中達不到的東西，即精確性。因為，用**絕對的同一性**來確定理想形式是可能的……由此一來，它們便普遍變成得心應手的東西了……（第二十四頁）。

觀念世界與經驗世界的協調（*Zuordnung*），使我們能夠去「擘劃預期中的實際生活世界的規律性」：

> 一旦人們擁有這些公式，人們就會擁有在實踐中渴望的先見之明……

——也就是對在具體生活經驗中期待的東西具有先見之明（第四十三頁）。

胡塞爾強調數學精確性和可替換性所具有的前科學、技術的意涵。這些現代科學的核心觀念，不僅僅是純科學的副產品，而是與其內在概念結構有關。從具體事物中進行科學抽象，將質加以量化、以產生精確性和普遍有效性，這些都牽涉到生活世界的特定具體經驗，牽涉到特定的「觀看」世界的方式。儘管具有「純粹」的、置身事外的特點，這種「觀看」畢竟是在有目的的、實作性質的情境中觀看。觀看即是預見（*Voraussehen*），即是擘劃（*Vorhaben*）。伽利略的科學是有步驟、有系統地預期和擘劃的科學。但重要的是，這是一種特定的預期和擘劃，能根據完全等同的單位間可計算、可預測的關係來體驗、掌握和塑造世界。在這種擘劃中，普遍的可量化性是**支配**自然的前提。個別的、無法量化的性質會阻礙根據從人和物中萃取出的可測量的力量來對人和物進行的組織。但這是一項特定的、社會—歷史的擘劃，而從事這項擘劃的意識是伽利略式科學的隱蔽主體：後者是無窮延伸的預見（*ins Unendliche erweiterte Voraussicht*）的技術和藝術（第五十一頁）。

正因為伽利略式的科學在其概念形成方面是特定生活世界的技術，所以它沒有也無法超越生活世界。它本質上仍然停留在基本的經驗框架之內，停留在這個現實所規定的各種目標的範圍之內。借用胡塞爾的說法，在伽利略式的科學中，「具體的因果領域變成了應用數學」（第一百一十二頁）——但感知（perception）和經驗的世界是我們在其中度過整個實踐生活的世界；在其本質結構中，在其自身**不變**的具體因果關係中，它始終保持原狀……（第五十一頁，重點為我所加。）

這是一種容易遭人輕視的、帶有挑戰性的主張。我冒昧提出一種可能有點牽強的解釋。但這種主張並不只是指涉如下事實，即儘管有非歐幾何存在，我們仍然是在三度空間之內感知和行動；或者，儘管有「統計」式的因果性概念，我們仍然是按照常識、按照「舊」的因果法則來行動。我的主張與作為「應用數學」結果的日常生活世界的不斷變化也不相矛盾。還有更多重要的東西：既有的科學和科學方法的固有限度。由於有這樣的限度，既有的科學和科學方法使現存的生活世界得到延伸、保證和合理化，但又不會更動其存在結構——也就是說，**不會展望一種全新的「觀看」的方式**，和全新的人與人、人與自然的關係。

對於已制度化的生活形式，（純粹的和應用的）科學具有一種穩定化、靜態和保守的功能。就連它最具革命性的成就，也只是與現實的特定經驗及組織並行不悖的建設和破壞。科學的不斷自我糾正（對那些融入其方法的假說進行革命）本身就推進和擴展了同一個歷史領域、同一種基本經驗。它還保留著同一種**先驗**形式，有利於某種非常物質、實作性質的內容。胡塞爾的詮釋絕沒有輕視伽利略式科學帶來的根本變化，他特別強調與前伽利略傳統的徹底斷裂；思想的工具主義視界確實曾是一種新的視界。它創造出一個新的理論理性和實踐理性的世界，但是它仍然受到特定歷史世界的制約。這個世界具有顯而易見的限度——不管在理論上或實踐上，在純粹方法或應用方法方面都是如此。

上述討論似乎不僅指出科學方法的內在限制和成見，還指出其歷史的主觀性。此外，它似乎暗示我們需要某種「質性物理學」，需要復興目的論哲學等等。我承認這種懷疑是正當的，但在這裡，我只能強調我並不主張這種蒙昧主義的觀點。[26]

不管人們如何定義真理和客觀性，它們都與理論和實踐的行動者相關，與他們理解和改造世界的能力相關。這種能力又取決於：物質（無論它可能是什麼）在多大程度上是按照其各個個別形式中的本來面目而被認識和理解的。在這些條件下，當代科學所具有的客觀有效性遠非它的先行者可及。甚至可以進一步說，現在，科學方法是唯一可以宣稱這種有效性的方法；理論假說和可觀察事實的交互作用使這些假說生效，並確認了事實。我力圖指出的是，**透過其自身的方法**和概念，科學已經擘劃和創立起這樣一個領域，在其中，對自然的支配依然與對人的支配聯繫在一起——這種聯繫對整個領域來說可能帶來災難。從科學的角度加以掌握和控制的自然，重新出現在生產和毀滅的技術機構中，這些技術機構在維繫並改善個人生活的同時，又使他們服從於機構的控制者。於是，理性的等級制（hierarchy）與社會的等級制融為一體。如果真是如此，那麼，進步方向的變化（這樣的變化有可能切斷這種致命的聯繫）就會影響到科學的結構本身，也就是科學的擘劃。科學的假說不會失去理性的特徵，但將在一種根本不同的實驗環境（一個和平的世界）中發展，隨之而來的是，科學將獲得完全不同的自然概念，並確立完全不同的事實。理性／合理（rational）的社會將顛覆理性（Reason）的觀念。

我已指出，這種顛覆性的元素，也就是另一種「理性」的觀念，打從一開始就出現在思想史中。在古代的國家觀念中，存在得到實現，實然與應然的緊張關係在一種永恆回歸的迴圈中得到解決，而這種國家觀念已經帶有支配的形而上學色彩。但它也是一種解放的形而上學，將邏各斯和愛洛斯加以調和。在這種觀念的設想中，理性的壓抑性生產力將趨於停息，「在心滿意足之中進行支配」（domination in gratification）的狀態也將終結。

這兩種形成強烈對比的理性，不能簡單地把它們分別和古典思想、現代思想聯繫在一起，像杜威（John Dewey）所說的「從思辨的樂趣到積極的操縱和控制」，「認識活動本來是對自然性質進行審美的滿足……後來卻變成一種世俗的控制手段」。[27]古典思想對世俗控制的邏輯是高度肯定的；現代思想中也有足以反駁杜威說法的控訴成分和拒絕成分。理性，作為概念性的思想和行為，必然是控制和支配。邏各斯即是以知識為基礎的法則、規則和秩序。在把特殊事例涵攝（subsume）在普遍性之下並使之服從於普遍性的過程中，思維實現了對特殊事例的控制。思維不僅能掌握它們，還能影響它們。然而，雖然一切思維都受到邏輯規則的統治，但這種邏輯的發展，在不同思維模式中是有區別的。古典形式邏輯和現代符號邏輯，超驗邏輯和辯證邏輯——每種邏輯都支配了不同的論述和經驗領域。它們都是在自己讚美的支配的歷史連續體之中發展的。這種連續體將順從主義和意識型態的特徵賦予了肯定性思維，而把思辨和烏托邦的特徵賦予了否定性思維。

概括一下，我們現在可以更清楚地辨識出科學理性的隱蔽主體和隱藏在其純粹形式中的目標。那種關於「可普遍控制的自然」的科學概念，把自然擘劃為不斷作用著的物質，只不過是理論和實踐的材料。在這種形式中，客體世界開始建立起一種技術領域——一種精神和物質工具、純粹手段的領域。因此，它的確是一個「假說」系統，有賴於某種進行確認（validating）和驗證（verifying）的主體。

確認和驗證的過程或許是純理論的過程，但絕不可能發生在真空之中，也絕不限於私人的、個人的心靈。形式和功能的假說系統有賴於另一個系統——亦即一個預先建立起來的目標領域，假說系統在其中並**為其**而發展。那些曾經在理論擘劃之外的外來事物，今天成為其結構（方法和概念）的組成部分；純粹客觀性成為了某種**主體性的客體**（object for a subjectivity），而主體性則提供了目的（Telos）。在技術現實的建構中，不存在「純粹理性的科學秩序」這種東西；技術理性的進程就是政治的進程。

只有在技術的中介中，人和自然才變成可以替換的組織對象。把他們統攝於其下的那些機構的普遍有效性和生產力，掩蓋了組織這些機構的特殊利益集團。換言之，技術已經變成物化——最成熟、最有效的物化——的重要工具。個人的社會位置及其與他人的關係，似乎不僅受到客觀性質和規律的支配，就連這些性質和規律似乎也喪失了神祕性和無法駕馭的特徵；它們成為（科學）理性的可靠證明。這個世界傾向於變成全面管理的材料，就連管理者也包括在內。支配的羅網已變成理性自身的羅網，這個社會也深陷其中，無從逃脫。超越性的思維模式似乎會超越理性自身。

在這些條件下，物理科學之外的科學思想（廣義下的「科學」，對立於混亂、形而上、情感、不合邏輯的思想）一方面採取了純粹的、自足的形式主義（符號主義）的形式，另一方面又採取了一種整體的經驗主義形式。（兩者並不牴觸。請看數學和符號邏輯在電子工業中的經驗應用。）對既有的論述和行動領域而言，無矛盾（non-contradiction）和非超越（non-transcendence）是其共同特徵。在當代哲學中，整體的經驗主義展示了它的意識型態功能。下一章將討論與這種功能有關的語言分析的某些面向。之所以要討論，是為了揭示下述障礙打下基礎：這些障礙讓上述的經驗主義無法把握現實，也無法建立（或重新建立）有可能突破這些障礙的概念。

【注釋】

1 丁格勒（Herbert Dingler），《自然》（*Nature*），168卷（1951年），第630頁。

2 蒯因（W. V. O. Quine），《從邏輯的觀點看》（*From a Logical Point of View*）（Cambridge, Harvard University Press, 1953）。蒯因談到「物理客體／對象的神話」（myth of physical objects）時說：「從認識論的立場看，物理客體／對象和（荷馬的）諸神只有程度的不同，而不是種類的不同」（同上）。但是，物理客體／對象的神話在認識論上具有優越性，「因為它作為一種把可加以處理的結構（manageable structure）整合進經驗之流中的手段，已證明比其他神話更有效」。根據「有效」、「手段」和「容易處理」來評估科學概念，便揭示了科學概念的操縱—技術成分。

3 萊欣巴哈（Hans Reichenbach），載弗蘭克（Philipp G. Frank）編，《科學理論的確證》（*The Validation of Scientific Theories*）（Boston: Beacon Press, 1954），第85—86頁（轉引自Adolf Grünbaum）。

4 格律恩堡（Adolf Grünbaum），同前書，第87—88頁。

5 《科學理論的確證》，第88—89頁（重點為我所加）。

6 〈論「封閉理論」的概念〉（Über den Begriff 'Abgeschlossene Theorie'），載《辯證法》（*Dialectica*），1948年，第2卷，第333頁。

7 《科學理論的確證》，第85頁。

8 魏茨澤克（C. F. von Weizsäcker），《自然史》（*The History of Nature*）（Chicago: University Chicago Press, 1949），第20頁。

9 見梅思（C. A. Mace）編，《本世紀中葉的英國哲學》（*British Philosophy in the Mid-Century*）（N.Y.: Macmillan, 1957），第155頁以下；另見本格（Mario Bunge），《後設科學質疑》（*Meta-scientific Queries*）（Springfield, Ill.: Charles C. Thomas, 1959），第108頁以下。

10 海森堡（W. Heisenberg），《物理學家的自然概念》（*The Physicist's Conception of Nature*）（London: Hutchinson, 1958），第29頁。海森堡在他的《物理學與哲學》（*Physics and Philosophy*）（London: Allen and Unwin, 1959）中寫道：「對原子物理學家來說，如果他終究要使用『物自身』這個概念的話，那麼，物自身歸根究柢是一個數學結構；不過和康德的觀點相反，這種結構是間接地從經驗中演繹出來的。」

11 比默（W. Biemel）編，《歐洲科學的危機和超驗現象學》（*Die Krisis der Europäiscken Wissenschaften und die transzendentale Phänomenologie*）（Haag: Nijhoff, 1954），第81頁。

12 巴舍拉（Gaston Bachelard），《當代物理學中的理性活動》（*L'Activité de la physique contemporaine*）（Paris: Presses Universitaires, 1951），第7頁。參見馬克思和恩格斯，《德意志意識型態》，第163—164頁。

13 海德格（Martin Heidegger），《林中路》（*Holzwege*）（Frankfurt: Klostermann, 1950），第266頁以下。另見海德格，《講演與論文集》（*Vortäge und Aufsätze*）（Pfüllingen: Günther Neske, 1954），第22—29頁。

14 見馬克思，《哲學的貧困》（New York, 1963），第109頁。

15 魏茨澤克：《自然史》，第71頁。

16 魏茨澤克：《自然史》，第142頁（重點為我所加）。

17 同前書，第71頁。

18 我希望我不會被誤解為在暗示數學物理學概念是被當成「工具」來設計的，或它們有某種技術的、實踐的目的。應該說，技術是對科學在其中活動並將自己建構為純科學的那個世界的先驗「直覺」或理解。純科學仍然受制於先驗設定，並從中進行抽象。這一點在談到數學物理學的工具主義視野時，或許會更清楚。見巴舍拉（Suzanne Bachelard），《理性的意識》（*La Conscience de rationalité*）（Paris: Presses Universitaires, 1958），第31頁。

19 霍克海默和阿多諾，《啟蒙的辯證》，第50頁。

20 西蒙頓（Gilbert Simondon），《技術對象的存在方式》（*Du Mode d'existence des objets techniques*）（Paris, Aubier, 1958），第127頁。

21 《發生認識論導論》（*Introduction à l'épistemologie génétique*）（Paris: Presses Universitaires, 1950），第3卷，第287頁。

22 同前書，第288頁。

23 同前書，第289頁。

24 《發生認識論導論》，第3卷，第291頁。

25 《歐洲科學的危機和超驗現象學》。

26 見本書第9章和第10章。

27 杜威（John Dewey），《確定性的尋求》（*The Quest for Certainty*）（New York: Minton, Balchco., 1929），第95—100頁。

第七章

肯定性思維的勝利：單向度哲學

思想的再界定（redefinition）有助於使心靈的操作和社會現實中的操作相協調，而治療（therapy）是其目的。當思想不再逾越一種要不是純公理的（數學和邏輯）、就是與既有論述和行動領域共存的概念框架時，思想便與現實處於同一水平。因此，語言分析聲稱要治療思想和言語，使其不受令人混淆的形而上學觀念的影響——以往那些較不成熟、較不科學的時代留下的「幽靈」，這些幽靈儘管既無所指又無法解釋，卻仍然縈繞著人的心靈。這裡的重點是哲學分析的**治療**（therapeutic）功能——糾正思想和言語中的反常行為，排除或至少揭露各種含糊、幻想和怪癖的成分。

在第四章中，我曾經討論社會學在揭露和糾正工廠中的反常行為方面所表現出來的治療性經驗主義（therapeutic empiricism），這種程序排除掉了那些能把反常行為和整個社會聯繫在一起的批判性概念。由於有這種限制，理論的程序立即變成了具有實踐性質的東西。它設計出更好的管理方法，更安全的計畫，更高的效率，更嚴密的計算。通過糾正和改進，這種分析便以肯定（affirmation）而告終；經驗主義證明自身是肯定性的思維。

但哲學分析無法這樣直接應用。與社會學和心理學的成就相比較，對思想的治療仍然是學術性的。沒錯，精確的思維，從形而上學的幽靈和無意義的觀念中解放出來，本身就可能被視為目的。此外，語言分析如何處理思想，是它自己的事情、自己的權利。不能因為我們認為「反對在概念上超越既有的論述領域」和「反對在政治上超越既有的社會」有關聯，就過早評判它的意識型態性質。

像任何名符其實的哲學一樣，語言分析會自圓其說，並界定自己對現實的態度。它認為自己的主要宗旨是拆穿超越性（transcendent）的概念；它宣稱自己的參照系是語詞的日常用法，是各種流行的行為。它以這些特點，將自己的立場限制在哲學傳統之內，也就是說，堅決反對那些在與流行論述與行為領域的對立甚至矛盾中闡述其概念的思維模式。

從既有領域的角度看，這類相互矛盾的思維模式就是否定性的思維。「否定的力量」（the power of the negative）是支配概念發展的原則；而矛盾則是理性的特有性質（黑格爾）。思想的這種性質並不限於某種理性主義；它也曾是經驗主義傳統中的決定性要素。經驗主義不必然是肯定性的；它對既有現實的態度，取決於起著知識來源和基本參照系作用的特殊經驗**向度**。比如說，感覺論（sensualism）和唯物主義對無法滿足生命本能和物質需要的社會，似乎從根本上採取了否定的態度。相比下，語言分析的經驗主義則是在不允許這種矛盾存在的框架內活動——針對流行行為的領域強加限制，有助於產生一種內在的肯定態度。儘管哲學家們嚴守中立觀點，但事先就受到約束的分析仍然會屈從於肯定性思維的力量。

在指出語言分析的內在意識型態性質之前，我必須簡短討論「肯定的」（positive）和「實證主義」（positivism）這兩個詞彙的起源，來替我對這兩個詞彙似乎隨意且貶義的使用方式進行辯護。自從「實證主義」一詞第一次被使用（或許是在聖西門學派那裡）以來，就一直包含這些意義：⑴根據對事實的經驗來確認認知思維（cognitive thought）的有效性；⑵認知思維傾向於將物理科學視為確定性和精確性的典範；⑶相信知識的進步必須以此為方向。據此，實證主義反對各種形而上學、先驗論和唯心主義，將之視為當作蒙昧主義的、倒退的思維模式。既有的現實在多大程度上受到科學的掌握和改造，社會在多大程度上變成工業社會和技術社會，實證主義就會在多大程度上在該社會中找到實現（和確認）其概念的媒介——理論與實踐、真理與事實的和諧一致。這樣，哲學思想變成肯定性的思想；哲學批判則只是在社會架構的**範圍之內**進行，並將非實證的觀念污名化為單純的思辨、空想或奇談怪論。[1]

在聖西門（Henri de Saint-Simon）的實證主義中開始出現的論述和行為領域是技術現實的領域。在其中，客體世界正在被改造成一種工具。仍處在工具世界之外的部分——未征服的、蠻荒的自然——如今則處於科學技術進步所及的範圍之內。形而上學的向度本來是真正的理性思維的領域，如今卻變得不理性和不科學。以自身的認識為基礎，理性拒斥了超越。在當代實證主義的後期階段，引起這種拒斥的已不再是科技的進步；然而，思想範圍的收縮仍然相當嚴重，因為它是自我強加的——這是哲學自己的方法。在當代，縮減哲學範圍、貶低哲學真理的做法來勢凶猛，連哲學家自己都宣稱哲學並不是那麼重要、甚至無效。

它完全不觸及既有的現實；它厭惡越界（transgression）。

奧斯汀（J. L. Austin）輕蔑地看待語詞的普通用法以外的用法，並批評我們「午後在沙發椅上想到的」東西；維根斯坦（Ludwig Wittgenstein）則斷言哲學「讓一切如故」。在我看來，這些說法[2]表現了那些沒有取得科學、技術或類似成就的知識分子在學術上的施虐—受虐、自卑和自責。他們對節制和依賴感的肯定，使人重新想起休謨關於正當地安居於理性界限之內的論調；這種理性界限一旦被承認和接受，就會保護人們不受無益的精神冒險的侵害，同時使他能夠徹底適應既有的環境。然而，當休謨攻擊實體（substance）的時候，他是在和一種強大的意識型態做鬥爭，但他的後繼者們今天卻在為社會早已實現的東西提供知識辯護，也就是詆毀那些與既有的論述領域相矛盾的另類思維模式。

這種類型的哲學行為主義本身是值得分析的。它似乎徘徊於專橫武斷和隨和親切兩極之間。這兩種傾向，在維根斯坦反覆使用的、帶有親切或屈尊意味的人稱「你」（*du*）的命令式用法中，徹底融合在一起；[3]賴爾（Gilbert Ryle）《心靈的概念》（*The Concept of Mind*）的第一章也是如此，裡面將「笛卡兒迷思」視為身—心關係問題的「官方學說」，並初步指出其「荒謬」之處，特別是其中談到了某甲（John Doe）、某乙（Richard Roe）和他們對「普通納稅人」的想法。

語言分析的著作充滿了這種對普通人的熟悉感，這些普通人的談話在語言哲學中發揮了主導作用。言語的親切感有重大的意義，因為它一開始就把博學之士的「形而上學」語彙拒於門外；它反對理智的清高，並嘲笑書呆子。某甲和某乙的語言是街頭巷尾的真實語言；是表達其行為的語言；因此，是具體性的標誌。然而，它也是一種虛假的具體性的標誌。這種為分析提供了大量素材的語言是一種淨化了的語言；被淨化的不僅是「非正統」的語言，也包括那些其表達內容不同於社會所提供的內容的表達方式。語言分析學家把這種淨化了的語言當成一項既成事實，而他們原封不動地接受了這種貧乏的語言，並把它與它沒有表達的東西隔離開來，儘管它已經作為意義的成分和要素進入了既有的論述領域。

語言哲學關心流行的意義和用法，關心日常言語的力量和常識，但同時又反對分析日常言語對講這種言語的社會說了什麼（把它當成無關緊要的素材）；據此，語言哲學再次抑制了不斷在這種論述和行為領域內受到抑制的東西。哲學的權威縱容了**造就**這種領域的力量。語言分析將日常語言在話語中揭示的東西（即人和自然受到的損害）抽象掉。

此外，引導這種分析的，往往甚至不是日常語言，而是放大的語言原子、無聊的言語片斷，聽起來就像幼兒的牙牙學語，例如：「這看起來像一個抽鴉片的人」、「他看見一隻知更鳥」、「我以前有一頂帽子」。維根斯坦就花過很多心思和篇幅來分析「我的掃帚在角落裡」。下面我引自奧斯汀〈他人的心靈〉（Other Minds）一文的分析，是一個有代表性的例子。[4]

可以分辨出兩種相當不同的猶豫（hesitant）方式。

(a)讓我們以正在品嚐某種滋味為例。我們可以說「我根本不知道這是什麼；我從沒嚐過這種東西……不，沒有用：我考慮得越多就越糊塗：在我的經驗中它是十分特別、獨一無二的！」這個例子說明的狀況是，我在過去的經驗中找不到可與當前經驗相比的東西：我確定它不像我以前品嚐過的任何東西，也不像我知道可用同樣方式描述的任何東西。這個例子儘管夠特別，仍然逐漸變成更普通類型底下的事例；在這種事例中，我不能十分肯定，或只是部分肯定，或實際上肯定它嚐起來是（比如說）月桂的味道。在所有這些情況下，為了辨識眼前的東西，我盡力搜尋過去經驗中類似的東西，也就是搜尋某種相似性；既然有這種相似性存在，它或多或少就應該能用同樣的摹狀詞來描述，據此我獲得了不同程度的成功。

(b)另一個例子則不一樣，儘管它很自然地與第一個例子有聯繫。在這裡，我要做的是反覆**玩味**當下的經驗、詳細地**端詳**它，清楚地**感覺**它。我並不確定它**就是**鳳梨的滋味。難道它身上沒有什麼東西，像是氣味、香味，或缺乏香味、甜膩感方面，和鳳梨不太一樣嗎？難道沒有一種不是紫紅色、又很難說是淡紫色的特殊的一抹綠色嗎？或許它有些奇怪；我必須更仔細地反覆觀察和審視，可能正好有跡象表示有種不自然的微光，以至於看上去與普通的水不太一樣。我們實際感覺到的東西不夠清晰，這不是或不只是思考就能補救的，而是要用更加敏銳的辨別、感覺上的辨別力才能補救。儘管考慮我們過去經驗中其他更清楚的事例，的確有助於我們的辨別力。

上述分析可能引起什麼異議呢？在精確性和明晰性方面，很可能是無與倫比的——它是正確的。但也就如此了，而我認為，這不僅不夠，而且對哲學思想和批判思想還有破壞性的作用。從哲學的角度，我們可以提兩個問題：(1)對概念（或語詞）的解釋，有可能導引至實際的日常論述領域，並侷限在該領域之中嗎？(2)精確性和明晰性本身就是目的嗎？還是為其他目的服務？

我對第一個問題第一部分的答案是肯定的。即使是最陳腐的言語，也恰恰因其陳腐而可以說明現實中的經驗世界，並有助於解釋我們對它的思考和談話——就像沙特（Jean-Paul Sartre）對等公車的人群的分析，或克勞斯（Karl Kraus）對日報的分析一樣。這些分析之所以能夠說明經驗世界，是因為它們超越了環境及其表現形式的直接具體性，而觸及了**造就**環境的因素，和在該環境中講話（或沉默）者的行為。（在上述例子中，這些超越性的因素被追溯到勞動的社會分工。）因此，這種分析並不會侷限在日常論述的範圍內，而是越過它，並開啟一個完全不同的領域，而這個領域的語彙甚至可能抵觸日常的語彙。

不妨再看另一個例子：「我的掃帚在角落裡」之類的句子，也可能出現在黑格爾的邏輯之中，但在那裡，這些句子可能被當成不恰當的、甚至虛假的例子。它們只是一些無用之物，而另一種在概念、風格和句法方面規則完全不同的論述將超越它們。對後一種論述來說，「我們語言中的每一個句子都像『它現成的那樣井然有序』」這件事絕不是那麼「明白無誤」的。[5]事實正好相反，每一個句子都像這種語言所表達的世界那樣，很少是井然有序的。

簡直是自虐般地把言語化約為不起眼的、普通的東西，這種做法甚至被當成一種綱領：「如果『語言』、『經驗』、『世界』之類的語詞有什麼用處，一定是跟『桌子』、『燈』、『門』之類語詞的用處一樣不起眼。」[6]我們必須「堅持我們日常思考的那些主題，不能走入歧途，想像我們必須描述一些『極難捉摸的東西』……」[7]——彷彿這是唯一的選擇，彷彿「極難捉摸的東西」不適合用來稱呼維根斯坦的「語言遊戲」，只能用來稱呼康德的《純粹理性批判》。思考（或至少是其表達）不僅被束縛在普通用法之內，更不能要求和追尋那些超出已存在東西範圍的解釋。「問題之所以解決，不是透過提供新資訊，而是透過整理我們已經知道的東西。」[8]

由於所有概念都受到既有事態的制約，自稱貧困的哲學不相信有新經驗的可能性。受既有事實的支配是全面的——沒錯，僅僅是語言事實，但社會是以這種語言講話的，並且要我們服從。禁令是嚴厲而專斷的：「哲學不能干預語言的實際使用」。[9]「我們不能發展任何理論。在我們的考量中，不可以存在任何假設性的東西。我們必須取消一切**解釋**，只有描述必須取代其位置。」[10]

人們或許要問，哲學還剩下什麼？沒有假設、沒有解釋，思維、智力還剩下什麼？然而，成問題的並不是哲學的定義或尊嚴。成問題的，毋寧是有沒有機會維護、保存用專門語彙而不是普通用法中的語彙來思考和講話的權利和**需要**——正因為專門語彙是普通用法以外的語彙，它們才是有意義、理性又有效的語彙。這裡涉及一種新意識型態的傳播，它藉由排除那些能夠理解正在發生的事件（及其意義）的概念，來對正在發生的事件（及其意義）進行描述。

首先，日常思維和日常語言的領域和哲學思維和哲學語言的領域，本來就存在著不可化約的差別。在一般情況下，日常語言確實具有行為性質——是一種實踐手段。當某人說出「我的掃帚在角落裡」，他的意思可能是：其他某個問起掃帚的人正準備取走它或把它放在那裡，將得到滿足或產生憤慨。總之，由於引起了某種行為反應，該句子實現了它的功能：「結果吞沒了原因；目的吞沒了手段。」[11]

與此相對，如果在一個哲學文本或一段哲學論述中，「實體」、「觀念」、「人」、「異化」之類的詞成了命題中的主詞，意義就不會轉化為行為反應，人們也不會打算發生這種轉化。這類語詞可以說未完成它的作用——除了在思想上，它可能導致其他的思想。透過歷史延續體內一系列的中間環節，命題可能有助於形成和指引實踐。但即使如此，命題仍未完成它的作用——只有狂妄自大的絕對唯心主義才會斷言思想和對象達到了終極的同一。因此，哲學所涉及的語詞，絕對不可能「跟『桌子』、『燈』、『門』之類語詞的用處一樣不起眼」。

因此，哲學中的精確性和明晰性無法在日常論述的範圍內達到。哲學概念所針對的事實和意義的向度，是透過證明「外部」對於理解日常論述的根本意義，來「從外部」闡明日常論述中原子化的詞組或語詞。或者說，如果日常論述的領域本身變成哲學分析的對象，哲學語言就成了「後設語言」（meta-language）。[12] 即使它在不起眼的日常論述範圍內活動，它也仍然是對抗性的。它把既有的意義經驗脈絡分解成其現實的脈絡；它把直接的具體性抽象掉，以達到真正的具體性。

從這種觀點出發，前述的語言分析例子能不能成為哲學分析的有效對象，便大有問題。對品嚐某種可能有、可能沒有鳳梨滋味的東西進行最精確、最明晰的描述，難道真能促進哲學認識的發展嗎？它真能起一種批判的作用，使有爭議的人類狀況——不是醫學或心理學上的口味測試狀況——受到質疑嗎（而這肯定不是奧斯汀進行分析的目的）？分析的目標從說話者說話和生活的更廣大、更稠密的脈絡中撤出，從概念形成、成為語詞的一般媒介中轉移出來。這種人們在其中說話和行動、這種為言語賦予意義的普遍的、更廣大的脈絡是什麼呢？——這種脈絡沒有出現在實證主義的分析中，上述例子和分析本身已**先驗**地將它排除在外了。

這個更大的經驗脈絡，這個真正的經驗世界，今天仍然有毒氣室和集中營，有廣島和長崎，有美國的凱迪拉克和德國的賓士，有五角大廈和克里姆林宮，有核城市和人民公社，有古巴，也有洗腦和屠殺。現實的經驗世界同時也是這樣一個世界：在其中，上述所有事情不是被視為理所當然，就是被忘卻、壓抑或不為所知，在其中，人民是自由自在的。在這個世界裡，角落裡的掃帚或像鳳梨一樣的滋味都十分重要，而日常的艱辛和舒適或許是構成一切經驗的唯一內容。這第二個有限的經驗世界，是第一個世界的一部分；支配第一個世界的力量也形塑了有限的經驗。

當然，建立這種關係並不是日常思想在日常言語中的任務。如果是尋找掃帚或品嚐鳳梨的問題，那麼抽象就具有正當性，意義就能得到確定和描述，而無須侵入政治領域。但在哲學中，問題並不是尋找掃帚或品嚐鳳梨——更何況今天的經驗哲學本身就建立在抽象的經驗基礎上。即使把語言分析應用在政治語彙和詞組之上，這種抽象性也得不到糾正。分析哲學的整整一個分支都在從事這項工作，但其方法已經把政治分析（即批判性的分析）的概念拒於門外。操作性或行為性的轉譯把「自由」、「政府」、「英格蘭」之類的語彙和「掃帚」和「鳳梨」同化了，把前者的現實與後者的現實同化了。

批判性的哲學思考確實應該關注使用「不起眼用法」（humble use）的日常語言，但在這種思想媒介中，語詞喪失了它們平易的謙恭，並揭示出維根斯坦不感興趣的「隱藏」意義。考慮一下黑格爾《精神現象學》中對「此時」、「此刻」的分析，或者（請原諒我這麼說）考慮一下列寧對怎樣充分分析桌上「這杯水」的建議。他們的分析把日常言語中的**歷史**當成隱藏的意義向度——社會對其語言的支配——揭示出來。這個發現粉碎了既有論述領域一開始表現出來的自然的、物化的形式。語詞不僅在語法和形式邏輯的意義上，更在物質的意義上，成為真正的語彙／界線（terms）；也就是說，成為界定意義及其發展的界限，亦即社會強加在論述和行為上的界限。「我的掃帚在角落裡」或「奶酪在桌上」之類的例子，不再能夠解釋意義的這種歷史向度。當然，這類陳述能夠揭露許多歧義、困惑和怪誕，但它們都處於同樣的語言遊戲和學術煩惱的範圍之內。

這種分析由於立足於物化的日常論述領域，由於是根據這個物化領域來揭露和澄清日常論述，因此它必須將否定的東西，將異己的、對立的、無法按照既有用法來理解的東西抽象掉。透過對意義進行澄清、區分和分離，它清除了思想和言語中的矛盾、幻想和越軌。但越軌並不是「純粹理性」的越軌，不是超越可能知識界限的形而上學越軌，毋寧說是開創了一個超越常識和形式邏輯的知識領域。

在阻礙人們通往這一領域的過程中，實證主義哲學為自己建立起一個自足的世界，一個封閉的、嚴密隔離引起騷亂的外部因素的世界。就此而論，不管確認（validating）的脈絡是數學、邏輯命題，還是習慣、慣例，都沒有什麼區別。無論如何，都會以某種方式預先對可能具有意義的謂語進行判斷。而用於預先判斷的判斷，可以像英語口語、字典或其他某種代碼、慣例那樣廣泛。一旦被人們接受，它就會構成一種無法超越的經驗性**先驗條件**（empirical *a priori*）。

但是，如此徹底地接受經驗，卻又違反了經驗，因為在其中說話的，是殘缺不全的、「抽象」的個人，他所經驗到（和表達出來）的只是他被給予的東西（嚴格意義上的給予），他所掌握的只是事實而不是事因，他的行為是單向度的、受到操縱的。由於事實上存在著壓抑，人們經驗到的世界是有限經驗的結果，而實證主義對心靈的清洗則使心靈與有限經驗一致。

經驗世界就是以這種經過刪改（expurgated）的形式，變成了肯定性思維的對象。儘管新實證主義注重探討、揭示、澄清語言的歧義和含混之處，它對既有的經驗領域龐大而普遍的歧義和含混卻都不聞不問。而且，它還必須繼續如此，因為它所採用的方法貶損或「轉譯」了那些能夠引導人去理解處於壓抑、不合理結構中的既有現實的概念，也就是否定性思維的概念。把批判性思維改造成肯定性思維的做法，大多產生於對普遍概念的治療性處理之中；而把普遍概念轉譯成操作語彙和行為語彙的做法，則與前文討論的社會學式轉譯同步進行。

哲學分析的治療性質十分受到強調——治療幻覺、騙局、含混、幽靈、鬼怪以及難解之謎、無法回答的問題。可是誰是患者呢？顯然是某種類型的知識分子，他們的心靈和語言與日常論述的架構格格不入。這種哲學中，確實有相當程度的心理分析成分，但並不包含佛洛依德的重要見解，即患者的病根是分析療法所無法治癒的**普遍**病症。或者，按照佛洛依德的說法，在某種意義上，患者的疾病是他針對自己生活的病態世界而發的抗議。但是醫生必須不理會「道德」問題。他必須恢復患者的健康，讓患者能夠在世界裡正常行動。

哲學家不是醫生；他的職責不是治療個人，而是把握他們生活的世界——從世界對人類做過什麼、能做什麼的角度去把握世界。因為，（從歷史的角度看，且這個歷史至今仍然有效）哲學與維根斯坦的理解正好相反。維根斯坦宣稱哲學就是摒棄一切理論，是一項「讓一切如故」的事業。除了「給哲學帶來平靜，讓它不再受那些為它**本身**帶來問題的問題所侵擾」之外，哲學不知道更多毫無用處的「發現」。[13]而且再也沒有比巴特勒主教（Bishop Butler）點綴摩爾（G. E. Moore）的《倫理學原理》（*Principia Ethica*）的題詞更無哲學味的東西了：「事物是什麼就是什麼，不是什麼別的」——除非我們將「是」一詞理解為意指「事物真實的樣貌」與「事物被造成的樣貌」之間質的差別。

新實證主義批判的主要任務仍然是反對形而上學的觀念，而這種批判背後的動力，要不是形式邏輯的精確性觀念，就是經驗描述的精確性觀念。無論是在邏輯和數學分析的純粹性中，還是在對日常語言的順從中追求精確性——當代哲學的這兩極，都同樣排斥或貶低那些超越既有確認體系（system of validation）的思想和言語成分。當這種敵對以寬容的形式出現時——也就是說，當某種獨立的意義和表意向度中的超越性概念被賦予某種真值時（如詩的真理、形而上學的真理）——這種敵對便更加強烈。因為，清除容許思想和言語的不精確性、模糊性甚至矛盾性存在的特殊地盤，正是保護正常論述領域免受不良思想嚴重影響的最有效方式。不管文學包含了什麼真理，都是「詩」的真理；不管批判性的唯心主義包含了什麼真理，都是「形而上」的真理——它的有效性（如果有的話）既與日常論述和行為無關，也與適應日常論述和行為的哲學無關。透過否認超越性語言對日常語言的重要性，透過宣布採取全面的不干預態度，這個新形式的「雙重真理」學說認可了一種虛假意識。適時上，超越性語言的真值，恰恰在於它對日常語言的重要性和對日常語言的干預。

在壓抑性的思考和生活條件下，思維——任何不限於現狀內實用目的的思考方式——唯有超越事實，才可能認識事實、對事實做出反應。經驗是在把事物隱藏起來的簾幕前發生的，如果世界就是直接經驗（immediate experience）這張簾幕背後的某種東西的表象，那麼，用黑格爾的話來說，在簾幕後面的就是我們自己。我們並不是（像語言分析中那種）常識性質的主體，也不是科學測量下的「淨化」（purified）了的主體，而是人與自然、與社會進行歷史鬥爭的主體和客體。事實就是在這種鬥爭中發生的東西。它們的事實性即使仍具有野蠻的、未征服的本性，也是歷史的事實性。

在知識上消解甚至推翻既定事實，是哲學的歷史任務和哲學的向度。科學方法也遠遠超出事實的範圍，甚至與直接經驗的事實相悖。科學方法是在表象與實在的衝突中發展的。然而，思想的主體與客體之間的中介則截然不同。在科學上，中介是被剝奪了所有其他特性的、進行觀察、測量、計算和實驗的主體；抽象的主體擘劃和界定了抽象的客體。

與此相反，哲學思想的客體則與一種意識相聯繫，對這種意識而言，具體的性質（concrete qualities）會進入概念及其相互關係之中。哲學概念保存並解釋前科學的中介（日常實踐、經濟組織和政治行動），這些中介造就了實際存在的客體世界——在這個世界中，一切事實都是歷史連續體中的事件和事變。

科學與哲學的分離本身就是一個歷史事件。亞里士多德的物理學是哲學的一部分，也是對「第一科學」——存有論——的準備。亞里士多德的物質概念與伽利略和後伽利略時代的物質概念的區別，不僅在於它們分屬科學方法發展的不同階段（和對不同「層次」的實在的發現），更重要的或許在於它們分屬建立了不同自然和社會的不同歷史擘劃、不同歷史事業。亞里士多德的物理學在**客觀上**變成謬誤，是因為對自然有了新的經驗和理解，是因為歷史已建立一個新的主客體世界；而對亞里士多德物理學的證偽（falsification），又進一步往回延伸至過去的、已被超越的經驗和理解。[14]

但無論哲學概念是否被整合進科學，都與日常論述領域相對立，因為哲學概念仍然包含了在口語、公開行為、感覺得到的狀況和意向、或流行傾向中種種未實現的內容。因此，哲學領域仍然包含了「幽靈」、「虛構」和「幻想」，而這些東西可能比它們的對立面更為理性，因為它們是識別現有理性的限度及欺騙性的概念。它們表現了維根斯坦拒不接受的經驗——即「與我們預先設想的觀念相反，思考『如此這般』（such-and-such）的東西是可能的，不管它可能意味著什麼。」[15]

忽視或清除這種特定的哲學向度，已經導致當代實證主義走進一個空談具體性的全面貧乏的世界，也導致當代實證主義所創造的虛假問題比它摧毀的更多。幾乎沒有哲學可以表現出比〈形而上學和表意語言〉（Metaphysical and Ideographic Language）這種研究中對三隻瞎老鼠的詮釋更迂迴的嚴肅精神了，畢竟該文討論的是「人造的三重—原則—失明的老鼠是根據純粹表意原則構想出的不對稱結果」。[16]

或許這個例子是不公平的。但下述說法卻很公平：即使是最晦澀的形而上學，也沒有表現出這種好比在化約、轉譯、描述、指稱、專有名詞等問題上產生的，矯揉造作、充滿術語的苦惱。各種例子都巧妙地在嚴肅性和趣味性之間保持平衡：如史考特（Walter Scott）和《威弗萊》（*Waverly*）的作者之間的區別；現任法蘭西國王的禿頭；某甲在街上遇見或未遇見「普通納稅人」某乙；我此時此刻看見了一個紅點並說「這是紅的」；或者揭露這樣的事實：人們往往把感情描述為戰慄、內疚、痛苦、顫動、悲痛、渴望、刺痛、心頭發冷、心頭發熱、沉重、不安、熱望、凝固、低落、緊張、苦惱和震驚。[17]

這種經驗主義用概念的或感覺的碎片世界、被組織成一種哲學的語詞和聲音的世界，來取代遭人憎恨的形而上學幽靈、神話、傳說和幻想的世界。而且這一切不僅是正當的，甚至是正確的；因為它揭露了非操作性的觀念、渴望、記憶和意象在多大程度上已經作廢、不理性、混亂或無意義。

在清除這團混亂的過程中，分析哲學將現實的現存技術組織中的行為概念化，但它也接受該技術組織的裁決；對舊意識型態的揭穿，成了新意識型態的組成部分。但被揭穿的不僅是幻想，還包括那些幻想中的真理。下述說法反映了這種新的意識型態：「哲學只是陳述每個人都承認的東西」，或是我們共有的詞彙庫體現了「人們所發現的一切值得描繪的特性」。

那麼，這個「共有的詞彙庫」是什麼呢？是否只要翻譯正確，就包括柏拉圖的「理型」、亞里士多德的「本質」、黑格爾的「精神」、馬克思的「物化」呢？是否包括詩歌的重要語詞呢？是否包括超現實主義的文詞呢？如果包括，那麼是否是在它們的否定意涵——使普通用法領域無效的意涵——上包含它們的呢？如果不是，那麼人們所發現的所有值得提出的區分就都受到了排斥，並被轉移進虛構或神話的領域；而殘缺不全的虛假意識則被當成真實意識，能夠決定事情實然狀況的意義及表達。其他的則被當成虛構或神話而受到抨擊（和確認）。

然而，究竟是哪一方在構築神話，並不是很清楚。當然，神話是原始的、不成熟的。文明的進程使神話失效（這幾乎是進步的定義），但它也可以使理性的思想重歸神話的地位。在後一種情況下，辨識和擘劃歷史可能性的那些理論，可能變成不理性或看起來不理性，因為它們與既有的論述和行為領域相矛盾。

因此，在文明的進程中，黃金時代和千年盛世的神話臣服於進步的理性。（歷史上）不可能的元素與可能的元素分離了開來——夢想、虛構與科學、技術、商業相分離。十九世紀，社會主義理論把原來的神話轉譯成社會學語彙——或更確切地說，在既定的歷史可能性中發現了神話的合理內核。然而，相反的運動也由此發生。今天，在與實際狀況對照時，昨天合理而現實的觀念似乎又成了神話。發達工業社會中工人階級的現狀，使馬克思式的「無產階級」一詞成為一個神話概念；當前社會主義的現狀，則使馬克思式的觀念成為夢想。理論和事實的矛盾，本身尚未證明理論為假的矛盾，引發了這種逆轉。批判理論非科學的、思辨的特性，源於其概念所具有的特性：批判理論的概念指出、界定了理性中的不理性因素，以及現實中的神祕成分。它們的神話特質反映了既有事實的神祕化特質——社會矛盾的虛假和諧。

發達工業社會的技術成就，以及對精神生產力和物質生產力的有效操縱，已經導致了**神祕化地點的轉移**。如果指出「意識型態逐漸體現在生產過程中」是有意義的，那麼，指出「在這個社會中，最有效的神祕化工具是理性的而不是非理性的事物」，也是有意義的。在當代社會，壓抑的發展曾表現於意識型態領域，並首先表現於非理性偽哲學（人生哲學；與社會相對的共同體觀；鮮血與祖國等等）受到抬舉的現象，這種看法因法西斯主義和國家社會主義的興起而失效。這些政權將國家機器進行全面的技術理性化，從而否定了這些和它們自己的非理性「哲學」。從事這項工作並把其神祕化力量加諸社會的，正是物質和精神機器的全面動員。它使個人無法看見機器「背後」那些操縱機器、從中獲利的人，以及為之付出代價的人。

今天，神祕化的成分在生產性的廣告、宣傳和政治中受到控制和利用。魔法、巫術和崇拜在家庭、商店和辦公室的日常慣例中得到實踐，理性的成就掩藏著整體的不理性。比如說，對相互毀滅（mutual annihilation）這個令人苦惱的問題的科學處理方式——殺傷力和過多殺傷力的數學和計算，測量放射性塵埃擴散或不完全擴散，反常情況下的耐久力實驗——神祕化到這樣的程度，以至於助長（甚至要求）承認這種瘋狂。因此，它阻礙了真正理性的行為——也就是拒絕附和，並盡力消除使瘋狂產生的條件。

要反對這種把理性轉化為其反面的新神祕化，就必須堅持事物的區別。理性的絕**不是**不理性的，而把「對事實的精確認識和分析」和「含混的情感思辨」區別開來的重要性一如既往。麻煩在於：經驗社會學和政治科學的統計學、測量及田野研究都不夠理性。它們在多大程度上和造就事實並決定其功能的真正具體的脈絡相分離，它們就在多大程度上變得神祕化。這裡說的脈絡並不只是、也不同於調查中的工廠和商店，研究中的村鎮和城市，以及進行民意調查或計算其倖存機會的地區和團體。而且，就它創造並決定了受到研究、民調和計算的事實而言，它更加真實。讓各特殊主體在其中獲得真實重要性的這個真實脈絡，只有在某種社會**理論**的範圍內才有辦法加以定義。因為事實中的各種因素並不就是觀察、測量和探究的直接材料。只有在能夠將把社會各組成部分和過程結合起來並決定其相互關係的結構辨識出來的分析中，它們才成為材料。

說這個後設脈絡（meta-context）即是「社會」（Society，第一個字母S大寫），就是要使整體（whole）凌駕於部分（part），進而實體化（hypostatize）。但這種實體化發生於現實之中，而且它本身**就是**現實；只有認識它，掌握其範圍和原因，才能在分析中克服它。「社會」的確是向個人施加獨立力量的整體，它不是無法辨認的「幽靈」。它在制度的體系內有其經驗硬核，也就是人與人之間已確立的凝固關係。如果把它抽象掉，就表示測量、探究和計算是虛假的——不過使其成為虛假的向度，並沒有出現在測量、探究和計算之中，因此不與它們相衝突，更不妨礙它們的進行。它們保持了精確性，而且恰恰是在這種精確性中神祕化。

語言分析在揭露超越性術語、模糊觀念、形而上學共相（universal）及類似東西的神祕化特性的過程中，把日常語言的語彙保留給壓抑性的既有論述領域，從而把這些語彙神祕化了。從行為的角度對意義的解釋，就是在這個壓抑性領域之中展開的——這種解釋是要驅除笛卡兒哲學和其他過時神話中的古老語言「幽靈」。語言分析堅持主張，如果某甲和某乙談及他們心中想到的東西，他們不過是在指涉他們碰巧擁有的某種特定感知、觀念或性情而已；心靈是一個語言化（verbalized）的幽靈。同樣，意志也不是靈魂的某種真實能力，而不過是特定的性情、傾向和渴望的模式。類似的還有「意識」、「自我」和「自由」——只要指涉特殊的行為方式或模式，都可以解釋這些東西。後面我還會回來討論這種針對普遍概念的處理方式。

分析哲學經常散發出委員會進行指責和調查的氣氛。知識分子被叫去接受訓斥。當你說……的時候是什麼意思？你沒隱瞞什麼嗎？你講的語言很可疑。你講話的方式和其他人不一樣，和街上的人不一樣，而是像個不屬於這兒的外地人。我們要揪你的底，揭穿你的詭計，使你得到淨化。我們要教你說你心裡所想的，把事情「搞清楚」、「把話挑明了說」。當然，我們不強迫你、不干涉你的思想言論自由；你願意想什麼就想什麼。但只要你講話，你就必須和我們交流思想——用我們的語言或你的語言。你當然可以講自己的語言，但必須要能翻譯，也將得到翻譯。你可以說詩的語言——完全沒問題。我們熱愛詩。但我們要搞懂你的詩，而且只有當我們能夠按照日常語言來詮釋你的象徵、隱喻和意象時，才能搞懂你的詩。

詩人也許會回答，他的確希望自己的詩能夠理解並且得到理解（那就是他寫詩的原因），但如果他的詩可以用日常語言來說，他或許一開始就這麼做了。他也許要說：理解我的詩的前提，恰恰是你想將我的詩轉譯進去的那個論述和行為領域已經崩潰和失效。我的語言像任何其他語言一樣可以學習（事實上，它也是你自己的語言），因此，我的象徵、隱喻等等看起來就**不是**象徵和隱喻，而正是表達了它們要說的東西。你的寬容是欺騙性的。在為我保留一塊意義和表意的空間時，你答應我不受理智和理性的約束，但在我看來，精神病院在別的地方。

詩人還可能感到，冷靜的語言哲學講的是一種帶有偏見又情緒性的語言——老人或年輕人憤怒時的語言。他們的詞彙充滿「不恰當的」、「奇怪的」、「荒唐的」、「令人困惑的」、「不可思議的」、「無聊的」、「嘈雜的」。如果健全的理解要占據主導地位，就必須清除不恰當和令人困惑的怪誕之處。溝通不應當超出人們的理解能力；超出常識和科學範圍的內容，不應擾亂學術和日常的論述領域。

但是批判的分析必須從它力圖理解的對象中擺脫出來；哲學用語必須不同於日常用語，才能闡明後者的完整意義。[18] 因為既有的論述領域徹頭徹尾地打上了社會成員服從的特定支配、組織和操縱方式的印記。人民為了生存而依賴於讓他們像現在那樣講話的老闆、政治人物、工作和鄰人；社會必然性迫使人們把「物」（包括他們的身體、心靈和感受）和其功能等同起來。我們怎麼知道的？因為我們看電視，聽收音機，讀報章雜誌並與人交談。

在這些情況下，說出來的話所表達的，除了說話的人以外，**還**表達了那些使人像現在那樣說話的人，**也**表達了使前面兩種人聯繫在一起的緊張關係或矛盾。人們在說自己的語言時，說的也是他們的主人、贊助人和廣告商的語言。因此，他們不只是表達**他們自身**、他們自己的知識、感受和渴望，也表達不同於他們自身的某種東西。當由「他們自己」來描述家鄉或國際的政治局勢時，他們（這裡的「他們」包括**我們**，包括知道它並批評它的知識分子）描述的是「他們的」大眾傳媒告訴他們的事情——而且這與他們真正所想、所見及所感覺到的東西混合在一起。

在向對方描述我們的愛和恨、情緒和憎惡時，我們必須使用我們的廣告、電影、政治人物和暢銷書的語彙。我們必須使用同樣的語彙，來描述我們的汽車、食物、家具、同事和競爭者——這樣我們就能充分理解對方。事情必須如此，因為語言不是私人的、個人的，剛好相反，私人的和個人的語言要以現有的語言材料即社會材料為媒介。但是，這種情況使日常語言沒有資格去履行它在分析哲學中發揮的那種確認（validating）功能。「當人們說……時的意思是……」與他們**沒有**說的東西是聯繫在一起的。或者說，他們所要說的意思不能從表面上看——這不是因為他們撒謊，而是因為他們生活其中的思想和實踐領域是一個受到操縱的矛盾領域。

諸如此類的情況，或許對分析「我會癢」、「他抽鴉片」或「現在這在我看來是紅的」之類的陳述而言無關緊要，但在人們真的要說些什麼的時候（「她就是愛他」、「他沒有心」、「這是不公平的」、「我能怎麼辦呢？」），又可能變得至關重要，而它們對倫理學、政治學等等的語言分析而言則不可或缺。語言分析能夠取得的經驗精確性，只能是既有的事態向人們要求的精確性，能夠取得的明晰性，只能是人們在既有的事態中被允許得到的明晰性——也就是說，它仍然停留在神祕化的、欺騙性的論述範圍之內。

在它似乎超出這種論述時，如在其進行邏輯清洗的過程中，只有基本骨架還留在同樣的領域——一個比這種分析對抗的幽靈可怕得多的幽靈。如果哲學不只是一種職業，它就應該揭示使論述殘缺不全、欺騙人心的原因。把這個任務留給社會學系或心理學系的同行，等於使既有的學術分工成為一種方法論原則。但也不能對這個任務置之不理，謙虛地主張語言分析只有澄清「混亂」思想和言談的卑微目的。如果這樣的澄清活動不只是將可能脈絡中的可能意義加以列舉和分類，從而讓任何人根據情況進行充分的選擇，那麼它就絕不是一項卑微的任務。這種澄清活動包括在真正有爭議的地方分析日常語言，在**似乎**最不混亂的地方辨識出混亂的思維，在十分正常和清楚的用法中找出其虛妄之處。這樣，語言分析就會達到這種層次：那些形塑並限制了論述領域的特定社會進程會變得清晰可見、可以理解。

這裡出現了「後設語言」（metalanguage）的問題；那些用來分析某些語彙意義的語彙，必須有別於被分析的語彙，或至少可以區分出兩者的差異。它們必須不只是、有別於那些仍然屬於同一種（直接）論述領域的單純同義詞（synonym）。但是如果這種後設語言真要突破使不同的語言向度合併和同化的既定論述領域的極權範圍，它就必須能夠指出那些決定和「封閉」了既定論述領域的社會過程。因此，它不能是一種主要建立在語意或邏輯明晰性之上的技術性後設語言。我們需要的，是讓既有的語言本身講出它掩蓋或排除的東西，因為有待被揭露和譴責的東西，是在日常論述和行動領域**之內**運作的，而流行的語言**包括**後設語言。

克勞斯的著作已經滿足了這個需求。他證明了，針對言談、寫作、標點符號甚至排印錯誤的「內部」檢驗，可以如何揭露出一整個道德或政治體系。這種檢驗仍然是在日常論述領域內進行的，它不需要人工的、「更高層次」的語言來判定和澄清受檢驗的語言。語詞和句法形式是在它們出現的上下文之中被閱讀的，比如說，是在特定城市或國家、透過特定人士的筆、支持特定意見的報紙上被閱讀的。因此，詞典所編纂的、句法所規定的語詞關係開啟了另一種向度——不是外來的，而是構成了語詞的意義和功能——也是第一次世界大戰期間和戰後維也納新聞界的向度；就是它的編輯們對待大屠殺、君主制和共和制等問題的態度。按照這種向度，語詞的用法和語句的結構都具有一種不出現在「未經中介」的閱讀中的意義和功能。報紙的風格表現出來的反語言罪（crimes against language）與其政治風格有關。句法、文法和詞彙都變成了道德的、政治的行為。或者，上下文關係也可以是一種美學和哲學的上下文關係：文學批評，對學術社團的演說，或諸如此類的東西。在這裡，對一首詩或一篇文章的語言分析，使既有的（直接的）材料（每一首詩或一篇文章的語言）與作者在文學傳統中發現和改造的東西對立了起來。

對這種分析而言，語彙或形式的意義只有在多向度的領域內才能發展，在那裡，任何表達出來的意義都具有幾個相互關聯、重疊和對立的「系統」的特徵。比如說，它屬於：

(a)一項個人的擘劃，即為了特定目的而在特定場合進行的特定溝通（一篇報刊文章，一場演講）；

(b)個人的擘劃參與其中的超個人（supra-individual）的觀念、價值和目標體系；

(c)一個特殊的社會，它本身將不同的、甚至對立的個人／超個人擘劃整合起來。

舉例來說：某個演講、報刊文章或個人溝通，都是由特定的個人進行的，這樣的個人是特定社會中特定團體（職業的、住宅區的、政治的、思想的）的（得到承認或未得到承認的）發言人。這個團體有自己的價值、目標、思想及行為方式，它們以受到肯定或反對的形式，帶著不同程度的認識或明確性（explicitness），進入個人的溝通之中。因此，它們使超個人的意義系統帶上了個人色彩（individualize），構成了與個人溝通的向度既有區別又融合的論述向度。而這個超個人系統又是包羅萬象、無所不在的意義領域的一部分，而後者又是由溝通發生其中、源於其中的社會系統來發展且經常「封閉」的領域。

意義的社會系統的範圍和程度，在不同歷史時期隨著達到的文化水準的不同而大不相同，但是只要溝通不只是指涉日常生活中那些無爭議的工具和關係，它的邊界就界定得很清楚。今天，意義的社會系統統一了不同的民族國家和語言地區。這些意義的大系統一方面傾向於與或多或少發達的資本主義社會的勢力範圍相吻合，一方面又傾向於與發展中的共產主義社會的勢力範圍相吻合。當意義的社會系統的決定作用在有爭議的政治論述領域內展現自身時，它也以一種更隱蔽的、無意識的、情感的方式，在日常論述領域內運作。如果要對意義進行真正的哲學分析，就必須考慮意義的所有向度，因為語言表達帶有這一切向度的特徵。因此，哲學中的語言分析具有一種語言之外的義務。如果它決定了正當與非正當、真正的意義和虛幻的意義、有意義和無意義的區分，它就必須訴諸某種政治的、美學的或道德的判斷。

可能有人會提出反對意見，認為如果要透過分析語詞在日常論述中的功能和用法來掌握語詞的意義，這種「外部」分析便特別不合適（之所以對「外部」加上引號，是因為它其實**不是**外部的，而是意義的內部發展）。但我的看法是，這正是當代哲學中的語言分析**沒有**做的事。而它之所以沒有這樣做，是因為它把日常論述轉移到一個專門的學術領域，該領域即使（甚至正是因為）充滿日常語言，也是被淨化、具有綜合性質（synthetic）的。在對日常語言進行這種分析處理的過程中，日常語言實際上遭到了清洗和麻醉。多向度的語言被轉變成單向度語言，在其中，不同的、對立的意義不再相互滲透，而是相互隔離；意義中容易引起爭議的歷史向度也被迫保持緘默。

維根斯坦那種以建築石材、對話中的某甲某乙做例子的無休止的語言遊戲，可以再一次當作例證。儘管他舉的例子簡單明瞭，說話者和他們的處境仍然不清楚。不管他們多麼親暱地談話，他們總是 x 和 y。但在實際的論述領域內，x 和 y 是「幽靈」。他們並不存在；他們是分析哲學家筆下的產物。沒錯，x 和 y 的談話完全可以理解，而語言分析者也是正當地訴諸於常人的正常理解。但在現實中，我們只有透過各式各樣的誤解和矛盾，才能理解彼此。真實的日常語言領域是生存鬥爭的領域。它甚至是一個含混、模糊和晦澀的領域，是需要澄清的領域。此外，這種澄清很可能發揮一種治療的功能，而如果哲學能成為治療性的，它就會真正獲得重視。

哲學在多大程度上使思想擺脫既有論述和行為領域對它的束縛，闡明體制的否定性（體制的肯定面已經受到夠多的宣傳了）和擘劃各種替代性選擇，它就在多大程度上接近這個目標。當然，哲學只是在思想中進行反抗和擘劃。它是意識型態，而這種意識型態特性正是哲學的宿命，是科學主義或實證主義都無法克服的宿命。而且，它在意識型態上的努力可能真的具有治療性——按照現實的真實面目來揭露現實，揭露這個現實所不准許存在的東西。

在極權主義時代，哲學的治療任務會是一項政治任務，因為既有的日常語言領域傾向於凝結成一個受到全面操縱和灌輸的領域。這樣，政治出現在哲學之中時，並不是作為特定的學科或分析對象，也不是作為特定的政治哲學，而是這樣的：政治就是哲學透過概念來掌握未經裁剪的現實。如果語言分析無助於這樣的理解；如果它反而有助於把思想侷限在經過裁剪的日常論述領域內，那麼它即使在最好的狀況下，也是微不足道的；在最壞的狀況下甚至是一種逃避，躲進無爭議的、不現實的、只在學術上才有爭議的領域。

【注釋】

1 實證主義的順從態度與非順從思想方式的根本對立，或許首次出現於傅立葉（Charles Fourier）的實證主義文章中。傅立葉本人在《虛偽的工業》（*La Fausse Industrie*）（1835年，第1卷，第409頁）中，已經把整個資產階級社會的商業精神視為「我們在理性主義和實證主義中所取得的進步」的果實，引自拉朗德（André Lalande），《哲學批判與技術術語》（*Vocabulaire Technique et Critique de la Philosophie*）（Paris: Presses Universitaires de France, 1956），第792頁。至於「肯定的」一詞在新社會科學中的不同涵義及其與「否定的」一詞的對立，見《聖西門的學說》（*Doctrine de Saint-Simon*），布格萊（Bouglé）和阿萊維（Halévy）編（Paris: Riviere, 1924），第181—182頁。

2 同類主張見蓋爾納（Ernest Gellner），《詞與物》（*Words and Things*）（Boston: Beacon Press, 1959年版），第100頁、第256頁以下。哲學使一切如故的命題，在馬克思《關於費爾巴哈的提綱》的上下文中可能是真實的（但在那裡也受到否定）；或者作為新實證主義的自我刻畫可能也是真實的，但作為關於哲學思考的一般命題則是錯誤的。

3 《哲學研究》（*Philosophical Investigations*）（New York: Macmillan, 1960）：「你的懷疑是誤解。你的問題和語詞有關……」（第49頁）。「根本不要考慮作為心靈過程的理解！因為這是使你產生困惑的說話方式，而要問你自己……」（第61頁），「請考慮下述情況……」（第62頁）及全書各處。

4 見《邏輯與語言》（*Logic and Language*）第2輯，弗盧（A. Flew）編（Oxford, Blackwell, 1959年版），第137—138頁（省略了奧斯汀的腳注）。在這裡，透過日常言語的通俗省略式："don't……""isn't……"，哲學也證明它忠實順從日常用法。

5 維根斯坦：《哲學研究》，第45頁。

6 維根斯坦：《哲學研究》，第44頁。

7 同前書，第46頁。

8 同前書，第47頁，英譯文是不確切的：德文本中，「提供新資訊」的對應詞是提供新經驗（*Beibringen neuer Erfahrung*）。

9 維根斯坦：《哲學研究》，第49頁。

10 同前書，第47頁。

11 瓦萊里（Paul Valéry）：〈詩與抽象思維〉（Poésie et pensée abstraite），見《作品》（*Oeuvres*）（Paris: Gallimard, 1957），第1卷，第1331頁，又見〈詩歌對語言的權利〉（*Les Droits du poéte sur la langue*）載於《藝術》（*Piéces sur l'art*）（Paris: Gallimard, 1984），第7—48頁。

12 見本書第7章。

13 《哲學研究》，第51頁。

14 見本書第6章，特別是第207頁。

15 維根斯坦：《哲學研究》，第47頁。

16 邁斯特曼（Margaret Masterman）語，載梅思（C. A. Mace）編，《英國中世紀哲學》（*British Philosophy in the Mid-Century*）（London: Allen and Unwin, 1957），第323頁。

17 賴爾（Gilbert Ryle），《心靈的概念》（*The Concept of Mind*），第83—84頁。

18 當代分析哲學以其自己的方式，承認這種必然性是後設語言的問題；見本書第243—244頁、259—260頁。

第八章

歷史的哲學承諾

分析哲學對已裁剪過的思想和言語現實的投入，鮮明地表現在其對**共相／普遍性**（universals）的處理方式之中。前面提到過這個問題，它是哲學概念的內在歷史特性，同時也是超越的、一般的特性。這裡需要更細緻的討論。共相的地位問題絕不只是抽象的認識論問題，也不是語言及其用法的偽具體問題，而是位於哲學思想的核心。因為對共相的處理方式，表明了哲學在知識文化中的立場——表明了它的歷史作用。

當代分析哲學一心想驅除心靈、意識、意志、靈魂和自我之類的「神話」或形而上學「幽靈」，其辦法是把這些概念的意圖消解在關於可以辨認的特定操作、表現、力量、稟性、傾向、技巧之類的陳述之中。結果是以一種奇怪的方式證明了這種破壞的無能為力——幽靈仍在出沒。儘管可能透過詮釋或轉譯來充分描述一個特定的心靈過程，描述想像「當我說『我』時我的意思是什麼」、「當神父說瑪麗是個『好姑娘』時他的意思是什麼」的行為；但這些重新陳述中的任一項或其總和，似乎都無法把握、甚至無法約束（circumscribe）心靈、意志、自我和善之類語彙的完整意義。這些共相仍然既存在於普通用法中，又存在於「詩意」的用法中，而這兩種用法，都使共相有別於（在分析哲學家看來）實現這些共相的意義的各種行為或傾向。

沒錯，若要證明共相的有效性，不能只是說它們指涉的整體（whole）大於、不同於部分（part）。它們顯然指涉整體，但這種「整體」要求我們對未經裁剪的經驗脈絡進行分析。如果這種超語言（supra-linguistic）的分析受到排斥，如果日常語言被信以為真，也就是說，如果把「誤解與受到管理的溝通的流行領域」（prevailing universe of misunderstanding and administered communication）替換為「人們之間的普遍理解的欺騙性領域」（deceptive universe of general understanding among people），那麼，飽受指責的共相就的確可以加以轉譯，它們「神話般」的實質可以被消解在各種行為和傾向之中。

然而，這種消解本身就應該受到質疑——不僅以哲學家的名義，還要以常民的名義，因為消解就是在常民的生活和論述中出現的。那不是他們自己的所做所言，而是發生在他們身上的事情，是對他們的侵害，因為他們受「環境」所迫，把自己的心靈等同於思維過程，把自我等同於自己必須在社會中扮演的角色和發揮的功能。如果哲學不把這些轉譯和等同的過程理解為社會過程，也就是理解為社會對個人造成的心靈（和身體）損害，那麼，哲學就只是在和實體的幽靈鬥爭，儘管它希望破除其神祕性。神祕性並不在於「心靈」、「自我」、「意識」等概念，而是在於行為式的轉譯。轉譯之所以是欺騙性的，正是因為它把概念忠實地轉譯成實際的行為、傾向和稟性，而在這個過程中，它把經過裁剪和整理的現象（本身是夠真實的！）當成了現實。

然而，即使在對幽靈的戰鬥中，各種可能制止這場冒牌戰爭的力量也被動員起來。分析哲學中令人頭痛的問題之一，是關於「民族」、「國家」、「英國憲法」、「牛津大學」、「英格蘭」這類共相的陳述。[1]沒有什麼特殊實體可以對應這些共相，但我們仍然可以完全合理（甚至難以避免）地說「民族」被動員起來，「英格蘭」已經宣戰，我曾在「牛津大學」讀書。對這些陳述進行任何化約式的轉譯，似乎都會改變其意義。我們可以說，大學並非高居於其各個學院、圖書館等之上的特殊實體，只是它們組織起來的方式；我們可以把同樣的解釋稍加修改後，應用於其他陳述。然而，組織、整合和管理這些人事物的方式，是**作為**一個不同於其組成成分的實體而運作的——在民族和憲法這類例子中，甚至可以處理生死問題。執行判決的那些人（如果可以辨識得出來的話）並不是作為各個個人，而是作為民族、公司和大學的「代表」來執行的。開議期間的美國國會，為決定某項政策而舉行會議的中央委員會、政黨、董事會、理事會、總統、受託人、教職員工，都是高居於個別組成人員之上的有形而有效的實體。在各項紀錄中，在法律結果中，在它們所支配和生產的核武器中，在它們所設立的職務、薪資和要求中，它們都是有形的。在會議中聚集起來的個人，是各個組織所體現的制度、影響力和利益的代言人（他們自己往往沒有認識到這一點）。他們的決定（投票、施壓和宣傳）本身就是各種機構和利益競爭的結果；這些決定讓民族、政黨、公司和大學不斷運轉、得到維護和再生產，成為一種凌駕在從屬於它的特殊機構和人之上的最終、普遍的實在。

這種實在一直是一種附加（superimposed）的、獨立的存在，因此，關於它的那些陳述所指涉的是真正的共相，不可能被恰當地轉譯成關於特殊實體的陳述。但是，既然有人迫切要嘗試這種轉譯，並對抗其不可能性，意味著有些地方不太對勁。若要有意義，「民族」或「政黨」就**應該**要能轉譯為它的構成要素和成分。雖然實際情況**不是**如此，但這是一項妨礙語言分析和邏輯分析的**歷史事實**。

個人需求和社會需求不一致，又缺乏讓個人在其中為自己工作、為自己說話的代表制度，導致了民族、政黨、制度、公司和教堂這類共相的實在——這種實在不同於任何一個特殊的、可辨認的實體（個人、團體或機構）。這些共相表現了物化的不同程度和方式。儘管它們確實獨立存在，但畢竟是虛假的獨立，因為那不過是組織社會**整體**的特殊力量的獨立。我們依然迫切需要透過再轉譯（retranslation）來消解共相的虛假實體——但是是政治上的迫切需要。

> 他們相信自己是為本階級而死，結果是為黨徒而死。他們相信自己是為祖國而死，結果是為工廠主而死。他們相信自己是為人的自由而死，結果是為股利的自由而死。他們相信自己是為無產階級而死，結果是為無產階級的官僚而死。他們相信自己是受國家的指示而死，結果是為撐起國家的金錢而死。他們相信自己是為民族而死，結果是為箝制民族言論自由的惡棍而死。他們相信——但為什麼他們在如此黑暗之中要相信呢？

這段文字把實體化的共相真確地「轉譯」成具體的東西，但是當它用真名來稱呼共相時，也等於承認了共相的實在性。實體化的整體拒絕受到分析性的消解，不是因為它是特殊實體和表現背後的虛構實體，而是因為它是讓它們得以在既有社會和歷史脈絡中發揮作用的具體、客觀的基礎。因此，它是一種真實的力量，個人在行動、環境和關係中，都能感受並行使這種力量。人們（以一種很不平等的方式）共同擁有它；而它則決定了他們的存在和各種可能性。這個真正的幽靈具有強而有力的實在性——即整體凌駕於個人之上的獨立力量。而這個整體不僅僅是人們感知到的完形（*Gestalt*）（像在心理學中那樣），也不是一種形而上學的絕對（像在黑格爾那裡那樣），更不是一個極權主義國家（像在貧乏的政治科學中那樣）——它是決定個人生活的既有事態。

可是，即便我們承認這些政治共相的實在性，難道其他的共相情況不是完全不同嗎？確實不同，但是對它們的分析很容易侷限在學院哲學的範圍內。以下的討論並不宣稱深入了「共相問題」，而只是試圖闡明被（人為）限制著的哲學分析範圍，並指出必須超越這些限制。我們的討論還將把焦點擺在有別於「數理邏輯共相」（集合、數、類等）的「實質共相」（substantive universals），而在實質共相中，我們將特別注意對哲學思維提出真正挑戰的那些更為抽象、更有爭議的概念。

實質共相既從具體實體中抽象而來，又指涉一種不同的實體。心靈大於、不同於有意識的行動和行為。它的實在性可以初步描述為個人對這些特殊行為加以綜合和整合的方式或模式。人們很可能會說這是由「超驗統覺」（transcendental apperception）加以綜合的先驗條件（*a priori*），因為使特殊過程和行為成為可能的整合化綜合（integrating synthesis）要先於這些特殊過程和行為，形塑它們，並把它們與「其他的心靈」區別開來。然而，這種說法會褻瀆康德的概念，因為這種意識的優先性是經驗上的優先性，包含了特殊社會團體的超個人經驗、觀念和渴望。

從這些特點來看，意識可以說是一種稟性（disposition）、傾向或能力。它不是許多稟性或能力中的一種，而是嚴格意義下的普遍稟性，是一個團體、階級、社會中的個別成員在不同程度上共有的普遍稟性。據此而論，真意識和假意識的區分是有意義的。前者透過概念對經驗資料加以綜合，而這些概念盡可能完整而充分地反映實際存在著的既定社會。之所以提出這個「社會學」定義，不是出於任何有利於社會學的成見，而是因為社會在事實上進入了經驗資料。因此，在概念的形成中壓制社會，就等於在學術上對經驗設限，是一種對意義的限制。

此外，一般對經驗的限制，在「心靈」與心靈過程、「意識」與有意識的行為之間造成了一種普遍的張力甚至衝突。如果我提到某人的心靈，我指涉的不僅是他的表情、言談和舉止等表現出來的那些心靈過程，也不僅是從經驗中體驗到或推論出的他的稟性和能力。我指涉的還包括他**沒有**表達、**沒有**為之表現出稟性但仍然存在的東西，而這些東西相當程度上決定了他的行為、理解，以及他的概念的形成和範圍。

因此，以「否定形式出現」的，是一些特定的「環境」力量，它們預先制約了人的心靈，使之自發地排斥某些資料、狀況和關係。它們作為受到排斥的材料而存在。它們的**不在場**是一個事實——是一個解釋他的具體心靈過程及其言行意義的肯定性因素。對誰而言的意義？不僅是對其任務即糾正遍及日常論述領域中的錯誤的職業哲學家而言，也是對儘管沒有意識到錯誤卻身受其害的那些人而言——對某甲和某乙而言。當代語言分析根據貧乏的、受制約的心靈來詮釋各種概念，從而逃避了這個任務。重要的，是某些關鍵概念未經省略和裁剪的意圖，及其在對現實的不受壓制的理解中——在非順從主義的批判思想中——所起的作用。

上述針對「心靈」和「意識」這類共相的實際內容提出的觀點，是否可以應用在其他的概念，比如說美、正義和幸福（及其反面）這些抽象但又實質的共相？這些作為思想節點（nodal points）的不可轉譯的共相始終頑強地存在，似乎反映了一個分裂世界的不幸意識。在這個分裂世界中，「現存」（that which is）的東西缺乏、甚至否認「可能存在」（that which can be）的東西。普遍和特殊之間不可化約的差異，似乎根植於人們對潛能和現實、即同一個經驗世界的兩種向度之間不可克服的差異的基本經驗。普遍性從觀念上把握著種種既在現實中實現，又在現實中受到阻礙的可能性。

當我談到一位漂亮的姑娘、一處美麗的風景、一幅優美的繪畫時，浮現在我心頭的東西肯定很不相同。它們的共通點——「美」——既不是神祕的實體，也不是神祕的字眼。恰恰相反，或許沒有什麼東西，比各種美麗事物所呈現的「美」更能直接、清楚地經驗到。男朋友和哲學家、藝術家和殯儀員可能會用很不一樣的方式來「界定」美，但他們所界定的，是同一個特定的狀態或狀況——某種或某些使美的事物與其他事物形成**對比**的特質。在這種模糊性和直接性中，美是在美的事物**中**被體驗到的，也就是說，被看到、聽到、嗅到、觸碰到、感受到、領悟到。或許正因為美具有對比性，所以它幾乎被體驗為一種驚愕（shock），這種驚愕打破了日常經驗的範圍，（暫時）開啟另一種現實（驚嚇是該現實不可或缺的要素）。[3]

上述描述，恰好具有實證主義分析希望透過轉譯加以排除的形而上學特徵，但實證主義所進行的轉譯排除了需要加以定義的東西。美學中存在許多多少令人滿意的美的「技術性」定義，但似乎只有一種定義保留了美的經驗內容，也因此精確性最低：該定義把美視為一種「對幸福的承諾」（*promesse de bonheur*）。[4]它指涉了人和事物的狀況，指涉了人和事物的關係；這些事物出現後旋即消失，出現形式也極為多樣，就像個人的面貌形形色色一樣；但在**消失**過程中，它們卻表現出可能存在的東西。

人們反對這類共相的含混、模糊和形而上學特徵，堅持常識和科學觀點中熟悉的具體性和可靠性，而人們的這些做法揭露了某種原始的焦慮；這種焦慮在從宗教到神話、又從神話到邏輯的演化過程中，曾指導過哲學思想的有文字可考的起源；防禦和安全依然是智力活動和國家預算的重點項目。未經清洗的經驗似乎比分析哲學更熟悉抽象事物和共相；它似乎深深根植在形而上學世界之中。

共相是經驗的基本要素，但不是作為哲學概念，而是作為人們天天與之打交道的世界的屬性。比如說，我們經驗到的是雪、雨或熱；街道、辦公室或老闆；愛或恨。特殊的事物（實體）和事件只有在（甚至是**作為**）一組關係和關係的連續體中才會出現，是作為與它們不可分離的普遍結構中的事件和成分而出現；它們若以任何其他方式出現，就不可能不失去自己的特性。它們只有比背景更廣闊的普遍背景之下，才成為特殊的事物和事件——這個背景就是它們出現、存在和消逝的具體基礎。這個基礎是由色彩、形狀、密度、硬度或軟度、亮度或暗度、動態或靜態之類的共相來建構的。在這個意義上，共相指的似乎是世界的「材料」（stuff）：

> 我們未嘗不可為構成世界的「材料」下一個定義：構成世界的材料，就是語詞所指涉的東西，而這些語詞如果用得正確，就是謂語的主語，或關係的項。從這種意義來說，我認為構成世界的材料是由像「白」那一類的東西組成，而不是由「具有白的性質的事物」組成……傳統上把白、硬、甜這些性質當成共相，但如果上述理論是正確的，這些性質在句法上可以說更接近實質（substance）。[5]

「性質」的實質特徵指向了「實質共相」的經驗根源，指向概念在直接經驗中產生的方式。洪堡（Wilhelm V. Humboldt）的語言哲學強調概念在與語詞的聯繫中具有的經驗特徵；這使洪堡假定，不只是概念和語詞有某種原初關係（original kinship），概念和聲音（*Laute*）也是如此。然而，如果作為概念工具的語詞真的是語言的「要素」，它就不會傳遞現成的概念，也不會包含已經固定和「封閉」起來的概念。語詞僅僅是揭示某種概念，並把自身和共相聯繫起來。[6]

但在洪堡看來，正是語詞和實質共相（概念）的關係，使我們不可能這樣想像語言的起源：一開始是用語詞來表達對象的意義，然後進一步把語詞組合（*Zusammenfügung*）起來：

> 實際上，言語不是將已經存在的語詞匯編在一起，正好相反，語詞是從言語的整體之中（*aus dem Ganzen der Rede*）浮現出來的。[7]

此處出現的「整體」，必須撇開一切由獨立實體、「完形」之類的東西而來的誤解。概念以某種方式表達了潛能和現實的差異和張力，也就是這種差異中的同一。它出現在各種性質（不只是白的、硬的，也包括美的、自由的、正義的）和相應的概念（白、硬、美、自由、正義）的關係之中。後者的抽象特質在指涉比較具體的性質時，似乎是把這些性質當成在具體中經驗到的更普遍**以及**更「超卓」性質的部分實現、顯露及具體化。

由於有這層關係，具體性質似乎既表示對共相的否定，又表示共相的實現。雪是白的，但不是「白」；一位女孩可能是美的，甚至是**一個**美的實體，但不是「美」；一個國家（與其他國家相較下）可能是自由的，因為該國的人民擁有某些自由，但它並不是自由的體現。此外，概念只有在所經驗到的、與其對立面的對比之中才有意義，如白與不白、美與不美。否定性的陳述有時可以轉譯成肯定性的陳述，如「黑」或「灰」可以取代「不白」，「醜」可以取代「不美」。

但這些表述方式並沒有改變抽象概念與其具體實現的關係：普遍概念指涉的是特殊實體所是或所**不是**的狀態。轉譯可以透過重新表述一個不矛盾命題中的意義，來消滅其掩藏起來的否定性，但未經轉譯的陳述則意味著真正的匱乏。抽象名詞（美、自由）比起被賦予特殊的人、物或狀況的性質（美的、自由的），含有更多的東西。實質共相意指超越一切特殊經驗、但佔據我們的心靈的那些性質，它們不是虛構的想像，也不是更合邏輯的可能性，而是構成我們世界的「材料」。雪不完全是白的，任何殘忍的野獸或人也不是人們所認識的一切殘忍——人們所認識的殘忍，是歷史和想像中幾乎無法窮盡的力量。

現在有一大類這樣的概念，我們敢說，是與哲學有關聯的概念；在它們之中，普遍和特殊的數量關係帶有質的面向，而抽象的普遍概念指的似乎是具體的、歷史意義上的潛能。然而，「人」、「自然」、「正義」、「美」或「自由」或許可以得到定義，它們把經驗內容綜合成超越其特殊實現（realization）的觀念，而這些特殊實現本身就是有待超越和克服的東西。因此，美的概念包括一切**尚未**實現的美；自由的概念包括一切**尚未**企及的自由。

或者再舉一例。「人」這個哲學概念指的是全面發展的人類能力；它們是人特有的能力，是作為人們實際生活於其中的那些狀況的可能性而出現的。這個概念把種種被認為是「人所特有」的性質連接起來。模糊的語彙有助於闡明這類哲學定義中的含混之處——也就是說，它們把屬於**所有**人（與其他生物形成對照）、同時又被宣稱為人的最充分或最高度實現的性質匯集在一起。[8]

因此，這些普遍概念是作為按照其潛能來理解事物特殊狀況的概念工具而出現的。它們是歷史的和超歷史的；它們把構成經驗世界的材料加以概念化，而這種概念化是從這些材料的可能性出發，並以其實際的限制、壓抑和否定為根據。無論是經驗還是判斷，都不是私人性的。哲學概念是在對歷史連續體中一般狀況的意識之內形成和發展的，並從特定社會中的個人角度得到闡發。思想材料即是歷史材料——不論它在哲學或科學理論中變得多麼抽象、概括或純粹。懷特海（Alfred North Whitehead）在《科學和現代世界》（*Science and the Modern World*）中，承認並清楚闡述了思想的這些「永恆對象」（eternal objects）既抽象、普遍同時又帶有歷史性的特徵：[9]

> 永恆對象……在本質上是抽象的。我所謂的「抽象」指的是：我們無須指涉任何特殊的經驗事態，就可以掌握永恆對象本身（也就是其本質）的狀態。成為抽象就是超越實際發生的特殊事態。但超越實際事態不等於和它脫離關係。恰恰相反，我認為每一種永恆對象都和這類事態有某種特殊的聯繫，這種聯繫我稱為進入事態的模式……。因此，一個永恆對象的形而上學地位，就是實現的可能性（possibility for an actuality）的地位。每一個實際事態的性質，都要由這些可能性在該事態中實現的方式來界定。

對實際可能性的經驗、投射和預期當中的元素，進入了概念的綜合——作為假說的高雅形式，和作為「形而上學」的聲名狼藉的形式。它們不同程度上都是不現實的，因為它們超越了既有的行為領域，而在勻整性和確切性方面，甚至可能是不符要求的。當然，在哲學分析中，

> 就拓展我們的普遍概念以包括可能的實體這方面，幾乎不能指望有什麼真正的進展。[10]

但這完全取決於如何運用奧坎剃刀（Ockham's Razor），也就是說，取決於消滅哪些可能性。建立一個不同的社會生活組織的可能性，與某人明天戴著綠帽子出現在門口的「可能性」毫無共同之處。但是，用同樣的邏輯來處理它們，則有助於中傷那些不受歡迎的可能性（undesirable possibilities）。在批評可能實體（possible entities）的引入時，蒯因（W. V. O. Quine）寫道：

> ……人口過剩的宇宙在許多方面都是不可愛（unlovely）的。它破壞了我們這些對喜愛沙漠風光的人的美感，但這還不是最糟糕的。（這樣一種）充斥著各種可能性的貧民窟（slum of possibles）是滋生騷亂因素的土壤。[11]

當代哲學在其意圖和功能的衝突方面，幾乎沒有什麼表述方式比上述文字更真確。「可愛」（loveliness）、「美感」和「沙漠風光」這些語彙的特色，令人想到尼采思想的解放氣息，直接侵入了法律和秩序，儘管「滋生騷亂因素的土壤」是屬於研究和情報的官方機構所講的語言。從邏輯的觀點看，不可愛的、作為騷亂因素出現的東西，很可能包含了屬於不同秩序的可愛因素，因此可以是用來建立哲學概念的材料的可愛成分。無論是最精細的美感，還是最精確的哲學概念，都無法避免歷史的影響。引起騷亂的因素進入了最純粹的思維對象。它們也脫離了社會基礎，而它們抽象掉的那些內容則指導著這種抽象。

在這裡，「歷史主義」的幽靈也提了出來。如果思想從仍在抽象中發生作用的那些歷史條件出發，那麼，是否存在任何這樣的客觀基礎，讓我們可以在思想所擘劃的各種可能性之間——也就是在不同的、相互衝突的概念超越（conceptual transcendence）方式之間——做出區分？此外，這個問題不能只針對不同的**哲學性**擘劃來討論。[12]哲學擘劃在多大程度上是**意識型態**的，它就在多大程度上是某種**歷史**擘劃的組成部分——也就是說，它就在多大程度上屬於特定的社會發展階段和水準，而批判性的哲學概念則指涉（不管多麼間接！）替代這種發展的另類可能性。

因此，尋求不同哲學擘劃之間的判斷標準，就導致尋求在不同歷史擘劃和各種替代選擇之間，在理解、改造人與自然的各種實際方式和可能方式之間進行判斷的標準。以下我只會提出幾個命題以說明：哲學概念的內在歷史特徵絕不妨礙客觀有效性，而是界定了其客觀有效性的基礎。

哲學家在為自己發言和思考時，是從他的特定社會位置出發的，他用以發言和思考的材料，是由他的社會傳播和利用的材料。但在這樣做的時候，他的發言和思考進入了一個事實和可能性的共同領域。透過經驗的各種個人行動者和層次，透過從日常生活事務到科學和哲學各方面指導了思維模式的不同「擘劃」，集體主體（collective subject）和共同世界的互動始終存在，並構成了共相的客觀有效性。它之所以是客觀的：

(1)是由於與理解和掌握著的主體（apprehending and comprehending subject）相對立的物質（材料）。概念的形成依然受到無法消解為主體性的物質結構的決定（即便該結構完全是數理邏輯結構）。一個概念如果用不屬於對象的性質和功能來定義對象，這樣的概念不可能是有效的（比如說，在對「個人」下定義時，不可能說個人可以與另一人變成同一人，或可以永保青春）。然而，物質是在歷史領域之內面對主體的，而客觀性在開放的歷史視界之下出現；它是可變的。

(2)是由於概念在其中得以發展的特定社會結構。各領域中的一切主體都具有這種結構。它們處於同樣的自然條件、同樣的生產制度、同樣的開發社會財富的方式、同樣的歷史遺產、同樣的可能性範圍之內。階級、團體、個人之間的一切差別和衝突都是在這個共同框架之內展開的。

先於一切「主觀」詮釋而出現在個人面前的那些思維和感知對象，都具有某些基本性質，它們屬於實在的兩個層次：(1)物質的物理（自然）結構；(2)物質在集體歷史實踐中所獲得的形式，而這種歷史實踐使其（物質）成為**某一主體**的客體。客觀性的這兩個層次或面向（物理的和歷史的）相互聯繫、無法分離；絕不能完全排除歷史的面向，只留下「絕對的」物理層次。

舉例來說，我一直試圖證明，在技術現實中，人們對客體世界（包括主體）的體驗是該世界是一種**工具**世界。技術環境預先界定了客體出現的方式。客體作為價值無涉（value-free）的要素或關係複合體，**先驗地**出現在科學家面前，並容易在有效的數理邏輯系統內加以組織；對常識而言，它們則是工作或閒暇、生產或消費的材料。因此，客體世界是特定歷史擘劃的世界，在對物質加以組織的歷史擘劃之外是無法企及的，而物質的組織則既是理論的事業，又是實踐的事業。

我之所以反覆使用「擘劃」一詞，是因為在我看來，它最清楚地強調了歷史實踐的特殊性質。它的起源，是在許多道路當中，堅決地選擇、把握其中一種理解、組織、超越現實的道路。一開始的選擇界定了這條道路上的可能性範圍，並排除不相容的其他可能性。

現在，我將提出一些標準，來判斷不同歷史擘劃的真值（truth value）。這些標準必須指涉一項歷史擘劃是如何實現既有可能性的；當然，這裡所說的可能性不是形式上的可能性，而是涉及人類存在方式的可能性。這樣的實現發生在任何歷史情境之中。每一個既有的社會都是這種實現；此外，它傾向於預先判斷各種**可能**的擘劃的（合）理性，使它們保持在它的框架內。同時，每一個既有的社會也面臨一種本質上不同的、可能摧毀現存制度框架的歷史實踐的現實性或可能性。既有的社會已經證明了自己作為一項歷史擘劃的真值。它成功地組織了人與人和人與自然的鬥爭；它（多少充分地）再生產和保護了人的存在（但總是不包括那些被斷定為賤民、外來敵人的人，以及體制下的其他受害者）。但是，在這種完全實現的擘劃之外，其他擘劃也逐漸浮現，其中包括那些可能從整體上改變既有社會的擘劃。要透過參考這樣一種超越性的擘劃，才能最恰當地將客觀歷史真理的標準闡述為衡量其（合）理性的標準：

(1)超越性的擘劃必須符合在已有的物質和知識文化水準上開展出來的實際可能性。

(2)超越性的擘劃若要否證既有的總體，就必須在三種意義上證明自己具有**更高**的（合）理性：

(a)它提供了保存、改進文明的生產成就的前景；

(b)它根據結構、基本趨勢和關係來界定既有的總體；

(c)在為人的需求和能力的自由發展提供更多機會的制度框架之內，它的實現為生存狀態的和平化提供了更多機會。

顯然，這種（合）理性觀念，尤其最後一項主張，包含了價值判斷，而我要重申前面所說的：我相信理性（Reason）的概念本身起源於這個價值判斷，真理的概念無法脫離理性的價值。

「和平化」、「人的需求和能力的自由發展」——這些概念可以按照現有的精神、物質資源和潛能及其在減緩生存鬥爭方面的有系統應用，來加以經驗地規定。這就是歷史（合）理性的客觀基礎。

假如歷史延續體自身提供了客觀基礎，以確定不同歷史擘劃的真理性，它是否也可確定其後續發展和限度？歷史的真理是比較性的；可能事物的（合）理性取決於實際事物的（合）理性，超越性擘劃的真理性取決於實現中的擘劃的真理性。亞里士多德的科學是在其成就的基礎上被否證的；倘若資本主義被共產主義否證，那也是借助了它自己的成就。連續性通過間斷（rupture）而得以保存：如果觸及到既有體制的結構本身，量的發展就會變成質的變革；當制度的各種潛能在其**內部**發展中超出了制度的許可範圍，既有的（合）理性就變成不合理（性）的了。這種內部反駁（internal refutation）與現實所具有的歷史特性有關，而這種特性又將批判意圖賦予掌握該現實的那些概念。它們承認並預見既有現實中的不合理（性）的事物——它們擘劃歷史的否定。

這種否定是「規定性」（determinate）的否定嗎？也就是說，一旦某項歷史擘劃已變成一個總體，該擘劃的內部後繼者是否必然會受到此總體結構的預先決定？如果會，「擘劃」一詞就是虛假的。屬於歷史可能性的東西遲早會成為現實；「自由是已被掌握了的必然性（comprehended necessity）」這個定義，也會具有一種它目前沒有的壓制性意涵。這一切也許無關緊要。重要的是：這種歷史決定將（儘管有一切細緻的倫理學和心理學）替那些文明還在犯的違反人性的罪惡開脫，從而使那些罪惡能夠延續。

為了強調自由對歷史必然性的侵入，我提出「規定性的選擇」（determinate choice）一詞；這個術語僅僅是「人們創造自己的歷史，不過是在一定的條件下創造」這一命題的濃縮。受到規定的是(1)在某一歷史體制內發展的特定矛盾，它們表現了潛能與現實之間的衝突；(2)各個體制中可利用的物質和知識資源；(3)理論的自由和實踐的自由與該體制相容的程度。這些條件提供了其他的可能性，讓人可以用不同的方式開發和運用既有的資源、「謀生」、組織人與自然的鬥爭。

因此，在既有的情境架構下，工業化可以在集體或私人的控制下走上不同道路；甚至在私人控制下，也可以有不同的進步方向和不同的目標。選擇首先（僅僅首先！）是取得了對生產過程的控制權的那些集團的特權。他們的控制為整體擘劃了生活方式，而隨之而來的、強制性的必然性，則是他們所擁有的自由的結果。若要廢除這種必然性，取決於自由——不是任何自由，而是那些把既有的必然性當作無法忍受的痛苦和不必然來理解的人的自由——的一種新的侵入。

辯證過程作為歷史過程牽涉到自覺意識：認識和把握解放的潛能。因此它牽涉自由。自覺意識在多大程度上受既有社會緊迫需要和利益的決定，它就在多大程度上是「不自由」的；既有社會多大程度上是不合理（性）的，自覺意識就在多大程度上在**反對**既有社會的鬥爭中、向更高的歷史（合）理性表現出自由。否定性思維的真理和自由在這種鬥爭中有它的基礎和理由。因此，按照馬克思的觀點，無產階級只有作為革命力量才是解放的歷史力量；**如果**或**當**無產階級已經意識到自身和造就它那個社會的條件及過程，對資本主義的規定性否定就會發生。這種意識既是否定性實踐的必要條件，又是它的要素。這裡的「如果」對歷史過程而言極為重要——它是自由的要素（和機會！），能夠開啟對既定事實的必然性進行征服的種種可能性。沒有了它，歷史就會回到未被征服的自然的黑暗中。

前面我們已經遇到了自由和解放的「惡性循環」；在此處，它又作為規定性否定的辯證而重新出現。超越（思想和行動的）既有條件以在這些條件**之內**的超越為前提。這種否定性的自由——也就是擺脫既定事實的壓制力量、意識型態力量的自由——是歷史辯證法的先驗條件；它是在歷史規定之中的選擇和決定要素，也是反對歷史規定的選擇和決定要素。沒有任何替代選擇本身就是規定性的否定，除非和直到人們有意識地把握它，以打碎那些不可忍受的條件的力量，並達到更（合）理性、更合邏輯的條件（現今占主導地位的條件使這些條件成為可能）。總之，在思想和行動的運動中行使的（合）理性和邏輯，是將被超越的既有狀況的（合）理性和邏輯。否定在經驗基礎上進行；它是在已付諸實現的擘劃範圍之內、又超越該範圍的歷史擘劃。它的真理性是在這些基礎上被決定的機會。

然而，一項歷史擘劃的真理性並不能在事後透過其成功來證明，也就是說，不能透過它被社會接受和實現這一事實來證明。伽利略的科學是正確的，儘管當時它還受到譴責；馬克思的理論在《共產黨宣言》的時代已經是正確的；而法西斯主義即便在國際上達到鼎盛時也仍然是錯誤的（「正確」和「錯誤」總是在如上界定的歷史（合）理性的意義上來使用的）。在當代，一切歷史擘劃都傾向於在兩個相互衝突的總體——資本主義和共產主義——之間分化，結果似乎會取決於兩組對立的因素：(1)更大的破壞性力量；(2)更大的沒有破壞性的生產力。換言之，更高的歷史真理將屬於那種提供更多和平機會的體制。

【注釋】

1 參見賴爾（Gilbert Ryle），《心的概念》（*The Concept of Mind*），第17—18頁和全書各處；威斯頓（J. Wisdom），〈形而上學和驗證〉（Metaphysics and Verification），載《哲學和精神分析》（*Philosophy and Psycho-Analysis*）（Oxford, 1953）；弗盧（A. G. N. Flew），《邏輯和語言》（*Logic and Language*），第1輯，〈導言〉（Oxford, 1955）；皮爾斯（D. F. Pears），〈共相〉（Universals），同前書，第2輯（Oxford, 1959）；厄姆森（J. O. Urmson），《哲學分析》（*Philosophical Analysis*）（Oxford, 1956）；羅素（Bertrand Russell），《我的哲學發展》（*My Philosophical Development*）（New York: Simon and Schuster, 1959），第223—224頁；拉斯萊特（Peter Laslett）編，《哲學、政治和社會》（*Philosophy, Politics and Society*）（Oxford, 1956），第22頁以下。

2 佩魯，《和平共處》（*La Coexistence pacifique*），第3卷，第631頁。

3 里爾克（Rainer M. Rilke），《杜伊諾哀歌》（*Duineser Elegien*），第一歌。

4 司湯達爾（Stendhal）語。

5 羅素，《我的哲學發展》，第170—171頁。

6 洪堡，《論人類語言結構的差異》（*Über die Verschiedenheit des menschlichen Sprachbaues*），第197頁。

7 洪堡，《論人類語言結構的差異》，第74—75頁。

8 這種詮釋強調了共相的**規範**特徵，它可以與希臘哲學中的共相概念相聯繫，也就是說，作為「美德」中最高的、第一位的、因而是真正的實在的最一般的觀念，「……一般性不是主詞而是謂語，是隱含在最突出表現中的最基本屬性。也就是說，正是因為它『好像』是最基本的，並且也只是在這種程度上，一般性才是一般的。因此，它不是在邏輯共相或類概念的形式中，而是在規範的形式中才是一般的；規範只是因其具有普遍的約束力，才能把繁多的部分統一成單一的整體。最重要的是要意識到，整體對部分的關係並不是機械的（整體＝部分之和），而是其有內在的目的性（整體截然不同於部分之和）。此外，對於其與生命現象的全部關聯而言，認為整體有功能但無目的（functional without being purposive）的內在目的論觀點，不完全是甚至主要不是『有機』的範疇。相反，它根植於卓越（excellence）的內在、固有的功能，這個功能正是在使雜多（manifold）『優越化』的過程中，對雜多進行**統一**，因為卓越和統一是雜多的全部現實的條件，甚至是雜多的條件」。賴希（Harold A. T. Reiche），《「普遍因為第一」：亞里士多德神學中的前蘇格拉底動機》（*"General Because First": A Presocratic Motive in Aristotle's Theology*）（Cambridge: Massachusetts Institute of Technology, 1961），第105—106頁。

9 懷特海（Alfred North Whitehead），《科學和現代世界》（*Science and the Modern World*）（New York: Macmillan, 1926），頁228以下。

10 蒯因，《從邏輯的觀點看》（*From a Logical Point of View*），第4頁（中譯文見上海譯文出版社，1987年）。

11 同前注。

12 「擘劃」（project）的用法見本書〈導言〉。

第九章

解放的劇變

肯定性思維及其新實證主義哲學抵制著理性的歷史內容。理性的歷史內容從來不是能夠（或不能夠）納入分析的外部因素或意義；它是概念思維的構成要素，並決定概念的有效性。既有的社會在多大程度上是不合理（性）的，根據歷史理性進行的分析就在多大程度上把否定的要素——批判、矛盾、超越——引入概念。

否定要素無法與肯定要素同化。它在整體、意圖、有效性方面改變了概念。因此，在對作為高居於個人之上的「獨立力量」運作的資本主義或非資本主義經濟進行分析的過程中，只要否定性的特徵（如生產過剩、失業、不安全、浪費和壓迫）看起來只是多少不可避免的副產品，只是增長和進步的「另一面」，它們就不可能得到理解。

的確，一個極權主義的政府或許可以促進資源的有效開發；核子軍事產業或許可以透過巨大的購買力而讓數百萬人就業；積勞成疾或許是獲取財富和履行職責的副產品；領導人方面的嚴重失誤和犯罪或許已成為生活中不可改變的一部分。人們樂於承認經濟和政治上的瘋狂——他們購買這樣的瘋狂。但是，這類關於「另一面」的知識是事情僵化過程的重要成分，是把阻礙質變的對立面完全統一起來的重要成分，因為它屬於一種毫無希望或完全被事先決定的存在，這種存在，在一個不合理即理性（the irrational is Reason）的世界中，已找到安身立命之道。

肯定性思維的寬容是被強制的寬容——不是被任何恐怖機構所強制，而是被技術社會那壓倒一切的、不知名的力量和效率所強制。因此，它充斥在一般人的意識——和批評者的意識——之中。否定要素被肯定要素吸收，這已在日常經驗中得到證明，這種情況混淆了「合理的表象」和「不合理的現實」之間的區別。以下是一些平淡無奇的例子，說明了這種和諧化（harmonization）的過程：

(1)我乘坐一輛新型轎車。我感到它的美麗、光澤、馬力和便利——但我隨後又意識到如下事實：在一段相對不長的時間裡，它就會損壞並需要維修；它的漂亮的外觀是膚淺的，馬力是多餘的，大小是笨拙的；而且我也找不到停車位。於是我開始把**我的**轎車當成「三大」汽車公司的產品來考慮。這些公司決定了我的轎車的外觀，使它既美觀又膚淺，既有馬力又顛簸，既好用又過時。某種程度上我感到受騙上當。我相信這輛車不夠好，而且可以用少一點的錢買到更好的車。但是，對方（指責方——譯者）也必須生活，而工資和稅又這麼高，必須要有周轉。我們現在的情況比過去好多了。表象與實在之間的張力就這樣消失了，二者融合進一種相當愉快的感受之中。

(2)我在鄉間漫步。一切都賞心悅目，大自然令人陶醉。透過山上的樹叢遠眺，周圍沒有人煙，沒有無線電，沒有汽油味；有的只是小鳥、太陽、柔軟的草地。然後鄉間小道蜿蜒曲折地消失在公路之中。我又回到了廣告牌、服務站、汽車旅館和路邊餐館之間。原來我是到了一個國家公園，而我現在知道這不是實際存在的景色。這是一塊「保留地」，某種像即將滅絕的物種那樣受到保護的東西。要不是有政府，廣告牌、熱狗攤和汽車旅館早已侵入這片自然景色。我對政府充滿感激；我們現在的情況比過去好多了……

(3)傍晚時分地鐵擁擠。我見到的人們帶著疲倦的面容、拖著疲乏的四肢，充滿了敵意和憤怒。我覺得隨時都可能會有人亮出刀子——正是如此。他們閱讀著，或更確切地說，沉浸於他們的報紙、雜誌或書本。可是幾小時後，同樣這些人，在洗去汗臭、稍加打扮或換上便服之後，可能又會愉快起來，真誠地微笑和忘卻（或回憶）。但他們在家裡與人相伴或獨處時，很可能感覺很糟。

上述例子或許可以說明肯定性和否定性的愉快結合——附著在經驗資料上的**客觀**的含糊性。它是客觀的含糊性，因為我的感覺和思緒的變化，是在回應被經驗到的事實實際上相互聯繫的方式。但是，如果這種相互聯繫得到理解，它就會破壞和諧化的意識（harmonizing consciousness）及其虛假的現實主義特徵。批判性的思維力圖界定既有的理性（日益明顯的）不理性特徵，並界定促使這種理性自身發生轉變的那些趨勢。這個轉變是理性「自身」的，因為作為歷史的總體，它發展了這樣一些力量和潛能，這些力量和潛能本身變成了超越既有總體的那些擘劃。它們是發展中的技術（合）理性的可能性，就此而言，它們涉及了整個社會。技術轉變同時是政治轉變，但政治變化只有到了將改變技術進步的方向（即發展出一種新技術）的時候，才會轉化為社會的質變。因為既有的技術已經變成破壞性政治的工具。

如果技術是為了平息生存鬥爭而設計和運用的，這樣的質變就會是向文明的更高階段過渡。為了指出這句陳述令人不安的意涵，我的看法是：技術進步的這種新方向，將是既定方向的劇變（catastrophe），不僅僅是主流的（科學和技術）理性的量變，而是劇烈的轉化，是全新的理論理性和實踐理性的觀念的浮現。

懷特海（Alfred North Whitehead）把新的理性觀念表述為如下命題：「理性的功能在於增進生活的藝術」。[1]從這個目的來看，理性是「攻擊環境的引導」，而這是源於三重的衝動：「⑴要生活；⑵要生活得好；⑶要生活得更好」。[2]

懷特海的命題似乎既描述了理性的具體發展，又描述了它的失敗。或者，這些命題似乎告訴我們，理性仍然有待發現、認識和實現，因為迄今為止，理性的歷史功能一直是壓抑甚至破壞「要生活」、「要生活得好」和「要生活得更好」的衝動——或者推延這些衝動的實現，並使之付出極高昂的代價。

在懷特海關於理性功能的定義中，「藝術」這個詞帶有規定性否定（determinate negation）的意涵。理性在應用到社會的時候，至今總是與藝術對立；與此同時，藝術則被賦予十分不合理（性）的特權——完全不受科學、技術和操作理性的支配。支配的理性已使科學理性和藝術理性分離開來，或是把藝術整合進支配的領域，從而否證了藝術理性。這是一種分離，因為科學最初曾包含了審美理性、自由遊戲，甚至荒唐的想像、對轉化的幻想；科學曾經沉迷於各種可能性的合理化。然而，這種自由遊戲保留了對居於主導地位的不自由狀況的信念，它本身就是從中誕生、從中抽象出來的；科學玩弄過的那些可能性也是解放——一種更高的真理——的可能性。

這就是科學、藝術與哲學之間的原始聯繫（在支配和匱乏的領域內）。它是對現實和可能、對表面真理和真確真理的差異的意識；是理解和掌握這種差異的努力。這種差異的基本表現形式之一，曾是人和神、有限和無限、變化和永恆的區別。[3] 現實與可能之間這種神話般的相互聯繫曾殘存在科學之中，然後不斷被導向更合理、更真實的現實。在與柏拉圖的形而上學「理型」（Idea）相同的意義上，數學曾被認為是真實的、「善」的。那麼，當前者仍然是形而上學時，後者是怎樣變成了**科學**的呢？

最明顯的答案是，當時的**科學**抽象很大程度上已開始參與對自然的征服和改造，並在其中證明它們的真理性，但**哲學**抽象卻沒有、也無法這樣做。由於對自然的征服和改造發生在某種生活的法則和秩序的範圍之內，而哲學卻超越了這種法則和秩序，使之屈從於另一種具有不同法則和秩序的「良善生活」。這另一種秩序，預設了一種擺脫勞役、無知和貧窮的更高程度的自由，它在哲學思想的起源和整個發展過程中都是**不現實**的；而科學思想則繼續被應用於日益強大和普遍的**現實**。終極的哲學概念始終是形而上學的；它們沒有、也無法在既有的論述和行動領域內得到驗證。

但假如情況真是如此，那麼，形而上學問題、尤其是形而上學命題的意義和真理性的問題，就是一個歷史問題。也就是說，歷史的條件，而不是純認識論的條件，決定了形而上學命題的真理性及認知價值。跟一切自稱為真理的命題一樣，它們必須是可驗證（verifiable）的；它們必須保持在可能經驗（possible experience）的領域內。這個領域的範圍絕不等同於既有的領域，而是延伸到可用既有世界所提供或抑制的手段改變既有世界、從而創造的那個新世界的界限。在這個意義上，可驗證性的範圍是在歷史進程中增長的。因此，關於良善生活、良善社會和永久和平的思辨，獲得了越來越現實的內容；在技術進步的基礎上，形而上的東西傾向於變成形而下的東西。

此外，如果形而上學命題的真理性是由其歷史內容決定的（也就是由它們界定歷史可能性的程度決定的），那麼，形而上學和科學的關係嚴格來說就是歷史的。至少，在我們自己的文化中，聖西門的歷史三階段規律說的其中一部分還是被視為理所當然的：文明的形而上學階段**先於**科學階段。但科學階段是最終階段嗎？或者，科學對世界的改造，是否包含了科學自己的形而上學超越？

在工業文明的發達階段，已轉化成政治力量的科學理性，在歷史替代選擇的發展中似乎是決定性的因素。由此產生的問題是：這種力量會造成它自己的否定——也就是說，會帶來「生活藝術」的發展嗎？在既有社會的範圍內，隨著一切社會必要的、但對個人來說是強制性的勞動的機械化（在這裡，「社會必要的」包括一切能更有效地由機器來實施的工作，即使這些工作生產的是奢侈品和廢品，而不是必需品），科學理性的持續應用將達到一個終點。但這個階段也將是科學理性的終點和極限（就其既有的結構和方向而言）。進一步的發展將意味著**斷裂**，即量變轉化為質變。它將開啟一種本質上新的人類現實的可能性——即以實現了的根本需求為基礎的、處於自由時間中的存在。在這些情況下，科學擘劃本身將能夠自由發展，既可以為超功利的目的服務，也可以促進「生活的藝術」，超越支配的必需品和奢侈品。換言之，技術現實的完備，不僅將是**超越**技術現實的前提，也將是**超越**技術現實的理論基礎。

這也將意味著科學和形而上學傳統關係的顛倒。從精確科學或行為科學以外的角度來界定現實的這些觀念，將因為科學改造了世界而失去形而上學或情緒性的特徵；科學概念可以擘劃和界定一種自由的、和平化的存在狀態的可能現實。詳細闡明這些概念不只意味著流行科學概念的演化，還涉及整個科學理性（科學理性至今仍囿於某種不自由的存在），也意味著新的科學觀念和理性觀念。

如果技術性擘劃的完備意謂與流行的技術理性的斷裂，那麼，這個斷裂反過來又取決於技術基礎本身的存在。因為正是這個基礎，使需求的滿足和辛勞的減輕成為可能——它仍然是人類一切自由形式的基礎。質變在於重建這種基礎，也就是說，在於朝不同的目標發展。

我已經強調，這並不意謂著「價值」（精神價值或其他價值）的復活，不意謂這些價值將補充人與自然的科學技術改造。[4]恰恰相反，科學和技術的歷史成就，已經使**價值轉化為技術任務**成為可能，亦即使價值的具體化（materialization）成為可能。由此可見，問題在於從**技術的角度**將價值重新界定為技術過程中的要素。作為技術目的的新目的，將在擘劃中，在機器的建構中，而不只是在其應用中發生作用。此外，新的目的甚至可以在科學假說的建構中、在純科學理論中凸顯自己。從第二性質的量化出發，科學將達到價值的量化。

比如說，可計算的是勞動的最小量；有了這個最小量，社會一切成員的基本生存需要都可以滿足——只要在不受其他利益限制、不妨礙各社會的發展所需要的資本積累的條件下，現有的資源能用於這一目的。換言之，可量化的是擺脫匱乏的有效範圍。或者說，可計算的是在同樣的條件下，可以為年老病弱者提供照顧的程度——也就是說，可定量的是減少焦慮的可能程度，是擺脫恐懼的可能程度。

阻撓具體化的那些障礙，是可界定的政治障礙。工業文明已經達到了如此地步：就為了生存的人的願望而言，科學把終極因（final causes）抽象掉的做法，從科學自己的角度來看

都已逐漸過時。正是科學本身，使終極因得以成為科學的專屬領域。社會

> 透過擴大和擴展技術範圍，必須把終極因的問題當成**技術**問題來處理，但它卻被錯誤地當成倫理的、有時是宗教的問題來處理。技術的**不完備**造成了一種對終極問題的拜物教，並使視目標為絕對的人成為目標的奴隸。[5]

在這方面，「中性」的科學方法和技術，變成了正被其自身成就所超越的歷史階段的科學和技術——該歷史階段已經達到了自身的規定性否定。先前那種形而上學式的「解放」的觀念可以變成科學的專屬目標，而不是與科學和科學方法分離開來，被交給主觀偏好和非理性的、超驗的力量裁決。但這種發展使科學面臨了不愉快的任務，就是要逐漸**政治化**——即把科學意識視為政治意識，把科學事業視為政治事業。因為，使價值轉化為需求，使終極因轉化為技術可能性，是征服社會和自然中未被駕馭的壓迫力量的一個新階段。這是一項**解放**的行動：

> 人透過學會創造終極因，學會對他判斷和評估的「終極」整體加以組織，而解放自己，擺脫從屬於一切事物終極因的處境。人透過有意識地利用終極因，而克服受奴役的狀態。[6]

但是，在**有步驟地**將自己建構為政治事業的過程中，科學和技術將**超越**它們曾因其中性而從屬於政治的那個階段，並反對它們作為政治工具的作用。因為，對終極因的技術再界定和技術控制，是對**擺脫了一切特殊**利益的（物質和精神）資源的建設、開發和利用，而這些特殊利益妨礙了人類需求的滿足與能力的發展。換言之，它是人作為人的理性事業，是全人類的理性事業。因此，技術可以對理性和自由過早的同一（premature identification；審者按：指過於倉促地把理性和自由等同起來）提供歷史的矯正；根據這種過早的同一，人在以壓迫為基礎的自我持續的生產能力的進步中，有辦法成為自由人並保有自由。就技術在此基礎上的發展程度而言，矯正絕不會是技術進步本身的結果，而是涉及政治的翻轉。

工業社會擁有各種手段，可以把形而上的東西改造為形而下的東西，把內在的東西改造為外在的東西，把思維的冒險改造為技術的冒險。「靈魂工程師」、「精神科醫師」（head shrinker）、「科學管理」、「消費科學」等可怕用語（和現實），（以一種可悲的形式）集中體現了不理性事物的逐步理性化、「精神」的逐步理性化——對理想主義文化的否定。但是技術理性的頂峰在把意識型態轉化為現實的同時，也將超越這種文化的唯物主義對立面。因為，把價值轉化為需求，是一個雙重的過程：(1)物質的滿足（自由的具體化／物質化〔materialization〕）；(2)在滿足的基礎上需求的自由發展（非壓抑性的昇華）。在這個過程中，物質和精神能力與物質和精神需要的關係經歷了根本的變化。思想和想像的自由遊戲在實現人和自然和平化的生存的過程中，起了一種理性的、指導性的作用。據此，正義、自由和人性的觀念獲得了真理和良心，而它們能夠獲得真理和良心的唯一基礎就是——滿足人的物質需求，合理／理性地組織必然性的領域。

「和平化的生存狀態」（pacified existence）這個用語頗為拙劣地傳達了如下意圖：以一種指導思想來概括遭到禁忌和嘲弄的技術**目的**，即科學事業背後受壓抑的終極因。如果這個終極因能具體化並變得有效，技術的邏各斯將開啟一個截然不同的人與人、人與自然的關係領域。

在這一點上，必須提出強烈警告，以避免出現技術拜物教。技術拜物教近來主要表現在馬克思主義對當代工業社會的批評中——也就是技術人、「技術愛洛斯」等在未來無所不能的想法。這些想法中的真理硬核，使我們必須斷然否定它們所表現的神祕之處。技術作為工具的領域，既可能使人衰弱，也可能強化人的力量。在現階段，人們對自己的機械裝置或許比以前更加軟弱無力。

要消除這種神祕化，無法透過把技術的無所不能從特定集團那裡轉移給一個新國家或中央計畫而實現。技術自始至終取決於技術以外的目的。擺脫剝削特徵後的技術理性越是對社會生產起決定作用，它就越取決於政治方向——取決於爭取和平生存、實現自由的個人為自己設立的目標的集體努力。

「生存狀態的和平化」並不意謂權力的積累，而是恰恰相反。和平與權力，自由與權力，愛洛斯與權力可能是格格不入的！我現在將試著證明：為了和平的目的而重建社會的物質基礎，可能涉及權力在質與量上的**削弱**，這樣才能在自我決定的動機下，為生產力的發展創造空間和時間。這種翻轉權力的想法，在辯證性的理論中是重要主題。

和平化的目標在多大程度上決定技術的邏輯，它就在多大程度上改變技術與其主要對象即自然的關係。和平化以控制自然為前提，而自然是而且將繼續是與發展中的主體對立的客體。不過，控制有兩種：壓迫的控制和解放的控制。後者涉及不幸、暴力和殘酷行為的減少。在自然和歷史中，生存鬥爭是匱乏、痛苦和貧困的標誌。匱乏、痛苦和貧困是盲目物質的特性，是生命被動接受其存在的直接性領域的特性。在改造自然的歷史過程中，直接性的領域逐漸受到中介；它成了人類世界的一部分，而在這個意義上，自然特性也成了歷史特性。在文明的進程中，一旦人們從自由的角度來理解和掌握盲目力量的鬥爭，自然就不再是單純的自然了。[7]

歷史是對自然的否定。理性的力量克服和重新創造了單純自然的東西。「自然在歷史中回歸自身」的形而上學觀念，指向了理性未被征服的邊界。它宣稱那是歷史的邊界——是一項有待完成的、或者說有待著手的任務。如果自然本質上是合理、正當的科學對象，那麼它就不僅是作為權力的理性（Reason as power）的正當對象，也是作為自由的理性（Reason as freedom）的正當對象；不僅是支配的對象，也是解放的對象。隨著作為**理性動物**的人的出現（這樣的人能夠根據思維和物質的能力來改造自然），次理性（sub-rational）的純自然事物就呈現出否定的狀態。它成了一個由理性來掌握和組織的領域。

理性在多大程度上成功地使物質服從於理性的標準和目標，一切次理性的存在就在多大程度上呈現匱乏和貧困的面貌，而減少匱乏和貧困則成為歷史任務。痛苦、暴力和破壞，是自然和人類現實的範疇，是無助、無情的宇宙的範疇。「自然的次理性生命注定永遠是這樣一種領域」的可怕觀念既不是哲學觀念，也不是科學觀念；另一位權威人士也曾指出：

> 當禁止殘害動物協會求助教宗時，教宗拒絕支持，理由是：人類對較低級的動物並不負有義務，虐待動物是無罪的。因為動物沒有靈魂。[8]

沒有被這種對靈魂的意識型態濫用所玷污的唯物主義，有一種更普遍、更現實的救贖（salvation）概念。它只在一個確定的地方承認地獄的現實性，即地上的此岸，並斷言這個地獄是由人（和自然）創造的。這個地獄的一部分就是對動物的虐待——一個其（合）理性仍然不理性的人類社會的產物。

一切喜樂和幸福都源於超越自然的能力——在這樣的超越中，人對自然的控制本身從屬於生存的解放與和平化。一切安寧、一切歡樂都是有意識**調節**的結果，都是自主性和矛盾發生作用的結果。對自然事物的頌揚，是屬於一種保護不自然社會、反對解放的意識型態。對節育的毀謗就是鮮明的例證。在世界某些落後地區，這些事情都是很「自然的」：黑人劣於白人、優勝劣敗，事情本來就是這樣。大魚吃小魚也很自然——儘管對小魚而言並不那麼自然。憑藉理性的認知能力和改造能力，文明創造出種種使自然擺脫獸性、不足和蒙昧的手段。理性只有作為後技術的理性（post-technological rationality）才能實現這個功能，這時，技術本身就是和平化的手段和「生活藝術」的原則。理性的功能與**藝術**的功能將合而為一。

希臘人認為藝術和技術具有親近性，這種觀念可以作為初步的例證。藝術家擁有一些作為終極因，從而指導他進行藝術構造的觀念，就像工程師擁有一些作為終極因，從而指導他設計機器的觀念一樣。比方說，為人提供一個居所的觀念，決定了建築師對一幢房屋的設計；大規模核爆的觀念，決定了服務於這個目的的那些機械裝置的設計。強調藝術和技術的本質關係，意在強調藝術的特定（**合**）**理性**。

和技術一樣，藝術創造了既與現存思想和實踐領域牴觸、又在其範圍之內的另一個思想和實踐領域。但是，與技術領域形成對比的是，藝術領域是一個充滿幻想、假象（semblance）、表象（*Schein*）的領域。不過，這種假象所近似的現實，是對既有現實的威脅和希望。藝術領域在各種掩飾和緘默的形式中，由無所畏懼的生活意象所組織——之所以說在掩飾和緘默之中，是因為藝術無力實現這種生活，甚至無力適切地再現這種生活。然而，藝術的無力、虛幻的真理（今天，它已成為被管理社會中無所不在的成分，故比以往任何時候都更加無力和虛幻）卻證明了它那些形象的有效性。社會的不（合）理性愈明顯，藝術領域的（合）理性就愈強。

技術文明在藝術和技術之間建立了一種特殊的關係。前文曾提到這樣的觀念：在對世界的科學和技術改造的**基礎**上，文明三階段的規律已經顛倒，形而上學也「重新得到確認」。現在，同樣的概念可以延伸到科學技術和藝術的關係。藝術的（合）理性，藝術「擘劃」存在的能力，以及藝術確定尚未實現的可能性的能力，可以這樣子來設想：**科學技術對世界的改造確認了它們，而它們也在這樣的改造中發揮作用**。這樣，藝術將不再是既有機構的婢女，不再美化其事業和不幸，相反，它將成為摧毀該事業和不幸的技術。

藝術的技術（合）理性似乎具有美學的「化約」（reduction）特徵：

藝術能夠化約外部表象為維護自身所需要的那些設施——化約到這樣的地步，讓外部表象在其中成為精神和自由的顯現。[9]

在黑格爾看來，藝術把某一對象（或諸對象的總體）存在於其中的直接偶然性（immediate contingency），化約為對象在其中呈現出自由的形式和性質的一種狀態。這種改造之所以是化約，是因為偶然的情境承受著那些外在的、阻礙其自由實現的需求。這些需求構成一種「配置」（apparatus），因為它們不僅僅是自然的，而是從屬於自由的、理性的變化和發展。因此，藝術的改造侵犯了自然對象，而被破壞的自然對象本身就是壓迫性的；因此，藝術的改造即是解放。

如果對自然的技術改造成功把控制與解放連結起來，成功將控制引導至解放，那麼，當中就出現了藝術的化約。在這個情況下，征服自然就是減少自然的蒙昧、野蠻及肥沃程度——也意謂減少人對自然的暴行。耕種土壤本質上不同於破壞土壤，提取自然資源本質上不同於浪費性的開發，開闢森林空地本質上不同於大規模砍伐森林。貧困、疾病和癌症的增加，既是自然的疾病，也是人類的疾病——它們的減少和根除都是生活的解放。在花園、公園和保留區內，文明已經實現了這「另一種」解放性的改造。但在這些微小的保護區之外，文明始終像對待人那樣對待自然——即把它當作破壞性生產力的工具。

在和平化的技術中，美學範疇會參與到這種地步，也就是以能力的自由發揮為出發點，來建造生產性的機器。但與一切「技術愛洛斯」和類似的錯誤看法相反，「勞動並不能成為遊戲……」，馬克思的說法嚴格排除了一切對「廢除勞動」的浪漫主義詮釋。這種千年盛世的觀念，在先進的工業文明中，就像在中世紀一樣，是意識型態的，甚至可能更嚴重。因為人與自然的鬥爭日益成為與社會的鬥爭，而社會凌駕於個人之上的力量又比先前更加「理性」，也因此更加必要。但是，雖然必然王國依舊存在，但只要以截然不同的目標為出發點來組織必然王國，將不僅改變其模式，也會改變社會必要生產（socially necessary production）的程度。這種改變轉過來又將影響生產者及其需求：

> 自由時間將其擁有者改造成一種不同的主體，而身為不同的主體，他進入了直接生產的過程。[10]

我已反覆強調過人類需求的歷史性。在超出動物的水準上，一個自由而理性的社會中的生活必需品，將不同於一個不理性、不自由的社會中的生活必需品，以及為了該社會而生產的生活必需品。這裡又可以透過「化約」這個概念說明其中的差別。

在當代，對匱乏的征服仍然侷限於少數發達工業社會。這些地區的繁榮，掩蓋了在邊界內外存在著的「地獄」，更促進了某種壓抑性的生產力和「虛假需求」。其壓抑性程度，恰恰是促使各種需求得到滿足的程度，而要滿足這些需求，就必須進行達到同等生活水準、趕上新舊更替進度的競賽，享受使用大腦的自由，用破壞性的手段並為了這樣的手段而工作。

由壓抑性的生產力所帶來的種種顯而易見的舒適，尤其是它對有利可圖的支配制度的支持，促進了它在較不發達的地區的輸入；從技術和人的角度來看，把這種體系引入那些地區，仍然意味著巨大的進步。

然而，技術上的技能與政治操縱上的技能、能夠獲利的生產力與支配之間的緊密聯繫，使對匱乏的克服成為遏止解放的武器。在那些過度發達的國家中，遏止解放的，恰恰是大量的商品、服務、工作和休閒。因此，質變的前提似乎是先進生活水準的**量變**，也就是要先**削減過度發達的狀況**。

如果和平化是目的，最發達的工業地區所達到的生活水準就不是合適的發展模式。從這個生活水準對人和自然造成的影響來看，我們必須追問，是否值得為了維護這種生活水準而造成破壞和犧牲。既然「豐裕社會」成了一個為防止毀滅而不斷動員的社會，既然該社會的商品銷售使人更加愚蠢、強化勞動的重擔並增加挫折感，人們對這個問題就不再可以漠然處之。

在這些情況下，從豐裕社會中解放出來，並不意謂回到健康而強韌的貧窮狀況、道德的純淨狀態和天真單純。恰恰相反，一旦根除有利可圖的浪費，將增加可供分配的社會財富；一旦終止無止盡的動員，將使社會無須否定個人的滿足——這些否定，如今在對強健、力量和規律的狂熱崇拜中找到了補償。

今天，在昌盛的戰爭國家和福利國家中，和平化生存的人性特質似乎是自私的、不愛國的——這些人性特質包括如：拒絕一切強硬（toughness）、團結精神（togetherness）和殘忍行為（brutality）；反抗多數暴力；對恐懼和軟弱坦承不諱（這是對這種社會最合理的反應！）；被正在犯下的罪行損害的敏銳智慧；以及對微弱、遭人嘲笑的抗議和拒絕深信不疑。人性的這些表現，也將因必要的妥協而遭到損害——被掩飾自我、欺騙欺騙者、在欺騙者環伺的狀況下繼續生活和思考的需求所損害。在極權主義社會中，人的態度傾向於逃避現實，傾向於遵奉貝克特（Samuel Beckett）的勸告：「不要等到別人來追捕你的時候，才去躲藏……」。

但今天，也只有少數人，才能像這樣將心靈和物質能量從社會所需的活動和態度中撤出來；它只是必須在和平化到來前進行的能量轉向（redirection of energy）中不太重要的一個側面。在個人領域外，自決（self-determination）的前提是存在自由的、可運用的能量，而這樣的能量沒有耗費在受到強制的物質和精神勞動之中。它也必須在這樣的意義上是自由的能量：該能量沒有被納入商品和服務設施的管理中，一方面滿足個人的需要，一方面又使個人無法實現自己的存在，無法掌握被自己的滿足所抵制的那些可能性。在一個準備好進行和對抗核子破壞的社會中，舒適的生活、繁榮的商業和工作的保障，可以是奴役人的滿足（enslaving contentment）的一個通例。使能量從維繫破壞性繁榮的行為中解放出來，意謂要減少高度的奴役狀態，個人才得以發展那使和平生存成為可能的（合）理性。

適應於和平化生存的新生活標準，還以未來人口的減少為前提。可以理解、甚至有道理的是：在工業文明的眼中，數百萬人在戰爭中喪命，得不到充分照顧和保障的人天天在犧牲，這些都是正當的事情；但是，如果問題是在一個為國家利益而有計畫地毀滅生命、又為私人利益而無計畫地剝奪生命的社會裡避免製造更多生命，工業文明又會發現它在道德和宗教上的顧忌。道德上的顧忌是可以理解的，也是有道理的，因為這樣的社會需要越來越多的消費者和支持者，也必須控制不斷再生的過剩產能。

然而，有利可圖的大規模生產的需求，並不必然與人類的需求一致。問題不只是（或者主要不是）餵飽、照顧好增長的人口——這首先是一個數字問題，一個單純的量的問題。斯特凡・喬治（Stefan George）半個世紀前提出的控訴「單單你們的數量就是褻瀆」（*Schon eure Zahl ist Frevel*）不只是詩的破格而已。

這是社會的罪惡，在社會中，增長的人口加劇了生存鬥爭，難以減輕。為更多的「生存空間」而進行的爭奪，不僅在國際侵略中，也在國家**範圍內**運作。在這裡，擴張已經以各種團隊合作、社群生活和娛樂的形式侵入私人的內部空間，實際上排除了離群索居的可能性，使個人無法返回自身，進行思考、質疑和探求。這種私人性（privacy）（在滿足了根本需求的基礎上，這是唯一可以使思想的自由和獨立具有意義的狀態）早已變成最昂貴的商品，只有（並不使用它的）那些非常富有的人才能取得。在這方面，「文化」也顯露出它的封建根源和侷限。只有透過廢止大眾民主，它才能成為民主，也就是說，只有社會把私人性的特權賦予所有人並加以保護，從而成功地恢復私人性的特權，社會才是民主的。

在自由強化了壓迫的地方，承認自由與否認自由、甚至否認自由的可能性是並行不悖的。人們被容許在一切仍有和平寧靜的地方破壞和平，被容許幹醜事和醜化事物、到處表現出親暱並冒犯端正的行為（good form），這實在令人毛骨悚然。之所以令人毛骨悚然，是因為這些行為表現了那種合法（lawful）的、甚至有組織的努力，去否定他人的獨立價值，甚至在微不足道的、被保留下來的生存範圍內壓制自主權。在過度發達的國家裡，人口中越來越多的部分變成一個巨大的被俘虜的觀眾（captive audience）——不是被極權主義政體俘虜，而是被某些公民的自由俘虜，這些人的娛樂和嚴肅的媒體強迫他人分享他們的聲音、見解和氣味。

一個社會如果連個人在室內的私人性都無法保護，還能夠宣稱自己尊重個人、宣稱自己是自由的社會嗎？沒錯，一個自由社會是根據比私人自主性更重要的成就來界定的；但是，缺少了私人自主性，就連最引人注目的經濟和政治的自由制度也會黯然失色——因為從根本上就否定了自由。大規模的社會化從家庭開始，阻礙了意識和良心的發展。要達到自主性，就必須創造出條件，讓受壓抑的經驗向度可以復甦；要解放這些向度，就必須抑制在這個社會中把生活組織起來的各種需求和滿足。這些需要和滿足越是變成個人自己的需要和滿足，對它們的壓抑就越像是致命的剝奪。但正是由於這種致命的特點，它可能為質變（也就是**重新界定需求**）創造基本的主觀條件。

舉一個（可惜是幻想的）例子：如果沒有廣告，沒有灌輸性的資訊和娛樂媒介，將使人陷入一種創傷性的空虛；這時，他將有機會驚訝、思考、認識自己（或者說認識他自己的否定面）及社會。失去他那些虛假的父親、領導人、朋友和代表之後，他必須從最基本的字母重新學起。但是，他組成的字句可能會大不相同，他的渴望、擔憂也會大不相同。

沒錯，這樣的情況將是難以忍受的惡夢。雖人民能夠擁護繼續製造核武、放射性塵埃和不安全的食品，他們卻無法（正因為如此！）忍受失去娛樂和教育，這種娛樂和教育使他們可以不斷再生產防衛和／或毀滅自己的各種安排。因此，失去功用的電視及類似的媒體，或許會開始達到資本主義的內在矛盾所沒有達到的成果——系統的瓦解。創造壓抑性的需求早已成為社會必要勞動的一部分——之所以是必要的，是因為沒有了它，就不可能維持既有的生產方式。關鍵並不是心理學問題，也不是美學問題，而是支配的物質基礎。

【注釋】

1 懷特海（Alfred North Whitehead），《理性的功能》（*The Function of Reason*）（Boston: Beacon Press, 1959），第5頁。

2 同前書，第8頁。

3 見本書第5章。

4 見本書第1章。

5 西蒙頓，《技術對象的存在方式》，第151頁（重點為作者所加）。

6 西蒙頓，《技術對象的存在方式》，第103頁。

7 黑格爾的自由概念自始至終以意識（用他的術語來說是自我意識）為前提。因此，自然的「實現」不是、也不可能是自然本身的事情。但既然自然本質上是否定性的（也就是說，它本身的存在是不足的），人對自然的歷史改造，作為對這種否定性的克服，就是對自然的解放。或者，用黑格爾的話來說，自然本質上是非自然——「精神」（*Geist*）。

8 引自羅素（Bertrand Russell），《不受歡迎文集》（*Unpopular Essays*）（New York: Simon and Schuster, 1950），第76頁。

9 黑格爾〈美學講演錄〉（Vorlesungen über die Aesthetik），載《黑格爾全集》（*Sämtliche Werke*），格羅克納（H. Glockner）編（Stuttgart: Frommann, 1929，第12卷），第217—218頁。另見奧斯馬斯頓（Osmaston）譯的黑格爾《藝術哲學》（*The Philosophy of Fine Art*）（London: Bell and Sons, 1920），第1卷，第214頁。

10 馬克思：《政治經濟學批判大綱》，第559頁。

第十章

結論

發達的單向度社會改變了（合）理性與不（合）理性之間的關係。這個社會的（合）理性當中存在奇異又瘋狂的面向，相比之下，不（合）理性的領域反倒成為真正（合）理性的歸宿——成為可以「促進生活藝術」的那些觀念的歸宿。如果既有的社會控制了一切正常的溝通，並根據社會的需求來使之有效或失效，那麼，不符這些需求的價值除了不正常的幻想式溝通外，或許沒有其他溝通媒介了。審美的向度還保留了某種表達自由，使作家和藝術家能夠叫出人和物的名稱——能夠為其他狀況下無以名狀的東西命名。

我們時代的真實面貌表現在貝克特的小說中；我們時代的真實歷史被寫進了霍希華特（Rolf Hochhuth）的劇本《上帝的代理人》（*Der Stellvertreter*）。在這種對一切事情（不包括反對現實精神的罪行）進行辯護和開脫的現實中，發言的不再是想像力，而是理性（Reason）。想像力正在讓位給現實，現實正在追趕和壓倒想像力。奧斯威辛集中營的陰影還在徘徊，但不是在人的記憶中徘徊，而是在人的成就中徘徊——太空飛行；火箭和導彈；「快餐店下面迷宮般的地下室」；漂亮的電子工廠，清潔、衛生、鋪設著花圃；實際上對人無害的毒氣；我們都參與其中的祕密。這就是人類科學、醫療和技術的偉大成就產生的場景；挽救和改善生活的種種努力，是災難中唯一的希望。玩弄各種荒誕的可能性，有能力不按自然而按良心行事，用人和物來實驗，以及把幻想變為現實、把虛構變成真理，在在證明了想像力在多大程度上成為了進步的工具。和既有社會中的其他事物一樣，想像力也被有系統地濫用著。想像力規定了政治的步調和風格，對語詞的操縱遠遠超過了《愛麗絲夢遊仙境》，能夠把有意義變成無意義，把無意義變成有意義。

在技術和政治的基礎上，先前對立的領域——魔術與科學、生與死、歡樂與痛苦——結合在一起。當高度機密的核工廠和實驗室在令人愉快的環境中成為「工業公園」（industrial parks），美就顯露出恐怖；民防司令部展示了一棟「豪華輻射塵掩蔽所」，鋪滿了柔軟的地毯，備有躺椅、電視和拼字遊戲；這種掩蔽所「的設計，是要結合和平時期的家用房間，和戰爭爆發時的家用輻射塵掩蔽所」。[1]如果沒有人意識到這些成就的恐怖性，如果它們被視為理所當然，那是因為(1)從現存秩序的角度來看，這些成就是完全合理的；(2)這些成就代表了超乎想像力傳統界限的人類機智和力量。

美學和現實的這種醜惡的結合，反駁了那些將「詩」的想像力與科學理性和經驗理性對立起來的哲學。技術的進步伴隨了想像（the imaginary）的逐步理性化甚至現實化。恐怖與歡樂，戰爭與和平的原型（archetype）失去了災難性的特徵。它們在個人的日常生活中，不再以非理性力量的面貌出現——它們的現代化身是技術支配的各種要素，並臣屬於技術的支配。

在縮減、甚至取消想像力的浪漫空間時，社會已經迫使想像力在新的基礎上證明自己，而在這些基礎上，各種形象（image）被轉化為歷史的能力和擘劃。這種轉化和執行這種轉化的社會一樣，十分糟糕、受到扭曲。由於想像力與物質生產和物質需求的領域分離，導致想像力成為在必然性領域內無效的純粹遊戲，只投入某種怪誕的邏輯和幻想的真理。一旦技術的進步取消了這種分離，就使各種形象擁有自身的邏輯和真理，從而也降低了心靈的自由能力。但是它也減少了想像力與理性的差距。這兩種對立的能力，在共同的基礎上變得相互依賴。從先進工業文明的能力來看，想像力的遊戲難道不都是在玩弄技術的可能性、用來檢驗其實現的可能性嗎？關於「想像力的科學」（science of the imagination）的浪漫概念，似乎越來越呈現出經驗的面貌。

想像力所具有的科學、理性的特徵，這一點早就在數學、在物理科學的假說與實驗中得到了承認。同樣地，它在精神分析中也得到了承認，因為精神分析在理論上的根據，是承認非理性的事物具有特定的（合）理性；經過重新定向後，得到理解的想像力變成為一種治療的力量。但是這種治療力量可能遠比治療精神病的作用更大。勾勒出這種前景的人不是詩人，而恰恰是一位科學家：

> 一種對事情的完整的精神分析，有助於我們矯治想像出來的形象，或至少有助於限制這些形象對我們的掌控。如此一來，人們可望能**讓想像力快樂**，為其賦予良心（*bonne conscience*），允許它擁有一切表達手段，擁有在**自然的夢境**和正常的作夢中浮現

的一切有形的形象。所謂使想像力快樂、使其充分發展，正意味著讓想像力發揮真正的功能，也就是心理衝動和心理力量的功能。[2]

想像力並不能避免物化（reification）。我們被想像出的形象糾纏而難以自拔，並飽受折磨。精神分析很了解這一點，並了解其後果。然而，「允許想像力擁有一切表達手段」卻可能是一種退化。受到殘害的個人（他們的想像力也受到了殘害）會組織起來、進行破壞，甚至超出允許的程度。這種釋放將是十足的恐怖——不是文化的災難，而是文化中最具壓迫性的趨勢的自由擴張。因此，合理／理性的東西是這樣的一種想像：它能夠成為一種先驗的條件，讓人得以重新建立和重新導引生產性的機構，以邁向和平化的生存，也就是邁向毫無恐懼的生活。這種想像絕不會屬於那些被支配和死亡的形象糾纏住的人。

要解放想像力，以使它獲得全部表達手段，其先決條件是壓抑許多現在自由的、使壓抑性社會永恆化的東西。而且，這種翻轉並不是心理學問題或倫理學問題，而是政治問題；「政治」這個語彙，在本書中始終是在這個意義上加以使用的：政治就是讓基本的社會制度得到發展、界定、維繫及改變的實踐。政治是眾多個人的實踐，不管這些個人的組織化程度為何。因此，我們必須再次面對這個問題：受到管理的個人已經把他們受到的殘害內化為自己的自由和滿足，因此在一個擴大的範圍內再生產了這些殘害；那麼，這些個人如何可能從自己當中解放出來，又從支配者之中解放出來？如何能打破（哪怕是設想一下）這種惡性循環呢？

弔詭的是，在試圖回答這個問題，引起最大困難的，似乎不是新的社會性**制度**的概念。既有的社會本身正在改變或已經改變了基本制度，使計畫（planning）比重越來越高。由於和平化的先決條件是發展、利用所有可用的資源，以普遍滿足人的根本需求，因此與妨礙這個目標的特殊利益的盛行是相悖的。質變取決於為整體而進行計畫、對抗這些特殊利益；一個自由而合理／理性的社會只有在這個基礎上才能出現。

因此，能夠在其中看到和平化希望的制度，不屑採用那種傳統的分類方式，也就是把政府分為威權和民主政府、集權化和自由的政府。今天，以自由民主（它在現實中遭到了否定）為名來反對中央計畫，成為了壓迫性利益的意識型態支柱。若要達到「由個人做出真正的自我決定」這樣的目標，前提是（按照文化、物質和精神達到的水平）對必需品的生產和分配進行有效的社會控制。

在這裡，技術理性一旦喪失了剝削性的特徵，就成為唯一的標準和指引，可以讓社會為了所有人來規劃和開發可用資源。在基本商品和服務的生產與分配方面進行自我決定，是很浪費的。這種工作是技術性的工作，而且，作為一種真正的技術工作，它有助於減輕體力和腦力勞動的辛勞。在這個領域內，如果集中化的控制為有意義的自我決定建立了先決條件，那麼它就是合理／理性的。而自我決定也會在自身的範圍內發揮效果——能夠影響對經濟剩餘進行生產和分配的決定以及個體的生存。

在任何情況下，集中的權力和直接民主的結合方式，都會因發展的程度有別而有無窮的變化。群眾在多大程度上分解成眾多的個人，能夠擺脫一切宣傳、灌輸和操縱，有能力知道和掌握事實、評價各種替代性選擇，「自我決定」就在多大程度上是真實的。換言之，社會在多大程度上被一種本質上新的歷史主體所組織、維繫和再生產，社會就在多大程度上是合理／理性的、自由的。

在發達工業社會發展的現階段，物質體系和文化體系都否認這種迫切需要。這種體系運用其力量和效率，把心靈與事實、思維與被要求的行為、渴望與現實同化起來，從而阻礙新的主體的出現。它們也阻礙了這種觀念：用「由下而上的控制」來取代當前盛行的對生產過程的控制方式，意味著質變的到來。這個觀念過去有效、現在仍然有效，只要勞動者過去是、現在仍是既有社會的活生生的否定和控訴。然而，只要這些階級成為既有生活方式的支柱，就算他們掌握了控制權，也會在不同的背景下延長這種生活方式。

可是，下述事實卻證明了針對「當代社會及其必然發展」的批判理論的有效性：社會整體越來越不合理／理性；對生產力的浪費和限制；對侵略擴張的需求；未曾稍歇的戰爭威脅；剝削的加劇；人性的喪失。這一切都指向這樣的歷史替代選擇：有計畫地利用資源、花費最小量的勞動以滿足根本的需求；使閒暇時間轉變為自由時間；並使生存鬥爭和平化。

但是，這些事實和歷史替代性選擇就像沒有連結在一起的碎片，或像一個沒有主體的、緘默的對象世界，沒有任何實踐將這些對象移往新的方向。辯證理論並沒有被拒斥，但無法提供藥方。它無法是肯定性的。當然，辯證的概念在理解既有的事實時，超越了這些事實。這正是其真理的標誌。它界定了歷史的各種可能性、甚至必然性；但這些可能性和必然性只有在與辯證理論相呼應的實踐中才能實現，而現在實踐尚未作出這種呼應。

在理論和經驗的基礎上，辯證概念宣告自己是沒有希望的。人的現實就是它的歷史，而在其中，矛盾並不會自己爆發。以高效率的、帶來好處的支配為一方，以其有助於自決與和平化的成就為另一方，兩者的衝突，可能會無可否認地變得赤裸裸，但這個衝突很可能繼續受到控制、甚至具有生產性，因為隨著技術對自然的征服的增長，人對人的征服也得到了增長。而這種征服減少了作為解放的必要條件的自由。在一個受控制的世界中，只有在這個意義上可以說思想是自由的：思想意識到這個世界的壓迫性的生產力，以及打破這個整體的絕對需要。但正是這種絕對需要，即使在其能夠成為一種歷史實踐的動力、質變的有效原因的地方，也並未流行。沒有這種物質力量，就算是最敏銳的意識也依然孱弱無力。

無論整體的不（合）理性表現得多麼明顯，也無論變革的必然性由此表現得多麼明顯，光是認識這種必然性，仍不足以讓人掌握各種可能的替代選擇。在既有的生活制度無所不在的效力面前，替代性的選擇似乎總是烏托邦。而且，認識到必然性，意識到邪惡狀態，即使在科學成就和生產力水平已消除了替代選擇的烏托邦特徵的階段，也是不夠的——在這個階段，既有的現實（而非其對立面）才是烏托邦。

這是不是意味著社會批判理論放棄了這個領域，並把它交給某種經驗的社會學呢？這種經驗的社會學除了方法論的指引外，不受任何理論的指引，它容易出現錯置具體性（misplaced concreteness）的謬誤，因此，雖然宣稱自己排除一切價值判斷，但實際上卻起著意識型態的作用。或者，辯證概念是不是把自己的處境理解為它所分析的社會的處境，從而再次證明了自己的真理性？如果我們根據批判理論最大的弱點——沒有能力說明既有社會範圍**之內**的解放趨勢——來思考批判理論，或許能找到答案。

社會批判理論在起源時期，曾經面對既有的社會中出現的（客觀的和主觀的）真實力量，當時的社會透過廢除已阻礙了進步的現存制度，而向更合理／理性、更自由的制度邁進（或者能被導引到這個方向）。這是批判理論得以建立的經驗基礎，而批判理論從這些經驗基礎中，得出「解放**內在**的可能性」（liberation of *inherent* possibilities）的觀念——也就是發展（在其他情況下被阻礙和扭曲的）物質和精神的生產力、能力及需求。如果無法證明存在這些力量，對社會的批判雖然仍舊有效且合理／理性，但卻沒有能力將其（合）理性轉化為歷史實踐。結論是什麼？「解放內在的可能性」不再能夠充分表達歷史的替代選擇。

發達工業社會中各種被束縛的可能性包括：生產力在更大規模上的發展，擴大對自然的征服，進一步滿足更多人的需求，並創造新的需求和能力。但是，這些可能性正透過各種消除其解放潛能的手段和制度，而逐漸得到實現，而且這個過程不僅影響手段，也影響結果。生產力和進步的工具，一旦組織為一個極權主義的體系，就不僅決定了實際的使用方式，也決定了可能的使用方式。

在支配最發達的階段，支配的作用就是管理（administration），而在大眾消費過度發達的地區，被管理的生活就成為全體的美好生活，為了保衛這種生活，對立面都聯合了起來。這就是純粹的支配形式。反之，它的否定則表現為純粹的否定形式。所有內容似乎都可歸結為一個結束支配的抽象要求——這是唯一真正革命性的迫切要求，是能夠使工業文明的成就得到確認的事件。面對既有體制的有效拒斥，這種否定表現為「絕對拒絕」（absolute refusal）這個軟弱無力的政治形式——這種拒絕看起來越荒唐，既有的體制就越是發展其生產力、減輕生活的負擔。用布朗修（Maurice Blanchot）的話說：

> 我們拒絕的東西並不是沒有價值或不重要的。正是因為這一點，拒絕是必要的。有一種我們不再接受的理性，有一種使我們感到恐怖的智慧的出現，有一種我們將不再注意的對一致（*accord*）及和解（*conciliation*）的呼籲。斷裂已經出現。我們已再度具有

一種不再容任共謀的直率（*franchise*）。[3]

但是，如果拒絕的抽象特徵是完全物化（total reification）的結果，那麼，拒絕的實際依據就必定仍然存在，因為物化是一種錯覺。同樣地，以技術理性為媒介的各種對立面的統一，**在其全部現實性上**，必然是一種幻想的統一，它既沒有消除日益增長的生產力與其壓迫性的使用方式的矛盾，也沒有消除解決這個矛盾的根本需求。

要解決這個矛盾，傳統的鬥爭形式已不符需求。單向度社會的極權主義傾向，使傳統的抗議方式方法失去了作用——甚至變得危險，因為它們還保留了人民主權（popular sovereignty）的幻想。這個幻想確實包含了某種真理：「人民」，即原本的社會變革酵素，已經「上升」成為社會團結的酵素。正是這個方面，而不是財富的再分配和階級的平等化方面，成為了發達工業社會特有的新的階層化現象。

然而，在保守的群眾基礎之下，是底層的放逐者和局外人，其他種族、膚色的受剝削者和被迫害者，失業者和無法就業者。他們生存在民主的進程之外；他們的生活就是最直接、真實的要求，告訴人們必須結束無法容忍的生活條件和制度。因此，即使他們的意識不是革命性的，他們的對抗也是革命性的。他們的對抗是從體制的外部打擊體制，因此沒有被體制引向歧路；它是一種根本的力量，在破壞遊戲規則的同時，揭露該遊戲是受操縱的遊戲。當他們為了爭取基本的公民權利而集合起來走上街頭，沒有武器，沒有保護，他們知道自己面對的是警犬、石頭、炸彈、監獄、集中營，甚至死亡。他們的力量是每一次為法律和秩序的受害者舉行政治示威的後盾。他們開始拒絕玩遊戲，這件事實可能意謂一個時期終結的開端。

沒有任何事情可以確保這將會有好的結局。既有社會的經濟和技術能力強大得足以適應和遷就失敗者，而其武裝力量的訓練和裝備也足以對付各種緊急情況。然而，幽靈在發達社會的邊界內外再次出現。「野蠻人威脅文明帝國」這種方便的歷史對比，帶有太多偏見；野蠻的第二個時期，很可能是文明帝國本身的延續。然而，在這個階段，歷史的兩個極端可能再次相遇：人類最先進的意識和人類最受剝削的力量。但這只是一種可能性。社會批判理論的概念無法在現在與未來之間架設橋樑；它不做許諾，不指示成功，它仍然是否定性的。因此，它仍然忠誠於那些不抱希望，已經並還在獻身於「大拒絕」（great refusal）的人們。

在法西斯時代之初，班雅明（Walter Benjamin）曾寫道：

> 因為那些不抱希望的人的緣故，希望才賜予了我們。

【注釋】

1 根據1960年11月11日《紐約時報》，這種掩蔽體是在位於萊辛頓（Lexington）大道和第55街的紐約民防指揮部展出的。

2 引自巴舍拉（Gaston Bachelard），《理性唯物主義》（*Le Matérialisme rationnel*）（Paris: Presses Universitaires, 1963），第18頁。

3 參見布朗修（Maurice Blanchot），〈拒絕〉（Le Refus），載《7月14日》（*Le 14 Juillet*）第2期，巴黎，1959年10月。

國家圖書館出版品預行編目資料

單向度的人：發達工業社會的意識型態研究／赫伯特．馬庫色（Herbert Marcuse）著；劉繼譯. -- 二版. -- 臺北市：麥田出版：英屬蓋曼群島商家庭傳媒股份有限公司城邦分公司發行, 2024.12
面；　公分
譯自：One-dimensional man : studies in the ideology of advanced industrial society.
ISBN 978-626-310-760-1（平裝）
1.CST: 社會哲學
540.2　　113013951

時代感 04

單向度的人：發達工業社會的意識型態研究

One-dimensional Man : studies in the ideology of advanced industrial society.

作者	赫伯特．馬庫色（Herbert Marcuse）
譯者	劉繼
審定	萬毓澤
導讀	李明璁
校對	陳佩伶
責任編輯	王家軒（初版）、林虹汝（二版）
封面設計	覓蠹工作室 廖勁智
排版	李秀菊
印刷	前進彩藝有限公司
國際版權	吳玲緯　楊靜
行銷	闕志勳　吳宇軒　余一霞
業務	李再星　陳美燕　李振東
總輯總監	劉麗真
事業群總經理	謝至平
發行人	何飛鵬
出版	麥田出版 115台北市南港區昆陽街16號4樓 電話：886-2-2500-0888　傳真：886-2-2500-1951
發行	英屬蓋曼群島商家庭傳媒股份有限公司城邦分公司 115台北市南港區昆陽街16號8樓 客服專線：02-25007718；02-25007719 24小時傳真專線：02-25001990；02-25001991 服務時間：週一至週五上午09:30-12:00；下午13:30-17:00 劃撥帳號：19863813　戶名：書虫股份有限公司 讀者服務信箱：service@readingclub.com.tw 城邦網址：http://www.cite.com.tw
香港發行所	城邦（香港）出版集團有限公司 香港九龍土瓜灣土瓜灣道86號順聯工業大廈6樓A室 電話：852-25086231　傳真：852-25789337 電子信箱：hkcite@biznetvigator.com
馬新發行所	城邦（馬新）出版集團 Cite（M）Sdn. Bhd.（458372U） 41, Jalan Radin Anum, Bandar Baru Seri Petaling, 57000 Kuala Lumpur, Malaysia. 電話：+6(03)-90563833　傳真：+6(03)-90576622　電子信箱：services@cite.my

初版一刷	2015年3月
二版一刷	2024年12月

ISBN：978-626-310-760-1（紙本書）　978-626-310-757-1（EPUB）